中国书籍学术之光文库

税收累进性问题研究

张 旭 | 著

中国书籍出版社
China Book Press

图书在版编目（CIP）数据

税收累进性问题研究/张旭著.—北京：中国书籍出版社，2019.12

（中国书籍学术之光文库）

ISBN 978-7-5068-7775-6

Ⅰ.①税… Ⅱ.①张… Ⅲ.①累进税—税收管理—研究—中国 Ⅳ.①F812.424

中国版本图书馆 CIP 数据核字（2019）第 293662 号

税收累进性问题研究

张　旭　著

责任编辑	陈永娟　毕　磊
责任印制	孙马飞　马　芝
封面设计	中联华文
出版发行	中国书籍出版社
地　　址	北京市丰台区三路居路 97 号（邮编：100073）
电　　话	（010）52257143（总编室）　（010）52257140（发行部）
电子邮箱	eo@chinabp.com.cn
经　　销	全国新华书店
印　　刷	三河市华东印刷有限公司
开　　本	710 毫米×1000 毫米　1/16
字　　数	257 千字
印　　张	17.5
版　　次	2019 年 12 月第 1 版　2019 年 12 月第 1 次印刷
书　　号	ISBN 978-7-5068-7775-6
定　　价	95.00 元

版权所有　翻印必究

前　言

目前，中国收入分配不公问题日益突出，中国基尼系数已经超过国际标准警戒线0.4，如何调节收入分配是当前面临的重要课题之一。税收累进性是衡量税收再分配效应的核心指标，对收入分配具有重要的调节作用。在中国，间接税大多呈现累退性，直接税大多呈现累进性，现行税制整体税收累进性呈现灰白色，即处于税收整体累进累退性不清晰阶段。如何清晰地判断中国税收累进性现状及改革方向，中国税收累进性现实作用如何，影响公平（收入分配）和效率（经济增长）的传导机制是什么，传导机制是否通畅等问题有待解决。因此，在目前中国收入差距不断扩大，税收调节收入分配作用有限的背景下研究税收累进性问题具有重要的理论意义和实践意义：首先，通过对G7国家、金砖国家、OECD国家历史数据进行经验分析，验证并发展税收累进性生命周期理论，完善了税收累进性理论体系。其次，分别对中国税收累进性进行理论验证和现实验证。将中国的税收累进性与发展后的生命周期理论拟合的主要目的是考察中国目前的税收累进性特征和未来中国累进性改革的方向。基于DEA效率模型对中国税收累进性进行现实验证的主要目的是从技术进步（优化税制）和技术效率（优化要素配合）两方面分析提高中国税收累进性综合运行效率的阻力和动力。再次，研究中国税收累进性的影响因素以及中国税收累进性影响公平与效率的传导机制，并得出疏通传导机制的政策建议。这一系列的研究对中国改革税收累进性、缩小收入分配差距、协调公平与效率关系，具有重要的实践指导价值。

本文主要采用经验分析方法、理论分析和实证分析相结合分析方法、文献分析方法、因果分析和系统分析相结合分析方法等研究方法。依据"理论分析—理论验证、实证验证—因果分析、系统分析—政策建议"的技术路线和逻辑结构进行研究。

第二章论述文章研究的理论基础。理论基础包括两部分：第一，综述税收累进性量化指标，选取恰当的衡量指标 KP 指数。第二，验证并发展税收累进性生命周期理论，该理论是判断税收累进性是否适度的依据。郭庆旺（2012）[①]提出税收累进性生命周期理论，认为税收累进性历史发展规律呈现下降—上升—下降—再上升—下降等周期性特征，然而对拐点和周期年限等未做出具体论述，并且该理论未经过验证。因此需对税收累进性生命周期理论进行验证并发展，为后文研究奠定理论基础。

选取 G7 国家、金砖国家、OECD 国家数据进行经验分析，经验分析之一是对各个国家税收累进性历史变化轨迹进行考察，描述性分析税收累进性和经济发展史存在相关关系，总结拐点出现的大致历史周期；经验分析之二是结合非参数方法的邻近点加权拟合方法和峰—谷拐点方法对税收累进性和经济增长比率关系进行考察，鉴于 G7 国家工业化比较早，税制改革历程相对完善，税收累进性生命周期演变过程相对完整，因此经验分析二选取 G7 国家进行考察。总结出拐点处的数值特征。结合经验分析一、二总结发展后的税收累进性生命周期理论要点。

社会经济的发展不同于自然规律，它不是一个同质、等速的过程，而是一个从量变向质变不断转变，不断向前发展变化的过程，呈现出不同的社会经济发展阶段性特点。发展后的税收累进性生命周期理论主要结论包括：（1）税收累进性历史发展规律呈现下降—上升—下降—再上升—下降等周期性特征。可以总结为在经济起飞阶段，税收累进性很小或者呈现累退性；在经济发展成熟阶段，税收累进性呈现明显增加趋势；在大众高消费阶段，税收累进性变化趋

[①] 郭庆旺. 有关税收公平收入分配的几个深层次问题[J]. 财贸经济. 2012 年第 8 期.

势为增速缓慢,甚至不再增加;在超越大众消费阶段,税收累进性将不断减少。(2)下降—上升—下降—再上升—下降这一周期过程,每两个拐点之间的时间间隔大致在50至60年。(3)税收累进性(KP指数)和经济增长比率(GDPZ)之间存在密切的相关性,且两者之间的关系呈现周期性变化,基本呈现出下降—上升—再下降—再上升的变化趋势。(4)存在适度税收累进性。一方面,每个经济发展历史阶段适用不同程度的税收累进或者累退,既可以促进经济发展又可以兼顾收入分配、社会稳定,因此可以认为,适度的税收累进性是税收促进经济发展和调节收入分配的、可行的、有效的制度安排;另一方面,KP指数随着GDPZ变化而发生变化,两者之间是双向因果关系,GDPZ的取值是随着经济发展周而复始的循环。进一步分析可知,税收累进性历史考察和税收累进性具有随着GDPZ变化而变化的规律,两者表达的内涵是相同的,只是表达方式不同而已。(5)存在拐点。拐点处的指标特征大致范围为,拐点一:当GDPZ∈[0,20],KP∈[0.7,1.5]时,KP指数应随着GDPZ的不断增加而由下降转为上升趋势;拐点二:当GDPZ∈[20,30],KP∈[1.3,4]时,KP指数应随着GDPZ的不断增加而逐渐转为下降趋势;拐点三:当GDPZ∈[30,40],KP∈[0.7,1.5]时,KP指数应随着GDPZ的不断增加而逐渐转为上升趋势。拐点处指标特征大致范围如此,具体数值情况则因国家而异。

第三章分别基于发展后的税收累进性生命周期理论和DEA效率模型对中国税收累进性进行理论验证和现实验证。将发展后的税收累进性生命周期理论与中国税收累进性进行拟合。首先,依据该理论的结论一和结论二,中国应该是处于经济起飞阶段和成熟阶段之间,此外新中国成立六十年左右,也符合税收累进性生命周期每个阶段之间历史阶段的时间间隔大致在50至60年的结论。其次,考虑中国近年来的GDPZ数值,2005年至2011年期间中国GDPZ指标取值大致在27.9至43.7之间,而KP取值基本在1.2附近,大致符合结论五拐点三的特征,即当GDPZ∈[30,40],KP∈[0.7,1.5],在此拐点处KP指数应随着GDPZ的不断增加而逐渐转为上升趋势。近年来中国GDP增长速度相对其他国家较快,KP指数却一直徘徊在1.2左右,虽然按照此KP指数的定义计算中国税收整体略微呈现累进性，但是累进性仍然较弱，无法适应经济社会发展需要，将进一步加剧收入分配不公。可见，中国现在正处于拐点附近，下一步改革的方向应是逐步提高税收整体累进性。

基于DEA效率模型对中国税收累进性进行现实验证。分别测算和分解中国税收累进性影响公平与效率的综合运行效率，从技术效率和技术进步两方面分析综合运行效率提高的动力和阻力，现实验证中国应该提高整体税收累进性。为使中国税收累进性的提高适度并可以兼顾公平与效率，应优化税收累进性设置，疏通税收累进性调节公平与效率的传导机制。

中国税收累进性影响公平的DEA效率测算与分解得到结论：（1）2000年至2012年各地区税收累进性影响公平的综合运行效率小于1，是不优的。这与近年来中国收入差距不断扩大，调节收入分配的政策作用有限的现实情况相吻合。（2）技术进步变化情况各地区相同，都是不优的，应该改进税收累进性设置技术，扩展技术前沿面，提高技术进步值（TECHCH）。（3）技术效率平均提高2.3%，说明税收累进性影响公平的各个要素及其在传导过程中各要素配合是有效率的，但是效率增加幅度有限，应该进一步优化各要素及其在传导过程中的相互配合。（4）综合运行效率提高的阻力主要来自中部地区。

中国税收累进性影响效率的DEA效率测算与分解得到结论：（1）2006年至2012年中国税收累进性影响效率的综合运行效率年度变化均值小于1，这与经济理论是相符合的，税收作为调节手段，干预市场机制造成一定的效率损失。说明中国作为一个整体，在2006年至2012年税收累进性影响效率的同时存在较大调节成本，应该通过提高技术效率来减小调节成本。（2）技术效率平均降低了7%，说明税收累进性影响效率方面的各个要素及其在传导过程中各要素配合是不优的，传导机制不通畅，应优化各要素及其在传导过程中的相互配合，疏通传导机制。（3）技术进步变化情况各地区相同并且都是优的，平均提高了2.6%，提高幅度有限，说明应优化税收累进性设置技术，扩展技术前沿面，提高技术进步值（TECHCH）。（4）然而各个地区在2000年至2012年12间税收累进性影响效率的综合效率均值又是大于1的，说明在2000年至2012年12间各个地区税收累进性调节效率、干预市场机制运行的调节成本相对较小，调节带来的效率损失小于经济增长带来的效率增加。符合经济理论，因考察对象和年限不同于前文年度变化结论并不矛盾。综合运行效率提高阻力主要是技术效率（TFPCH，又称配置效率）的下降，产生阻力的地区主要是东、中部地区。

第四章的研究主要集中于中国税收收入和税收累进性与财政分权、直接税占比两个影响因素的长期均衡关系和动态变动关系上。本章通过构建中国税收收入—影响因素协整模型和中国税收累进性—影响因素协整模型来研究它们三者之间的长期均衡关系。通过构建中国税收收入—影响因素 VAR 模型和中国税收累进性—影响因素 VAR 模型来研究它们三者之间的动态变动关系。通过考察长期均衡关系和动态变动关系，以期能够对它们之间的关系有更全面、更深入的了解。

结论：（1）一般均衡分析的结论，文章主要通过借助建立协整模型分析税收收入和税收累进性与两大影响因素的长期均衡关系。研究结果发现财政分权、直接税占比与税收收入在长期均呈现正相关关系；财政分权和税收累进性在长期也存在正相关关系，但是直接税占比与税收累进性在长期呈现负相关关系。并且财政分权、直接税占比对税收收入和税收累进性的敏感程度要小于税收收入、税收累进性对财政分权和直接税占比的敏感程度。（2）动态影响的结论，文章通过建立 VAR 模型来考察税收收入和税收累进性与两大影响因素的动态变动关系。主要进行格兰杰因果检验来验证它们之间的因果关系，通过脉冲响应的分析来确定它们之间的动态冲击关系。本研究认为在滞后一期的情况下，税收收入和税收累进性与两大影响因素之间的格兰杰因果关系不明显。但是通过脉冲响应函数来看其长期动态影响时，这种在之后一期不明显的因果关系，并不是在所有滞后期都存在，延长了滞后期后他们的动态影响关系逐渐显现，并呈现扩大趋势，有可能还会发生逆转，这一结论是经济情况相符。

第五章分析中国税收累进性影响公平与效率的传导机制，研究传导机制是否疏通以及不疏通的原因所在。首先，论证适度的累进税是兼顾公平与效率调节收入分配的重要手段之一。推导逻辑为，第一，分析公平与效率的区别和联系，广义的公平应包括狭义的公平与狭义的效率两部分；第二，分析分配是兼顾公平和效率的共同支点；第三，税收是调节收入分配的重要手段之一；第四，进一步分析税收公平和税收效率理论；第五，适度的累进税是兼顾公平和效率调节收入分配的重要手段之一。

其次，分析中国税收累进性影响公平与效率的传导机制。

再次，构建并分析中国税收累进性影响公平与效率的宏观经济模型。税收累进性可以分解为每个税种累进性的加权之和，整体税收累进性表现为各个税种的累进性。因此中国税收累进性影响公平与效率的宏观经济模型，将各个税种累进性和公平（收入差距）、效率（经济增长）纳入同一模型中考虑。结论为，应重点提高税收累进性的税种为房产税；并不关注税率累进性，而主要通过其筹集收入功能发挥实际税收累进性的税种为增值税；在现行税制下，应充分发挥其调节收入分配作用，需要优化税制设置的税种主要包括资源税、个人所得税、契税以及城镇土地使用税。税收累进性改进意义不大的税种主要有企业所得税和营业税。（1）房产税累进性增加，降低资本要素产出弹性，同时增加劳动要素产出弹性，有利于改善目前资本要素收入分配过多，而劳动要素收入分配过少的问题，因此，房产税应作为改革的重点，加大提高房产税税收累进性力度。（2）增值税具有良好的税收收入筹集功能，通过为转移支付或公共支出筹集资金间接调节收入分配，实际上具备累进性功能。优化增值税制度，充分发挥其收入筹集功能，并不关注其本身的累进性，而关注其实际累进性作用即可。（3）企业所得税税收累进性变动对经济的总体规模、资本要素产出弹性、劳动要素产出弹性不产生显著的影响，其税收累进性改革意义不大。（4）资源税税收累进性对经济的总体规模不产生显著影响，使资本要素产出弹性增加且劳动要素产出弹性减少，未发挥其应有的调节收入分配功能，应优化资源税税制设计，提高实际税收累进性以达到调节收入分配的作用。（5）个人所得税现阶段改革方向是优化现有税制设计，保障现有调节功能。其税收累进性改革主要是在现有累进税率基础上平滑各税率级距附近的差别，提高实际税收累进性。（6）城镇土地使用税和契税税收累进性增加会在一定程度上扩大资本要素和劳动要素产出效率的差异,其税收累进性改革方向应是协调与相关税种的关系,简化合并税种,提高实际调节收入分配作用。

最后,分析中国税收累进性影响公平与效率传导机制存在的问题。传导机制不疏通之处主要有:各个税种累进性实际作用受限,主要原因为平均效率与征管效率较低;各个税种累进性调节国民财富流量、存量分配机制不通;财政分权状况与财政支出结构均不合理削弱税收累进性调节作用;税收收入结构影响税收累进性作用的发挥;市场机制不完善、产业结构不合理削弱税收累进性调节作用。

第六章,提出提高中国税收累进性的政策建议。主要是疏通税收累进性影响公平与效率的传导机制,包括两部分:(1)优化税制疏通传导机制。关于税收收入结构,未来改革方向是逐步提高直接税比重,现阶段主要任务应是夯实基础;降低增值税税率累进性,以发挥增值税收入筹集功能进而提高其实际累进性;关于房产税、契税和城镇土地使用税,改革方向为逐渐简并房地产相关税种,扩大征税的范围,增加税率之间的累进性,最终达到提高房产税实际税收累进性目的;关于个人所得税,个人所得税保持税收累进性不变,以提高征管效率来增加实际税收累进性;关于消费税,消费税应调整征税范围,增加消费税税率累进性进而增加实际累进性;关于资源税,现行资源税的征税范围有限,不能发挥其应该具有的调节作用,因此其改革方向主要是"扩围"。(2)配套改革疏通传导机制。提高平均税率;提高税收征管效率;优化财政分权,调整事权和支出责任,上移支出责任,逐渐减少各项转移支付;优化财政支出的结构,增加财政支出在教育、住房、医疗卫生和社会保障等方面的开支;培育市场机制、优化产业结构。

目 录
CONTENTS

前 言 ………………………………………………………………… 1

第一章 导 论 …………………………………………………………… 1
 第一节 选题背景与意义 ………………………………………… 1
  一、选题背景 ………………………………………………… 1
  二、选题意义 ………………………………………………… 5
 第二节 国内外文献综述 ………………………………………… 5
  一、国外文献综述 …………………………………………… 6
  二、国内文献综述 …………………………………………… 15
  三、研究现状述评 …………………………………………… 22
 第三节 相关概念和研究范围的界定 …………………………… 23
  一、相关概念界定 …………………………………………… 23
  二、研究范围的界定 ………………………………………… 27
 第四节 主要研究内容和研究思路 ……………………………… 29
 第五节 研究方法和技术路线 …………………………………… 31
  一、研究方法 ………………………………………………… 31
  二、技术路线 ………………………………………………… 32

第六节 研究的创新和特色 ……………………………………………… 32
　一、研究视角上的创新 ………………………………………………… 32
　二、研究内容上的创新 ………………………………………………… 33

第二章 税收累进性问题研究的理论依据 …………………………… 34
第一节 税收累进性测算指标选取 ……………………………………… 34
　一、实际税收累进性的测算方法综述 ………………………………… 34
　二、名义税收累进性的测算方法综述 ………………………………… 40
　三、本文税收累进性测算指标选取——KP 指数 …………………… 41
第二节 税收累进性生命周期理论的验证与发展 ……………………… 42
　一、税收累进性是否适度的判断依据：税收累进性生命周期理论 … 42
　二、税收累进性生命周期理论的验证与发展 ………………………… 44
　三、发展后的税收累进性生命周期理论内容 ………………………… 167

第三章 中国税收累进性的理论验证和现实验证 …………………… 169
第一节 中国税收累进性的理论验证 …………………………………… 169
第二节 中国税收累进性的现实验证 …………………………………… 172
　一、中国税收累进性现实验证——DEA 模型效率测算与分解方法 … 173
　二、中国税收累进性影响公平的 DEA 效率测算与解释 …………… 177
　三、中国税收累进性影响效率的 DEA 效率测算与解释 …………… 183

第四章 中国税收累进性的影响因素分析 …………………………… 189
第一节 中国税收累进性各影响因素的构成与变动趋势分析 ………… 190
　一、中国税收收入与税收累进性的发展与变动趋势 ………………… 190
　二、影响因素的构成与变动趋势 ……………………………………… 192
第二节 中国税收收入与各影响因素之间的关系分析 ………………… 194
　一、税收收入与各影响因素的长期均衡关系模型 …………………… 194

二、中国税收收入与影响因素的动态变动关系 ……………… 196
　第三节　中国税收累进性与各影响因素之间的关系分析 ………… 200
　　一、税收累进性与各影响因素的长期均衡关系模型 …………… 201
　　二、中国税收累积性与影响因素的动态变动关系 ……………… 202

第五章　中国税收累进性影响公平与效率的传导机制 …………… 208
　第一节　适度累进税是兼顾公平与效率调节收入分配的重要手段之一 … 208
　　一、广义的公平包括狭义的公平与狭义的效率两部分 ………… 210
　　二、狭义公平与狭义效率的共同支点：分配 …………………… 211
　　三、分配的重要手段：税收 ……………………………………… 212
　　四、最佳税收既应兼顾狭义公平与狭义效率又应兼顾税收公平与税收效率
　　　　………………………………………………………………… 212
　　五、适度累进税是兼顾公平与效率调节收入分配的重要手段之一 … 214
　第二节　中国税收累进性影响公平与效率的传导机制 …………… 216
　第三节　中国税收累进性影响公平与效率的宏观经济模型 ……… 217
　　一、宏观经济模型构建 …………………………………………… 218
　　二、变量选取和数据来源 ………………………………………… 219
　　三、模型结果分析 ………………………………………………… 220
　第四节　中国税收累进性影响公平与效率传导机制存在的问题 … 227
　　一、各个税种累进性实际作用受限，主要原因为平均效率与征管效率较低
　　　　………………………………………………………………… 227
　　二、各个税种累进性调节国民财富流量、存量分配机制不通畅 … 228
　　三、财政分权状况与财政支出结构均不合理，削弱税收累进性调节作用
　　　　………………………………………………………………… 230
　　四、税收收入结构影响税收累进性作用的发挥 ………………… 230
　　五、市场机制不完善、产业结构不合理削弱税收累进性调节作用 … 231

第六章 提高中国税收累进性的政策建议 ············ 233
第一节 优化税制,疏通税收累进性影响公平与效率的传导机制 ······ 233
一、未来改革方向为逐步提高直接税比重,现阶段主要任务应夯实基础 ············ 234
二、简化增值税税率级次,以发挥增值税收入筹集功能 ······ 235
三、简化合并房地产相关税种,扩大征税范围,提高税率累进性 ······ 236
四、个人所得税保持税收累进性不变,以提高征管效率来提高实际税收累进性 ············ 238
五、资源税改革方向主要是"扩围" ············ 240
六、消费税应调整征税范围,增加税率累进性进而提高实际税收累进性 ············ 241
第二节 配套改革,疏通税收累进性影响公平与效率的传导机制 ······ 242
一、提高平均税率 ············ 243
二、提高税收征管效率 ············ 243
三、优化财政分权,调整事权和支出责任,上移支出责任逐渐减少各项转移支付 ············ 245
四、优化财政支出结构,增加在教育、住房、医疗以及社会保障等方面的支出 ············ 247
五、培育市场机制,优化产业结构 ············ 248

参考文献 ············ 251

第一章

导 论

第一节 选题背景与意义

一、选题背景

目前,中国基尼系数已经超过国际标准警戒线0.4,收入分配不公问题日益突出,如何调节收入分配是当前面临的重要课题之一;税收累进性是衡量税收再分配效应的核心指标,对收入分配具有重要的调节作用;税收累进性发挥调节作用是公平与效率相互协调的关键环节;关于中国整体税收累进性状态认知观点不一,缺乏系统分析;税收累进性是否适度缺乏完善的理论判断依据,改革方向不明晰,在此背景下研究税收累进性问题具有重要意义。

(一)中国基尼系数超过国际标准警戒线0.4,已处于中度不平等水平,研究如何调节收入分配是个重要课题

随着中国经济的快速发展,国民收入"蛋糕"迅速做大,国民收入分配不公问题日益突出,尤其在居民收入分配方面,贫富差距不断扩大。衡量居民收入分配差距的数量指标是基尼系数,其国际警戒线是0.4。当基尼系数小于0.4时,收入分配状态相对平等,存在低度的收入不平等状况;当基尼系数取值在0.4~0.5之间时,收入分配存在中度不平等;当基尼系数大于0.5时,收入分

配为高度不平等。分析国家统计局发布的历年基尼系数（如图1-1所示），中国基尼系数经历了两个变化较为明显的阶段，第一个阶段是1978年至1995年，基尼系数取值从0.16迅速增加为0.39，究其原因，应与改革开放后采取的"坚持效率优先兼顾公平"发展政策有直接关系；1996年至2000年基尼系数基本平稳；基尼系数迅速变化的第二个阶段是2000年至2003年，由0.41上升至0.48，2003年至2013年基尼系数相对平稳。自2000年以来，中国基尼系数一直处于超过国际标准的警戒状态，收入分配状态基本处于中度不平等水平。2007年有报告显示，在中国总人口中，20%的最高收入人群以及20%的最低收入人群之间收入差距已经达到33倍。不患寡而患不均，十八大报告中提到"夺取中国特色社会主义新的胜利应该坚持走共同富裕的道路。应该注重调整国民收入分配的格局，逐渐增加对收入再分配的调节力度，大力解决收入分配不公的问题，使社会经济发展福利更多更公平地惠及全体人民，走向共同富裕。"因此收入分配的初次分配与再分配都应处理好效率与公平之间的关系，再分配则应更加注重公平，在发展中应重视调整收入分配结构，大力创造出公开、公平、公正的外部制度环境。

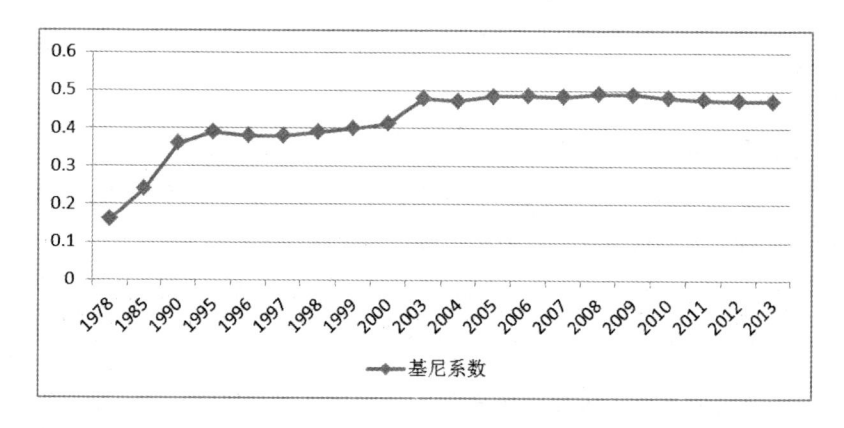

图1-1 中国历年基尼系数

数据来源：国家统计局

（二）税收累进性是衡量税收再分配效应的核心指标，对收入分配具有重要的调节作用

收入分配问题的解决涉及多方面内容，其中税收调节是重要政策手段之一。现阶段税收调节收入分配作用未能充分发挥，如何以比较少的成本，最大程度地发挥其有限作用是研究税收调节收入分配问题的重点之一。税收累进性是衡量税收再分配效应的核心指标，对收入分配具有重要的调节作用，因此解决收入分配问题，对税收累进性问题进行研究十分必要。

（三）税收累进性调节作用的发挥是公平与效率相互协调的关键环节

主张实行累进税的理论主要有边沁的功利主义理论，马克思、恩格斯的理论，凯恩斯理论，埃奇沃思的福利经济学理论，德国社会政策学派、瑞典学派、新剑桥学派以及新古典综合学派相关理论。这些理论研究者均在各自的研究背景和研究目标下论证了累进税的重要性，认为累进税按照纳税主体应纳税收入的多少划分不同的级次和级距，对不同级次实行不同的税率，纳税对象数额越大，适用税率越高，可见累进税制具有一定的收入爬升效应。采用温和适度的累进税制具有提升收入、缩小税负不均等作用，但最高边际税率不宜过高，如果累进性超过一定限度则会带来负面影响。因此采用累进税制是将收入差距控制在一定可接受范围之内和将经济成果更加公平地进行再分配的重要工具，税收累进性调节作用的发挥一方面应符合公平原则，另一方面应符合效率原则，将扭曲作用减至最小，实现税收激励。总之，税收累进性发挥调节作用是公平与效率相互协调的关键环节，研究税收累进性问题具有重要意义。

（四）关于中国整体税收累进性状态认知观点不一，缺乏系统分析

关于中国税收整体呈现累进性还是累退性，大多学者认为现行税制呈现一定的累退性，持此观点的代表学者有蒋洪和于洪（2004）[1]，王乔和汪柱旺

---

[1] 蒋洪，于洪．居民消费结构与商品课税归宿问题分析［J］．财贸经济．2004年第6期．

(2008)①,聂海峰和刘怡(2010)②,高培勇(2011)③,针对我国现行税制结构对收入分配的调节效应进行考察分析,认为我国现行税收制度以流转税为主体,即流转税收入占总税收收入的比率较高,流转税普遍实行比例税率,各种税负相对于直接税而言比较容易转嫁,流转税税制本身具有累退性,因此中国现行税制整体呈现累退性。但仍有部分学者认为中国税收累进性不能断然判断其是累进还是累退,整体税收累进性主要由各个税种之间的相互作用形成。比如刘怡、聂海峰(2004)④分别对不同收入纳税群体增值税、消费税和营业税的税收负担情况进行了研究,研究结果表明在中国增值税与消费税税收负担体现累退性,营业税的税收负担则呈现累进性,税收累进性取决于各个税种间的相互作用,可见中国整体税收累进性状态认知观点不一,缺乏系统分析。

(五)判断税收累进性是否适度缺乏完善的理论依据,使得改革方向不明晰

税收累进性是否适度需要理论判断依据,然而由国内外研究成果可见,税收累进性理论层面的研究大多集中于税收累进性影响因素、累进性测算方法,实证层面的研究更多集中于利用测算累进性的指标工具对各个国家各税种累进性进行实证分析,对于整体税收累进性发展规律的研究较少。国内学者郭庆旺(2012)⑤提出税收累进性周期理论,该理论依据国际经验得出,并未经过验证,因此需要验证并发展这一理论假设。

中国税收收入结构以间接税即生产税为主体,间接税呈现累退性,直接税大多呈现累进性,现行税制下税收累进性呈现灰白色,即处于税收整体累进累退性不清晰阶段。那么如何清晰地判断中国税收累进性现状及改革方向,改革过程中应如何协调公平与效率,实际税收累进性调节作用发挥的影响因素及传

---

① 王乔,汪柱旺.我国现行税制结构影响居民收入分配差距的实证分析[J].当代财经.2008年第2期.
② 聂海峰、刘怡.城镇居民的间接税负担:基于投入产出表的估算[J].经济研究.2010年第7期.
③ 高培勇.尽快启动直接税改革——由收入分配问题引发的思考[J].涉外税务.2011年第1期.
④ 刘怡、聂海峰.间接税负担对收入分配的影响分析[J].经济研究.2004年第5期.
⑤ 郭庆旺.有关税收公平收入分配的几个深层次问题[J].财贸经济.2012年第8期.

导机制如何等一系列问题有待解决。在以上背景下研究税收累进性问题具有重要意义。

二、选题意义

因此在目前中国收入差距不断扩大，税收调节收入分配作用有限的背景下研究税收累进性问题具有重要的理论意义和实践意义：首先，通过对发达国家历史数据进行经验分析，验证并发展税收累进性生命周期理论，完善了税收累进性理论体系。其次，分别对中国税收累进性进行理论验证和现实验证。将中国的税收累进性与发展后的生命周期理论拟合的主要目的是考察中国的目前的税收累进性特征和未来中国税制改革的方向。基于 DEA 效率模型对中国税收累进性进行现实验证的主要目的是从技术进步（优化税制）和技术效率（优化要素配合）两方面分析提高中国税收累进性综合运行效率的阻力和动力。再次，研究中国税收累进性的影响因素以及中国税收累进性影响公平与效率的传导机制，并得出疏通传导机制的政策建议。这一系列的研究对中国改革税收累进性、缩小收入分配差距、协调公平与效率关系，具有重要的实践指导价值。

第二节 国内外文献综述

国内外学者对税收累进性的研究主要分为理论研究和实证研究两大层面，其中国外理论层面的研究主要包括税收究竟采用何种税率的争论（累进的税收制度更加符合大多经济学流派主张）以及税收累进性的测算方法两方面。国外实证研究主要涉及整体税制累进性测度的实证研究、个人所得税累进性测度的实证研究、个人所得税累进性影响因素分解的相关实证研究、税式支出对调节收入分配的影响四个方面。国内文献理论层面研究主要包括各个税种累进性、累退性的理论研究以及个人所得税累进性影响因素两个方面。国内文献实证层面的研究包括个人所得税累进性的实证研究、个人所得税累进性影响因素的实证分析两个方面，详细论述如下。

一、国外文献综述

（一）理论层面

1. 关于税收究竟采用何种税率的争论，累进的税收制度更加符合大多经济学流派主张

主张实行比例税制的思想可以追溯到配第、李嘉图等关于比例税制的制度设想，随后哈耶克也在《自由宪章》中主张实行比例税，认为比例税优于累进税，累进税所带来的收益低于其所带来的实际收入的减少额，然而实践证明该理论与现实的兼容性比较差。

德国社会政策学派在税收政策方面主张对收入相对较低的主体实行免征额制度，而对收入水平相对较高的主体实行累进税制，通过对其多征税以达到对社会财富成果进行公平分配。19世纪末20世纪初，德国社会政策学派的理论成为大多数资本主义国家制定本国税收政策的主要理论依据，因此累进税制也开始被广泛应用。

20世纪30年代，凯恩斯主义盛行，其主张国家干预市场经济发展，均衡社会总供给与社会总需求以达到充分就业的目的，提出应该通过实行累进税率来缩小收入差距，刺激经济主体增加消费和投资，从而达到增加就业和扩大消费的目的。由于《通论》是经济大萧条时期的理论产物，主要解决就业问题，因此在收入分配问题上并没有进行详尽的论述。

形成于20世纪20、30年代的瑞典学派在边际效用论的基础上，主张对收入分配进行调节，缩小收入差距增加整个社会的总效用。发展到20世纪50年代，瑞典学派的部分经济学家开始意识到高税率的不利影响，认为不断提高的边际税率若超过一定限度会在很大程度上降低人们工作的积极性，带来效率损失。

新剑桥学派出现于20世纪50、60年代，其核心理论为收入分配理论，该学派认为资本主义的病症是由收入分配不公平所引起，因此需要改革收入分配制度以改善不平等现状。在税收政策方面主张对于收入水平高低不一样的主体征

收税率高低不同的税收,即实行累进税对高收入主体征收更多的收入税。新剑桥学派的理论主张有一定积极意义,然而由于该学派政策过于激进,对税收激励产生了较大负面作用,故在实践中并未得到广泛应用。

20世纪70年代的新古典综合学派将经济稳定与增长作为政策目标,在其相关的财政政策和收入政策中谈到了收入均等化的概念,在收入分配方面考虑到公平和经济发展效率之间的关系,主张实行相对累进的税收制度,以调节收入分配。

Boadway、Marceau、Mongrain(2007)[①] 和 Prasad(2008)[②] 认为税收制度的累进程度应该是适度的,尤其是税收最高边际税率不宜过高,最高边际税率如果过高会削弱这部分纳税人群工作、投资、创新以及创造财富的积极性,边际税率过高的另一个不良后果是会出现纳税不道德行为。

由以上分析可知,比例税和累进税各有不同流派支持,比例税率侧重于实现税收效率,而累进税侧重于实现公平,然而无疑,累进的税收制度更加符合大多经济学流派的主张。鉴于现代社会发展中应兼顾公平和效率,因此在累进税具体税率税制设计上会相对复杂一些,应注意解决税收累进性是否适度问题。

2. 税收累进性的测算方法

税收累进性的测算可以划分为整体税收累进性的测度、税收累进性的分解以及不同收入个体或群体税收累进性的测算三大类。

(1) 整体税收累进性的测度

首先,对税收的整体累进性测算方法进行综述:Musgrave & Thin 在1948年提出采用 Musgrave—Thin Coefficient of Progression 的方法度量税收整体累进性,简称 MTCP,并将 MTCP 定义为税后收入分布的洛伦兹积分(Sb)与税前收入分布的洛伦兹积分(Sa)之间的比值。此理论认为,当所有收入水平的税率均提

[①] Boadway, Robin, Nicolas Marceau and Steeve Mongrain, Redistributive Taxation under Ethical Behaviour. Scandinavian Journal of Economics, 109 (3), 2007, pp. 505 – 529.

[②] Prasad, N., Policies for Redistribution: The Use of Taxes and Social Transfers. International Labor Organization Discussion Papers, Geneva, 2008.

高一倍时，税收累进性也将扩大一倍。这一结论不科学，因为税收累进性测度的是税收体系制度对比例税的偏离，MTCP实质是测度税收再分配效应，而未将累进性的测度脱离平均税率等的影响进行单独研究。

Poddar 在 1976 年提出两种中性产出的累进性度量方法：第一种度量方法为中性产出累进性—差异 1（Yield—Neutral Coefficient of Progression—Variant 1，以下简称为 YNCPV1），第二种度量方法为中性产出累进性—差异 2（Yield—Neutral Coefficient of Progression—Variant 2，以下简称为 YNCPV2）。YNCPV1 定义为税前收入分布洛伦兹曲线的积分（Sa）和税收分布集中曲线的积分（St）之间的比率；YNCPV2 定义为数值为 1/2 的对角线右下方部分面积和税收分布集中曲线积分（Sti）的比率。

Suits（1977）用 S 指数来衡量累进性，S 指数定义为税收分布集中系数（Cti），方框图中表示为对角线和税收集中曲线之间面积的 2 倍。同年 Kakwani 独立提出另一种指数衡量累进性即 K 指数，K 指数定义为税收分布集中系数（Ct）减去税前收入基尼系数（Ga）的数值，表示在方框图中等于税前收入分布洛伦兹曲线和税前分布集中曲线之间面积的 2 倍。实质上 S 指数和 K 指数在原理上分别和 YNCPV2、YNCPV1 相同，不同的是用于表达累进性的曲线选取不同。K 指数和 S 指数提出后涌现出大量学者在此基础上进一步进行各个国家的实证研究，文献将在实证层面的文献综述详述。然而也出现一些学者在理论层面对两个指数提出质疑，质疑 S 指数的代表性学者是 Sarte（1997），认为 S 指数并未考虑生命周期对收入的影响以及收入中也没有包括家庭内部收入的转移；质疑 K 指数的代表性学者有 Bracewell & Milnes（1979）、Dorrington（1979）等，他们批评的理由主要是 K 指数未考虑人口统计学的因素，指数测算不能适用于总收入以外的收入变量（如储蓄、投资、资本利得等）。

Kakinaka &Pereira（2006）提出用 KP 指数来度量税收的累进性，该指数反映的是第 t 期内税收的累进程度，KP 指数定义为第 t 期内税收收入的标准差除以税收收入均值的比值与第 t 期内国民收入的标准差除以国民收入均值的比值这两个比值相除得到的数值。如果 KP 指数数值 >1，则表示税收在第 t 期内是累进的，KP 指数的数值越大则意味着累进程度越高。可以通过考察 KP 指数随着时间变化的趋势来进一步考察税收累进性历史变动的趋势。

Arnold（2008）进一步定义了税收累进性指标：Prog = 1 − [（1 − MTR）/（1 − ATR）]，其中 Prog 代表税收累进性，MTR 表示边际税率，ATR 表示平均税率，该公式成立的充分必要条件是边际税率应大于平均税率。

Klara Sabirianova Peyer、Steve Buttrick、Denvil Duncan（2010）提出了运用平均税率得到单一数值对整体税收体系结构累进性进行描述的一种方法，此方法按照税收制度计算税前收入的相应应纳税额、平均税率以及边际税率，进一步将平均税率、边际税率对税前收入进行回归得到平均税率指数和边际税率指数，最终计算得到税收累进性指数。以上几种税收累进性测度方法又统称为现代累进性测度方法，此类计算累进性的方法只能测算整体税收累进性单一数值指标，而无法提供详细的个体或群体信息。

（2）税收累进性的分解

税收累进性分解理论研究起源于税种累进性的分解，代表学者主要有四位：Oberhofer（1975）研究认为累进性的产生不仅来源于累进的税率，还来自于税基（包括税收减免和扣除），但他并未将两者对税种累进性的影响归纳入一个表达公式。Kakwani（1977）认为整体税收累进性可以分解为每个税种累进性的加权之和，权重是每个税种各自平均税率的比率，因此可以对单个税种累进性进行加权求和得到税收体系累进性，也可以测算各个税种对整体税收累进性的贡献率。Pfahler（1990）得出一个以基尼系数为基础的税收累进性分解公式，公式中包含了税基、累进税率对整体税收累进性的贡献关系，这是对以往研究的一个重大发展。Wagstaff（2001）在 Pfahler 的理论基础上首次将税收抵免纳入税收累进性的分解公式中，自此税收累进性影响的因素可以分解为累进的税率结构与水平、免税额度、费用的扣除以及税收抵免等。

3. 不同收入个体或群体税收累进性的测算

不同收入个体或群体税收累进性的测算主要指古典累进性测度方法，此类方法无法衡量整体税收累进性的单一数值特征，但是可以对税收累进性详细信息进行补充，主要揭示不同收入阶层个体或群体的累进性信息。主要包括四种测算方法，平均税率的累进性与边际税率的累进性方法由 Pigou 在 1928 年提出；应纳税额的累进性与剩余收入的累进性由 Musgrave &Thin 在 1948 年提出。

其中，平均税率累进性测算方法认为，若平均税率随着收入水平的上升而上升，则该税是累进税；若平均税率随着收入水平上升而保持不变，则该税称为比例税；若平均税率是随着收入水平的上升而不断下降，则该税是累退税。其计算公式：

$$\text{ARP} = \frac{\frac{T_1}{Y_1} - \frac{T_0}{Y_0}}{Y_1 - Y_0} = \frac{1}{Y}(M_{1-0} - A_0)$$

其中，T_0 为收入水平 Y_0 的应缴纳的税额，T_1 为收入水平 Y_1 的应缴纳的税额，并且收入水平 $Y_1 > Y_0$，A_0 为收入水平 Y_0 的平均税率，M_{1-0} 为边际收入 Y_{1-0} 的税率。若是累进税，则可以判断其平均税率的累进性大于零，同时边际税率大于平均税率；若是比例税，则可以判断平均税率的累进性等于零，同时边际税率等于平均税率；若是累退税，则可以判断平均税率累进性小于零，同时边际税率小于平均税率。

边际累进税率测算方法计算公式：

$$\text{MRP} = \frac{\frac{T_2 - T_1}{Y_2 - Y_1} - \frac{T_1 - T_0}{Y_1 - Y_0}}{Y_2 - Y_0} = \frac{M_{2-1} - M_{1-0}}{Y_2 - Y_1}(M_{1-0} - A_0)$$

其中，T_0、T_1、T_2 分别为收入水平 Y_0、Y_1、Y_2 应该缴纳的税额，并且 $Y_2 > Y_1 > Y_0$，M_{2-1} 为边际收入 Y_{2-1} 的税率，M_{1-0} 为边际收入 Y_{1-0} 的税率，若是累进税，则可以判断边际税率累进性大于零，与此同时 $M_{2-1} > M_{1-0}$；若是比例税，则边际税率累进性等于零，与此同时 $M_{2-1} > M_{1-0}$；若是累退税，则边际税率累进性小于零，与此同时 $M_{2-1} > M_{1-0}$。

应纳税额累进性测算方法计算公式：

$$\text{LP} = \frac{T_1 - T_0}{T_0} \times \frac{Y_0}{Y_1 - Y_0} = \frac{M_{1-0}}{A_0}$$

其中，T_0 为收入水平 Y_0 的应缴纳税额，T_1 为收入水平 Y_1 的应缴纳税额，并且收入水平 $Y_1 > Y_0$，A_0 为收入水平 Y_0 的平均税率，M_{1-0} 为边际收入 Y_{1-0} 的税率。若是累进税，则可以判断应纳税额的累进性 >1，与此同时边际税率大于平均税率；若是比例税，则可以判断应纳税额的累进性 =1，与此同时边际税率等于平均税率；若是累退税，则可以判断应纳税额的累进性 <1，与此同时边际税率小于平均税率。

剩余收入累进性的计算公式：

$$RIP = \frac{(Y_1 - T_1) - (Y_0 - T_0)}{(Y_0 - T_1)} \times \frac{Y_0}{Y_1 - Y_0} = \frac{1 - M_{1-0}}{1 - A_0}$$

其中，T_0 为收入水平 Y_0 的应缴纳税额，T_1 为收入水平 Y_1 的应缴纳税额，并且收入水平 $Y_1 > Y_0$，A_0 为收入水平 Y_0 的平均税率，M_{1-0} 为边际收入 Y_{1-0} 的税率。若是累进税，则可以判断剩余收入的累进性 >1，与此同时边际税率大于平均税率；若是比例税，则可以判断剩余收入的累进性 =1，与此同时边际税率等于平均税率，若是累退税，则可以判断剩余收入的累进性 <1，与此同时边际税率小于平均税率。

由以上分析可知，ARP、LP、RIP 三者都可表示为边际税率和平均税率不同表达形式的函数，并且三者得到的结论实质是一样的，不同之处是三者的变动方向不一定相同。表示为边际税率的函数形式，与其他三个指数得到的结论和变化方向都不一定相同。Musgrave 还进一步研究发现，对低收入人群较为有利的累进性测算指标依次为：RIP、LP、MRP、ARP，对高收入人群的，情况正好相反。

（二）实证层面

大量学者针对本国整体税收制度的累进性、单个税种累进性测度及影响因素分解进行实证研究，单个税种累进性测度和影响因素分解绝大部分成果研究的是个人所得税。此外还有部分学者针对税式支出调节收入分配的作用进行研究。

1. 整体税制累进性测度的实证研究

K 指数和 S 指数、税收再分配指数提出后，很多学者以此为工具对税收整体累进性进行大量实证分析,这方面研究虽然由来已久,但相对于单个税种累进性的研究来说,研究成果相对较少。整体税制累进性测度的实证研究主要包括:Dilnot & Kay(1984)测算了1948年至1982年英国全部税种的累进性,得到结论:后半时期整体税制的累进性高于前半个历史时期。Formby、Seaks & Smith(1981)运用S指数和K指数对美国1962年至1976年的税收累进性进行测算,认为美国税收体系是累进的,进一步分析S指数和K指数之间的关系,14年中有3年两个指数变化的方向不一致。Kienzle(1981)根据Suits推导S指数分析税收累进性的框架,进一步研究了公共支出的累进性影响。Thoresen(2004)[1]采用数量经济学分析方法应用K指数,研究挪威1992年税收制度改革对税制累进性的影响,分析税收制度改革对税收集中程度以及税前基尼系数的影响,这两个指标分别对K指数产生影响。最终得到结论:边际税率的降低对税前收入分配的影响效果较为微弱,但是对税收集中程度影响效果较大,税收集中度下降比较多,进而使得税收制度的整体累进程度明显地随之下降。Leigh(2008)[2]在税收前基尼系数与税收后基尼系数存在差异的基础上定义了税收再分配指数,并且采用1983年与1989年人口普查和国家经济研究局的相关数据进行实证研究,研究表明美国的税收对于改善税前小时工资收入的不平等状态没有明显的调节作用。

2. 个人所得税累进性测度的实证研究

关于个人所得税累进性的实证研究多数表明发达国家个人所得税呈现累进性,且累进性近年来均呈现不断下降的趋势。如 Verbist(2004)选择 OECD 的 15 个成员国,运用 EUROMOD 模型,对其个人所得税累进性进行分析,认为15个国家个税均累进,并得到结论:这 15 个国家平均税率与累进性之间的相关系数是 -0.6255,在0.01 的水平上显著。Nyamongo & Schoeman(2007)测算了南

---

[1] Thor O. Thoresen (2004), Reduced Tax Progressivity in Norway in the Nineties: The effect from Tax Changes. International Tax and Public Finance, Vol. 11 No. 4, Aug 2004, pp. 487 – 506.

[2] Leigh Andrew, Do Redistributive State Taxes Reduce Inequality? National Tax Journal, Vol. 61, March 2008, pp. 81 – 104.

非 1989 年至 2003 年的个税累进性，认为 1990 年至 1994 年之间南非的个税是累进的，与此同时 1994 年至 2003 年个税累进性呈现出不断下降的趋势。Tomas Piketty 与 Emmanuel Saez（2007）[①] 采用美国联邦税收申报的相关数据，考察分析 20 世纪 60 年代以来纳税人的联邦税收负担以及 2004 年联邦税收制度的累进程度，进一步对所得税的累进性进行国际比较。通过一系列研究发现，由于纳税人收入结构的不断变化，联邦税收缩小收入分配差距的作用相对于以前有所减弱；美国、英国以及法国三个国家的个人所得税累进性自 1970 年以来都存在不同程度的下降，三国的整体累进水平仍然存在较大区别。与王亚芬的研究成果相比，这一研究对收入数据的分组更加细化，重点研究了收入最高 0.1% 的纳税人群税收负担的变动。可见，发达国家个人所得税都是累进的，且累进性近年来均呈现下降趋势。

3. 个人所得税累进性影响因素分解的相关实证研究

众多学者研究个人所得税累进性影响因素主要涉及：免征额、费用扣除、税收减免以及税率级次四个方面。主要研究成果有：Steuerle &Hartzmark 在 1981 年采用美国 1947 年至 1979 年的相关数据对其联邦个人所得税的收入分配效应进行考察，得到结论非应税所得（包含扣除项目以及其他非应税的项目）、税收抵免以及税率的级次等因素共同影响个人所得税的累进性指数，研究的不足在于并没有将这些影响因素放在一个公式里面来解释这些项目分别对整体税收累进性的贡献。James C. Young 等（1999）[②] 采用美国 1992 年所得税的税收申报数据，对各项税收制度要素对美国个人所得税累进性产生的影响进行考察，实证结果表明个人所得税的标准扣除额、免征额以及税率因素是影响其累进性的主

[①] Tomas Piketty, Emmanuel Saez, How Progressive is the U. S. Federal Tax System? A Historical and International Perspective, Journal of Economics, Vol. 21, No. 1, Winter 2007, pp. 3 –24.

[②] James C. Young, Saral E. Nuter and Patrick J. Wilkie, A Re – examination of the Effects of Personal Deductions, Tax Credits and the Tax Rate Schedule on Income Tax Progressivity and Income Inequality. The Journal of the American Taxation Association, Vol 21, No. 1, Spring 1999, pp. 32 –44.

要因素。Michael Keen 等（2000）① 采用美国联邦税收申报的相关数据，通过建立数理模型，分别分析了免征额度、费用扣除以及税收抵免对个人所得税累进性的影响，得到结论：这三项税收制度要素的提高对于税收累进程度的影响不确定，影响程度取决于税率特征。Gerlinde Verbist（2004）运用 European Tax – Benefit Model 对欧洲国家中 15 个国家个人所得税的收入分配效应进行对比分析，集中考察累进性以及平均税率对个税再分配效应产生的影响，同时分析了扣除项目、税收减免等对个税再分配效应的影响，得到结论：在各个国家中，个税都是减少收入差距的主要工具，这种分配效应主要来源于累进的个税税率结构。Wagstaff（1990）、Seetharaman（1994）、Keen（1996）、Young（1999）、Kakwani（1986）、Strudler（2003）等均在 Pfahler、Kakwani 的研究的基础上，按照税收累进性分解为免税额、费用扣除以及税率三部分的影响，根据实际应纳税所得额进行实证计算，进一步分解税收累进性和税收再分配效应。

4. 税式支出对收入分配的调节作用

各国多种类型的税式支出收入分配调节效应研究大多采用定量实证分析方法，各国税收制度、税收环境不尽相同，研究结果也不相同。Ling 等（1992）② 运用定量分析的实证方法对美国的住房税收支出富人分配效应进行考察，研究结论表明：在美国房主的总税收支出中，低收入家庭最终获得的福利较多，而高收入家庭最终获得的福利较少，因此美国住房税式支出在一定程度上发挥了收入调节作用。而 Wang 等（2004）③ 对澳大利亚住房总税式支出的研究则认为，在澳大利亚国家，税收给予房主的税收优惠支出主要由高收入家庭最终获

---

① Michael Keen, Harry Papapanagos, Anthony Shamrocks, Tax Reform and Progressivity. The Economic Journal, vol. 110, No. 460, January, 2000, pp. 50 – 68.
② Ling, D. C. and G. A. Mc Gill, Measuring the Size and Distributional Effects of Homeowner Tax Preferences, Journal of Housing Research, Vol. 3, 1992, pp. 273 – 303.
③ Wang, H., D. Wilson and J. Yates, Measuring the Distributional Impact of Direct and Indirect Housing Assistance, Australian Institute of Health and Welfare, 2004.

益。Burman 等（2008）① 依据美国联邦的个人所得税申报的相关数据，研究了美国个人所得税的非经营性税收优惠支出（即个人所得税申报表格中排除类似折旧扣除以及经营性税收抵免等，其他的方面的个人所得税税收支出）调节收入分配的作用，得到结论：个人所得税的税式支出使得高纳税人群税后收入的增加远远大于低收入纳税人群，因此美国个人所得税税收支出净效益是累退的。Smith（2011）② 采用数量经济的分析方法，研究结果表明澳大利亚私人健康保险的税收优惠支出并没有被低收入人群享有，而是大部分被最富有的家庭最终获得。Toder（2011）③ 对美国自用住房、健康保险以及退休储蓄三大类社会项目税收支出的收入分配效应进行考察，研究结果表明三大类社会支出项目对不同人群的分配效应不尽相同，但是从整体效应来看，均使得高纳税人群税后收入的增加大于低收入纳税人群，且最高收入纳税人群获得的税收优惠支出占其收入的比例低于所有纳税人获得的税式支出占其收入的比例。高收入纳税人群获益高于低收入纳税人，原因在于高收入纳税人更有可能参与享受税收优惠的经济活动。

二、国内文献综述

（一）理论层面

1. 各个税种累进性、累退性的理论研究

关于税收累进性测算方法的研究，国内学者主要是引进国外的测算方法，比如平新乔（1992）、陈玉琢和吴兵（2002）对国外文献进行研究并引进了平均税率累进性、应纳税额累进性以及剩余收入累进性这三类古典的累进性计算方

---

① Burman, L. E., C. Geissler and E. J. Toder, How Big Are Total Individual Income Tax Expenditures and Who Benefits from Them? American Economic Review, Vol. 98, 2008, pp. 79–83.

② Smith, J, How Fair is Health Spending? The Distribution of Tax Subsidies for Health in Australia, The Australia Institute Discussion Paper, no. 43, 2001.

③ Toder, E., B. Harris and K. Lim, Distributional Effects of Tax Expenditures in the United States, Tax Expenditures: State of the Art, Canadian Tax Foundation, 2011.

法，在一定程度上丰富了中国对累进性理论的研究；并采用实证验证分析方法对各种不同类型税率的累进性进行研究。

王雍君在1995年提出用税后收入的基尼系数与税前收入的基尼系数两者之比来衡量税收整体的累进性，然而该方法实质上测量的是税收的再分配效应而不是累进性。国内学者较少提出一种新的测算方法。

在累进性测算方法不断引进的基础上，国内学者对各个税种累进性、累退性进行研究。国内学者的研究大多认为在中国所得税具有累进性，流转税本身具有累退性，税收收入结构又是以间接税即生产税为主体，直接税（收入税）占比虽有所提高但仍不能成为主体，因此中国现行税制整体呈现累退性；但对各个税种的累进性、累退性研究结果存在差异。如：刘怡、聂海峰（2004）[1]分别考察中国增值税、消费税以及营业税三大类主要的间接税在不同收入纳税人群的税负情况，研究结果表明在中国增值税与消费税的税收负担呈现累退性，营业税税收负担呈现累进性。平新乔（2009）[2] 提出增值税与营业税都可以在一定程度上减小收入差距，与此同时营业税造成的福利损失却大于增值税。蒋洪和于洪（2004）[3]、王乔和汪柱旺（2008）[4]、聂海峰和刘怡（2010）[5]、高培勇（2011）[6] 对中国现行税制结构对收入分配的调节效应进行分析，认为中国现行税收制度以流转税为主体，即流转税收入占总税收收入的比率较高，流转税普遍实行比例税率具有较强的累退性，税负相对于直接税而言较容易转嫁，流转税税制本身具有累退性，进而中国现行税制整体呈现累退性。胡世文

---

[1] 刘怡、聂海峰．间接税负担对收入分配的影响分析［J］．经济研究．2004年第5期．
[2] 平新乔、梁爽、郝朝艳、张海洋、毛亮．增值税与营业税的福利效应研究［J］．经济研究．2009年第9期．
[3] 蒋洪、于洪．居民消费结构与商品课税归宿问题分析［J］．财贸经济．2004年第6期．
[4] 王乔、汪柱旺．我国现行税制结构影响居民收入分配差距的实证分析［J］．当代财经．2008年第2期．
[5] 聂海峰、刘怡．城镇居民的间接税负担：基于投入产出表的估算［J］．经济研究．2010年第7期．
[6] 高培勇．尽快启动直接税改革——由收入分配问题引发的思考［J］．涉外税务．2011年第1期．

(2012)[1] 研究分析了税制累进性升级对缩小居民收入分配差距的作用机制，税制累进性的升级是根据居民的收入状况，以缓解收入差距为目的的税制调整动态过程，判断一国税制累进还是累退应从税制结构、税率结构两个方面判断。认为中国提高税制累进性应进一步提高直接税所占比重、强化消费税功能，开征遗产税、赠与税。朱江涛（2012）[2] 深入分析 1994 年以来的税收制度特性，提出中国现行的税制具有累进性不断增强、稳定性逐渐趋弱、调控性不强、集中性逐渐增加、竞争性不断弱化等方面的特性，因此"十二五"时期我国税制改革应将遵循弱化税制的累进性、增加税制的调控性以及提高税制的竞争性作为基本方向，深化货物劳务税改革、完善所得税改革等。李青（2012）[3] 采用 2000 年至 2009 年的个人所得税数据，以税前收入与税后收入之间差额以及平均税率为度量指标来考察个人所得税的收入再分配效应与个税累进性，并与学者王小鲁关于国民收入分配研究的结论进行对比分析，得到结论：隐形财产收入与灰色收入的存在所带来的税收流失在很大程度上减弱了个人所得税缩小收入差距的效应，使得工薪类收入的税收负担相对增加。提出改善个人所得税涉税信息的统计与监管，实行自行纳税申报制度，是中国个人所得税由分类课征向综合征税模式转变的前提所在。良好的税收外部运行环境需要政府各个部门协调完成。

2. 个人所得税累进性的影响因素分析

国内学者对于个人所得税累进性影响因素的观点不一，主要涉及税率结构、免征额、级距宽窄、税负最终归宿、偷逃税、纳税单位的选择、应纳税所得的来源、纳税应扣除数、初始税率以及边际税率等因素。代表性研究包括：王雍君（1995）提出影响税制累进的因素主要包括级距的宽窄、税负的最终归宿以及偷逃税等因素。相邻两级距之间越窄，则累进性越大，反之越小；只有当税

---

[1] 胡世文. 缓解居民收入差距与税制累进性升级 [J]. 税务研究. 2012 年第 8 期.
[2] 朱江涛. 我国现行税制特性分析—兼论"十二五"时期税制改革基本思路 [J]. 税务研究. 2012 年第 6 期.
[3] 李青. 我国个人所得税对收入分配的影响：不同来源数据角度的考察 [J]. 财贸经济. 2012 年第 5 期.

收负担的最终归宿确定后，才可以真正地判断累进性的程度与方向；偷逃税对累进性也有较大影响，然而当逃税机会在高收入人群和低收入人群之间分布随机时，对累进性的影响方向也便无法确定。郭庆旺（2001）在黑格—西蒙斯所定义的综合所得概念的基础上，分析个人所得税的累进性，提出决定税收累进性的主要因素包括四个方面：纳税单位的选择、应纳税所得的来源、纳税应扣除数和税率结构。若纳税单位选择以家庭所得纳税而非个人所得，则会增加公平性；应纳税所得的来源不同将对累进性有重要影响，比如资本所得来源如果不包含在税基中，或者对其采用单一税率征税，则会降低税收实际有效累进性；如果增加纳税扣除额则会使得低收入人群受益；目前世界各个国家大多采用边际名义税率逐渐增加的累进税率结构，不同之处在于税率级次的设置不同，税率档次设置较多的主要目的为增加税收累进性，而档次设置较少的主要考虑强化管理的简单化。陈玉琢（2002）提出影响个人所得税累进性的因素有免征额、初始税率以及边际税率三方面因素，在各组应税人群的应税收入既定情况下，有免征额的比例税对低收入人群收入的调节作用较明显，而对高收入人群来说超额累进税率调节作用相对明显；初始税率与边际税率对税收的累进性也产生影响，同理其对不同收入人群的影响并不相同。郝春红（2000，2001，2003）提出税收的纵向公平为税收横向公平的更高级阶段，认为税收的纵向公平可以在一定程度上保障税收的横向公平。税收负担的纵向分配可以实现税收的纵向公平，税收负担分配要素则包括税收负担分配的依据、税收负担分配的权重以及社会福利函数的选择等。纵向公平在个人所得税方面主要通过税基和累进税率的选择来实现，其中累进程度应该由社会福利函数和劳动供给弹性共同决定。许评（2004）归纳总结了国外关于累进性理论的模型，进一步构建全新的税收累进性影响因素模型，但是只限于理论分析，并没有进行实证分析。

（二）实证层面

1. 个人所得税累进性的实证研究成果

关于个人所得税对收入差距调节作用的研究，国内大多学者采用K指数和税收前后的基尼系数等为测量指标，测算个税的累进性及其调节作用，多数学者认为，所得税对收入差距有明显的调节作用，但是在不同收入人群、不同收入来源以及不同地区间调节作用不同。如：王剑锋（2004）[1]研究认为中国现行个人所得税的税源主要是对工薪阶层的征税，个税的税率结构与工资薪金所得分布不对称，使得中国个人所得税缩小收入差距的调节作用有限。郝春虹（2005）[2]从平均税率和应纳税额累进性两个方面分别考察了中国和美国个人所得税法定税率的累进程度，研究发现美国个税法定税率的整体累进性比中国各类所得收入的法定税率累进性低。王亚芬（2007）[3]采用税收前和税收后基尼系数之间差异考察分析中国在1985年至2005年20年间个人所得税的收入再分配效应，并且结合平均税率分析中国个税的累进程度，对基尼系数、收入以及平均税率三者之间的关系进行回归分析，对个税累进性的测算表明中国2002年以后个人所得税对收入差距的调节作用越来越明显，累进税率在一定程度上改善了收入分配结构。李爱鸽（2008）[4]结合平均税率和边际税率的累进性两个指标进行测算，实证研究得到结论：中国的个人所得税累进形式的法定税率呈现累退性，使得税收对中低收入人群的调节作用明显高于对高收入人群的调节作用。刘小川和汪冲（2008）采用 Kakwani 累进性测量方法，考察个人所得税的税收负担与地区间收入差距的相关关系，认为地区之间工薪所得部分的个税税负水平与发达国家税负水平相当，然而在财产性所得与经营性所得部分，个税税负在地区之间的差异性比较大，即税负不公平的程度较高。刘小川和汪冲（2008）[5]采用定量的实证分析方法，分析税收前后的基尼系数和K指数两个测量指标。对中国2001年至2005年的个人所得税整体地区累进性以及各类所得的地区累进性进行分析评价，研究发现个人所得税总体的地区累进性为正向，与

---

[1] 王剑锋. 个人所得税超额累进税率结构有效性的一个验证———以对我国职工工薪所得数据的模拟为基础 [J]. 当代财经. 2004年第3期.
[2] 郝春虹. 中美个人所得税税率累进程度比较分析 [J]. 财政研究. 2005年第1期.
[3] 王亚芬, 肖晓飞, 高铁梅. 我国收入分配差距及个人所得税调节作用的实证分析 [J]. 财贸经济. 2007年第4期.
[4] 李爱鸽. 关于个人所得税公平效应的定量分析 [J]. 统计与信息论坛. 2008年第12期.
[5] 刘小川, 汪冲. 个人所得税公平功能的实证分析 [J]. 税务研究. 2008年第1期.

发达国家相比较累进程度仍相对较弱；其中工资薪金所得部分征收的个税在一定程度上缩小了收入差距，而经营性所得和财产所得部分征收的个人所得税产生的却是逆向调节作用。万莹（2008）[1]考察分析了2006年中国个人所得税的地区累进性，研究发现个人所得税的地区累进性不明显，公平收入分配作用有限，工资薪金收入、经营性收入、财产类收入三类收入的个人所得税都未能体现出显著的地区累进性。岳树民、卢艺（2009）首先模拟出广东省的每月工薪所得数，进而对工薪所得应纳税的税收累进性进行分析，得到结论：其为累进的，累进性程度不高，特别在高收入人群的累进性很不明显。彭海艳（2010）[2]采用不同学者提出的个人所得税累进性不同的分解公式，分别测算中国的个人所得税整体累进性和工资薪金所得部分个人所得税的累进性，认为工资薪金所得部分征收个税的累进性是个人所得税整体累进性的主要贡献因素。

2. 个人所得税累进性影响因素的实证分析

关于个人所得税调节收入分配差距作用有限的影响因素，国内研究涉及的影响因素主要包括平均税率、免征额、税收流失等。其中（1）认为平均税率较低是主要影响因素的研究成果包括：彭海艳（2011）[3]认为，针对工资薪金所得部分征收的个税是个人所得税整体累进性的主要贡献部分，其中免征额又对工资薪金所得部分的个人所得税累进性影响程度最大，在此基础上，进一步研究认为，不断下降的个人所得税整体累进和相对偏低的平均税率是个人所得税收入分配调节作用有限的主要原因。万莹（2011）[4]运用通用的K指数以及税收前后的基尼系数等度量指标，考察研究中国在1997年至2008年11年间个人所得税的累进性以及个税的收入再分配效应。将测算指标和国际水平进行比较分析，认为在中国，现行个人所得税整体实际累进程度以及法定累进程度都已

---

[1] 万莹. 个人所得税累进性与地区收入差别调节[J]. 改革. 2008年第11期.
[2] 彭海艳. 我国个人所得税累进性分解的实证分析[J]. 上海经济研究. 2010年第10期.
[3] 彭海艳. 我国个税再分配效应及累进性的实证分析[J]. 财贸经济. 2011年第3期.
[4] 万莹. 个人所得税对收入分配的影响：由税收累进性与平均税率观察[J]. 改革. 2011年第3期.

达到或部分超过了发达国家水平，并且累进程度存在不断增加趋势。但是由于个人所得税的平均税率仍然比较低，因此使得缩小收入差距的作用未能充分发挥。岳希明、徐静、刘谦、丁胜和董丽娟（2012）[①]依据现阶段中国分项课征个人所得税的征管模式，收入构成的分解方法进一步推导出中国个人所得税调节收入分配的作用，认为个人所得税调节收入分配作用的高低主要由平均税率决定，个税累进性却是次要的影响因素，个税税制的改革虽然在一定程度上提高了其累进性，但却大大降低了平均税率，因此使得个人所得税整体缩小收入差距的作用变小。此外得到结论：个人所得税累进性指数随着工资薪金所得费用扣除的不断提高呈现倒 U 型。(2) 认为税收流失是个税调节作用有限主要影响因素的主要有黄凤羽和王一如（2012）[②]分别从总量与结构两个角度，考察个人所得税对中国城镇居民收入分配的调节作用；通过将不同口径的"税前收入"和"税后收入"进行对比发现，个人所得税总体上有助于减小城镇居民的基尼系数，但是社会保障缴款却增大了基尼系数；个税缩小收入差距的作用分析表明，高收入纳税人群的税负、平均税率以及税收累进性都比低收入纳税人群的高，差别不明显；税收的流失在一定程度上进一步降低了收入再分配的力度。(3) 认为免征额是个税调节作用有限主要影响因素的主要有彭海艳（2008）[③]采用中国 1995 年至 2006 年的数据，以经验分析和实证分析的分析方法考察中国个人所得税的累进性，研究结果表明各类收入所得的税收负担与其收入总体水平基本相适应，但是个税总体的累进性呈现不断下降趋势，其中免征额是对工资薪金所得个人所得税累进性影响程度最大的因素。

[①] 岳希明，徐静，刘谦，丁胜，董丽娟. 2011 年个人所得税改革的收入再分配效应 [J]. 经济研究. 2012 年第 9 期.
[②] 黄凤羽，王一如. 我国个人所得税对城镇居民收入的调节效应分析 [J]. 税务研究. 2012 年第 8 期.
[③] 彭海艳. 我国个人所得税累进性的实证分析：1995 - 2006 [J]. 财经论丛. 2008 年第 5 期.

三、研究现状述评

综上所述，国外研究主要体现以下四方面内容：（1）国外已有研究成果大多认为累进的税收制度更加符合大多经济学流派的主张，鉴于现代社会发展中应兼顾公平和效率，累进税具体税率税制设计相对复杂。（2）国外研究成果中提及的税收累进性影响因素主要包含累进税率结构与水平、免征额、费用、扣除以及税收抵免。（3）国外研究大多采用 K 指数、S 指数以及税收再分配指数等工具进行实证分析，对整体税收累进性的研究相对于单个税种累进性的研究而言，成果相对较少。（4）由国外对个人所得税的研究成果可以得到结论：发达国家个人所得税均累进，且累进性近年来均呈现不断下降趋势。

国内研究主要体现以下三方面内容：（1）累进性测算方法。国内学者主要是引进国外的测算方法，而较少提出一种新的测算方法。在累进性测算方法不断引进的基础上，国内学者对各个税种累进性、累退性进行理论研究。（2）国内学者大多认为，中国所得税具有累进性，但流转税本身具有累退性，税收收入结构以间接税即生产税为主体，直接税（收入税）占比虽有所提高但仍不能成为主体，因此中国现行税制整体呈现累退性；但对各个税种的累进性、累退性研究结果存在一定差异。（3）国内学者对个人所得税累进性的影响因素研究结论不一致，主要涉及税率结构、免征额、级距宽窄、税负最终归宿、偷逃税、纳税单位的选择、应纳税所得的来源、纳税应扣除数、初始税率以及边际税率等因素。国内学者的分析多数属于定性分析，缺乏实证支撑，难以考察理论对实践的贴合度，因此难以形成有说服力的理论指导税制改革。

由此可见：（1）累进的税收制度更加符合大多经济学流派的主张，在现代社会发展中可以兼顾公平和效率。（2）发达国家主体税种是个人所得税且个税均累进，累进性近年来均呈现不断下降趋势；税收整体累进性不明晰。（3）关于个税累进性的影响因素，国内外学者的研究表述不一，但实质性内容类似，其影响因素主要包括：累进的税率结构与水平、免征额、费用扣除以及税收抵免四种因素，目前尚未有学者将财政分权、财政支出结构、税收收入结构、垄断程度、产业结构等因素纳入分析框架,从完整性来讲,这些因素都是影响税收累进性实际调节作用不可忽视的重要因素。

进一步分析:(1)累进税制更加符合大多经济学流派的主张,在现代社会发展中可以兼顾公平和效率。是否凡是累进的税收制度都是合理的,怎样的累进程度适度,能以最小的成本发挥最优的作用。(2)发达国家税收累进性呈现逐渐下降的趋势,而中国税收以间接税为主体,间接税主要呈现累退性,使得中国税收累进性整体呈现灰白色,即税收累进性介于税收累进和累退之间,更加偏向于呈现累退性,那么中国税收累退性现状是否合理,是否应逐渐转为累进、若应逐渐转为累进、应如何转变等问题有待解决。(3)个人所得税累进性的影响因素是否可以借鉴用于分析整体税收累进性的影响因素。(4)国内外研究成果对于整体税收累进性发展规律的研究较少,补充完善这一方面的理论研究十分必要。

综上所述,本文的主要研究方向:(1)研究税收累进性是否适度的判断依据。(2)基于税收累进性是否适度判断理论依据和 DEA 效率模型对中国税收累进性现状进行理论验证和现实验证,明晰中国税收累进性现状及改革方向。(3)研究中国税收累进性发挥调节的影响因素及税收累进性影响公平与效率的传导机制,得到改革中国税收累进性的政策建议。

第三节 相关概念和研究范围的界定

一、相关概念界定

(一)税收累进性

1. 税收累进性

税收累进性是税制累进程度的衡量指标。税收累进性在理论上又可以分解为单个税种累进性的加权求和;当某税种为累进税时,则称其具有正的税收累进性；当某税种为累退税时，则称其具有负的税收累进性；当某税种为比例税时，也称其具有负的税收累进性。税收累进性可划分为名义税收累进性（又称结构税收累进性）和实际税收累进性（又称有效税收累进性）两种，两者是一对相互联系相互区别的概念，由 Musgrave & Thin（1948）在道尔顿（1936）研究的基础上提出。

2. 名义税收累进性（又称结构税收累进性）

名义税收累进性是税收名义负担的度量值，指税制自身的累进性为税制要素的函数，当税收制度中税率等因素固定后，名义税收累进性便随之固定，不会随着收入水平、收入分布、偷逃税等其他相关因素的变化而发生变化。名义税收累进性是税制要素的函数，应采用税收制度计算得到的税收数据进行测算。

3. 实际税收累进性（又称有效税收累进性）

实际税收累进性概念的提出用于衡量税收再分配效应，通过比较税前收入的不平等程度和税后收入不平等程度之间的差异来描述；实际税收累进性是税收分布和收入分布的函数，两者任何一个因素变化都将引起有效累进性的改变，比如，即使税收制度不发生变革，但由于其他因素（偷漏税、收入分配等）发生变化，有效累进性也会随之发生改变。实际税收累进性是税收分布和收入分布的函数，应采用实际的税收数据来进行测算。

名义税收累进性和实际税收累进性两者的决定因素不同，测算采用数据不同因此变动方向不一致。名义税收累进性较大的税收体系（如名义税率累进程度较大、最高边际税率也较高），实际税收累进性也有可能较小，再分配效应十分有限；反之亦然，名义税收累进性较小的税收体系，实际税收累进性也有可能较大。两者变动方向和程度不一致的主要原因包括：一是税收体系是否与收入分布相互匹配；二是税收负担存在转嫁，直接税、间接税和税式支出的最终归宿分布情况；三是偷逃税的数额及结构分布等因素的影响。

（二）税收累进性表现为各个税种的累进性

中国税收累进性表现为各个税种的累进性。税收整体累进性在理论上又可以分解为单个税种累进性的加权求和（Kakwain，1997），因此研究税种累进性变化十分必要。假设整体税收函数 T（X）等于 n 个税种，T_2（X）…T_n（X）之和，依据 Kakwain 第四定理可得：

$$C = \sum_{i=1}^{n} \frac{t_i}{t} C_i,$$

其中 C_i 表示第 i 个税种的集中系数，t_i 表示第 i 个税种的平均税率，因此可以推导出：

$$K = \sum_{i=1}^{n} \frac{t_i}{t} K_i,$$

其中 K_i 是第 i 个税种的累进指数，上式的经济含义为税收整体的累进性可以由各个税种累进性的加权之和计算得到，权重为每个税种各自的平均税率与整体平均税率之比。在此基础上可以得到每个税种对于整体税收累进性的贡献率 S_i：

$$S_i = \frac{t_i}{t} K_i / K \times 100\%$$

当某税种为累进性税时，则称其具有正的税收累进性；当某税种为累退税时，则称其具有负的税收累进性；当某税种为比例税时，也称其具有负的税收累进性。

（三）公平与效率

"公平与效率"两者关系问题的解决，必须从概念根源找到两者的区别和联系。广义的公平包括经济公平和社会公平，其中"经济公平"即通常所说的"公平与效率"（即狭义公平与狭义效率）中的"效率"，"社会公平"即通常所说的"公平与效率"（即狭义公平与狭义效率）中的"公平"。本文"公平与效率"问题研究是对"狭义的公平与狭义的效率"的研究。

1."狭义的公平"为广义公平中的社会公平，采用"城乡收入差距"指标体现

"狭义的公平"为广义公平中的社会公平，含义是在生产与再生产环节之外的再分配过程当中，采用一定的分配机制与分配政策使得收入均趋向于均等化

的一种平等关系。社会公平从社会公平和协调发展的角度，对市场经济下收入分配进行综合评价，要求各个经济主体均可以维持一定水平的收入，进而消除贫富差距以及两极分化。社会公平通常通过使用经济、法律和行政政策手段调节，以实现所有公民收入差距保持在合理范围之内的目标。社会公平问题主要涉及收入差距，本文选取城乡收入差距这一指标衡量收入差距，将城乡收入差距指标定义为城镇家庭人均可支配收入除以农村家庭人均纯收入的数值。世界银行的研究报告认为，城乡收入差距指标可以解释居民收入差距的75%左右[1]，因此城乡收入差距越小认为越公平。

2. "狭义的效率"为广义公平中的经济公平，采用"经济增长率"指标体现

"狭义的效率"为广义公平中的经济公平，含义为经济参与主体在生产和再生产过程中的权利与义务、作用与地位、付出与相应回报之间是平等的，是市场经济运行健康运行的内在要求。具体内涵可以解释为：在生产、再生产的初始环节，每个经济个体（企业或者劳动者）都应该具有相同的地位、能力以及机会支配社会资源，都可以平等地参与经济活动；在社会化生产与再生产的过程中，经济竞争的规则对每个经济主体都应该是平等有效的；在生产和再生产的最后环节，每个经济主体获得的收入都应该与其投入量相适应。由于每个经济主体所提供的生产要素不尽相同、各种生产要素稀缺的程度也存在差异，进而使得单个经济主体所获得的相应报酬存在较大差异。因此，"狭义的效率"为广义公平中的经济公平，本文采用"经济增长率"指标体现，经济增长率越高认为越有效率。

（四）DEA 相对效率

由上文概念界定可知，本文研究的"公平与效率"是指狭义的公平与狭义的效率，"狭义公平"选取城乡收入差距这一指标衡量；"狭义的效率"选取经济增长率指标衡量。后文还涉及一个概念"DEA 相对效率"，这一概念应与"狭

---

[1] Tamar Manuelyan Atinc, Sharing Rising Incomes: Disparities in China, Washington, D. c.: World Bank, 1997.

义的效率"区别开。

经典的计量经济模型通常需要依据经济理论和样本数据事先设定模型的函数关系，进而估计模型函数关系中的参数并检验所设定的经济关系。非参数DEA数据包络分析方法是一种"面向数据"的核算方法，该方法不需要事先设立解释变量和被解释变量之间的函数关系（即越过"黑箱"），对解释变量个数也不做限制，仅仅针对数据进行核算，采用线性规划的方法刻画出生产的前沿面，该边界表示一组要素投入量所产生的最大生产能力，通过与这一前沿面相比较可以判断出实际生产活动和生产前沿的距离，进而识别出低效率决策单元和其相对效率，判断出影响效率的大小，该相对效率称为DEA相对效率。依据后文研究内容，DEA相对效率在本文中的含义是税收累进性影响"公平与效率"的相对效率，由DEA效率测算模型计算得到，用于说明税收累进性调节"公平（城乡收入差距）""效率（经济增长率）"的作用是否有效率，及调节效率的大小。

二、研究范围的界定

（一）本书的税收累进性的研究是对实际税收累进性的研究

研究实际税收累进性有助于清晰地判断中国税收累进性的现实作用。分析实际税收累进性的影响因素和实际税收累进性影响公平与效率的传导机制更具有实践指导意义。实际税收累进性测算指标选取KP指数，详细计算方法见税收累进性测算指标综述部分，计算采用实际的税收数据。

（二）本书的税收累进性研究包括整体税收累进性及其表现为各个税种累进性的研究

税收整体的累进性可以由各个税种累进性的加权之和计算得到，权重为每个税种各自的平均税率，可见中国税收累进性直接表现为各个税种的累进性。提高整体税收累进性可以通过改善单个税种的累进性来实现。

（三）本书的"公平与效率"是指"狭义的公平与狭义的效率"

"狭义公平"选取城乡收入差距这一指标衡量，城乡收入差距指标定义为城镇家庭人均可支配收入除以农村家庭人均纯收入的数值。"狭义的效率"选取经济增长率指标衡量。关于经济增长率指标的计算，鉴于数据的可获得性在本书中采用了两种计算方法：（1）在对税收累进性生命周期理论验证发展部分，选取 G7 国家、金砖国家、OECD 国家税收收入和国民收入的数据进行计算 KP 指数，鉴于历史考察期限较长，无法获得详细的季度数据来计算每年的税收累进性，因此选用年度数据，并以三年为一期，计算该三年期内的平均税收累进性（比如1874 年的 KP 指数数据代表 1874、1875、1876 三年间的平均税收累进性）。为保证数据的可比性，该部分 GDP 增长率（GDPZ）是以连续四年为考察期，用最后一年数据减去第一年数据再除以第一年数据得到。（2）在对中国税收累进性考察部分，狭义效率的衡量指标经济增长率定义为当年 GDP 的增长率，数据由 GDP 指数（上年为 100）进一步推算得到。书中两部分使用两种经济增长率计算方法的目的不同，两部分不存在对比分析因此没有相互影响，并不矛盾。

（四）本研究的收入分配是指对国民财富分配（包括流量和存量分配），并最终采用要素收入分配体现

历史发展规律是生产关系应适应生产力发展需要，考虑社会结构、阶层结构、所有制结构以及产业结构变化，收入分配理论也应该随之不断创新，考虑私有财产、就业、教育等广泛意义上财富概念的国民财富分配理论应适应时代发展需求而产生，这也是社会结构优化以及协调阶层之间矛盾的需要。国民财富分配包括对一定时期内收入流量的分配和对国民财富历年累积成果的分配。中国国民财富分配问题表现在居民收入分配、要素收入分配、城乡收入差距、行业收入差距、自然要素分配等方面，其中要素收入分配为主要方面，要素收入分配可导致其他各方面的分配问题，因此本研究中的收入分配是指对国民财富进行分配（包括流量和存量分配），并最终采用要素收入分配体现。

第四节 主要研究内容和研究思路

本文主要研究内容和研究思路为：

第一章，导论。整理综述国内外相关文献，找到已有文献研究的不足之处和本文致力研究的方向。

第二章，文章研究的理论基础。理论基础包括两部分：第一，综述税收累进性量化指标，选取恰当的衡量指标 KP 指数。第二，验证并发展税收累进性生命周期理论，该理论是判断税收累进性是否适度的依据。郭庆旺（2012）[①] 提出税收累进性生命周期理论，认为税收累进性历史发展规律呈现下降——上升——下降——再上升——下降等周期性特征，然而对拐点和周期年限等未做出具体论述，并且该理论未经过验证。因此需对税收累进性生命周期理论进行验证并发展，为后文研究奠定理论基础。选取具有代表性的 G7 集团、金砖国家、OECD 国家作为经验分析的样本，G7 国家包括了美洲、欧洲和亚洲的几个典型性国家，具有一定的代表性。选取六个国家 100 年左右的数据进行经验分析，经验分析之一是对 G7 集团、金砖国家、OECD 国家税收累进性历史变化轨迹进行考察，描述性分析税收累进性和经济发展史存在相关关系，总结拐点出现的大致历史周期；经验分析之二是结合非参数方法的邻近点加权拟合方法和峰—谷拐点方法对 G7 国家税收累进性和经济增长比率关系进行考察（鉴于 G7 国家工业化比较早，税制改革历程相对完善，税收累进性生命周期演变过程相对完整，因此经验分析二选取 G7 国家进行考察），总结出拐点处的数值特征。结合经验分析一、二总结发展后的税收累进性生命周期理论要点。

第三章，分别基于发展后的税收累进性生命周期理论和 DEA 效率模型对中国税收累进性进行理论验证和现实验证。将发展后的税收累进性生命周期理论

[①] 郭庆旺. 有关税收公平收入分配的几个深层次问题 [J]. 财贸经济. 2012 年第 8 期.

验证中国现在正处于拐点附近，下一步改革的方向应是逐步提高税收整体累进性。基于 DEA 效率模型对中国税收累进性进行现实验证。分别测算和分解中国税收累进性影响公平与效率的综合运行效率，从技术效率和技术进步两方面进行考虑，分析综合运行效率提高的动力和阻力所在，现实验证中国应该提高整体税收累进性。为使中国税收累进性的提高适度并可以兼顾公平与效率，应优化税收累进性设置，疏通税收累进性调节公平与效率的传导机制。

第四章，研究主要集中于中国税收收入和税收累进性与财政分权、直接税占比两个影响因素的长期均衡关系和动态变动关系上。本章通过构建中国税收收入—影响因素协整模型和中国税收累进性—影响因素协整模型来研究它们三者之间的长期均衡关系。通过构建中国税收收入—影响因素 VAR 模型和中国税收累进性—影响因素 VAR 模型来研究它们三者之间的动态变动关系。通过考察长期均衡关系和动态变动关系，以期能够对它们之间的关系有更全面、更深入的了解。

第五章，分析中国税收累进性影响公平与效率的传导机制，研究传导机制是否疏通以及不疏通的原因所在。首先，论证适度的累进税是兼顾公平与效率调节收入分配的重要手段之一。推导逻辑：第一，分析公平与效率的区别和联系，广义的公平应包括狭义的公平与狭义的效率两部分；第二，分析分配是兼顾公平和效率的共同支点；第三，税收是调节收入分配的重要手段之一；第四，进一步分析税收公平和税收效率理论；第五，适度的累进税是兼顾公平和效率调节收入分配的重要手段之一。其次，分析中国税收累进性影响公平与效率的传导机制。再次，构建并分析中国税收累进性影响公平与效率的宏观经济模型。税收累进性可以分解为每个税种累进性的加权之和，整体税收累进性表现为各个税种的累进性，因此中国税收累进性影响公平与效率的宏观经济模型，将各个税种累进性和公平（收入差距）、效率（经济增长）纳入同一模型中考虑，分析各个税种累进性对公平（城乡收入差距）、效率（分析经济产出规模变化从而分析经济增长率）的影响。最后，分析中国税收累进性影响公平与效率传导机制存在的问题，即传导不疏通的原因所在。

第六章，提出提高中国税收累进性的政策建议主要是疏通税收累进性影响公平与效率的传导机制，包括两部分：（1）优化税制疏通传导机制。（2）配套改革疏通传导机制。

第五节 研究方法和技术路线

一、研究方法

税收累进性问题研究具有交叉性、综合性和复杂性等特征，不仅需要经济学理论作为研究基础，而且需要综合运用计量经济学的分析方法，归纳起来涉及的研究方法主要有：

（一）经验分析方法

本书采用 G7 国家 100 年左右的数据进行经验分析，对各个不同发展水平国家的税收累进性和经济发展阶段进行归纳总结，运用经验分析法验证税收累进性生命周期理论，作为判断税收累进性是否适度的理论依据，也为明晰判断中国税收累进性现状及改革方向提供理论依据。

（二）理论分析与实证分析相结合分析方法

第三章分别基于发展后的税收累进性生命周期理论和 DEA 效率模型对中国税收累进性进行理论验证和现实验证。全书的研究贯穿了理论分析和实证分析相结合的研究方法。

（三）文献分析方法

本书整理归纳了税收累进性问题研究的国内外相关研究成果，结合相关理论分析，找到这一问题研究的不足之处和本书致力研究的创新点所在。对文献相关理论进行梳理，有助于形成对事实的合理认识，并找到现有理论的不足之处，使文章的研究和论证有较强的逻辑性和科学性，有助于更好地完善现有理论。

(四) 因果分析和系统分析相结合分析方法

本文第四、五章研究中国税收累进性的影响因素以及中国税收累进性影响公平与效率的传导机制，并得出疏通传导机制的建议，充分运用了因果分析和系统分析相结合分析方法。

二、技术路线

本文的研究主要采用经验分析方法、理论分析和实证分析相结合分析方法、文献分析方法、因果分析和系统分析相结合分析方法等研究方法，依据"理论分析—理论验证、实证验证—因果分析、系统分析—政策建议"的技术路线和逻辑结构进行研究。

理论分析，首先综述税收累进性的测算方法，找到适合本文研究的累进性测算方法 KP 指数；其次，采用 G7 国家、金砖国家、OECD 国家数据进行经验分析，验证并发展税收生命周期理论，为明晰判断中国税收累进性现状及改革方向提供理论依据。

理论验证、实证验证，第三章分别基于发展后的税收累进性生命周期理论和 DEA 效率模型对中国税收累进性进行理论验证和现实验证。

因果分析、系统分析，第四、五章研究中国税收累进性的影响因素以及中国税收累进性影响公平与效率的传导机制，并得出疏通传导机制的建议。

政策建议主要包括优化税制、优化传导机制和配套改革疏通传导机制。

第六节 研究的创新和特色

本书在参考大量国内外文献研究的基础之上，在研究过程中力求创新。主要有以下两点创新点。

一、研究视角上的创新

本书致力于从三个新的视角研究税收累进性问题：对税收累进性生命周期

理论的验证和发展；分别基于发展后的税收累进性生命周期理论和 DEA 效率模型对中国税收累进性进行理论验证和现实验证；研究中国税收累进性的影响因素以及中国税收累进性影响公平与效率的传导机制。

二、研究内容上的创新

（一）验证并发展税收累进性生命周期理论，分别对中国税收累进性进行理论验证和现实验证。将中国的税收累进性与发展后的生命周期理论进行拟合，考察中国目前的税收累进性特征和未来中国税收累进性改革的方向。基于 DEA 效率模型对中国税收累进性进行现实验证，从技术进步（优化税制）和技术效率（优化要素配合）两方面分析提高中国税收累进性综合运行效率的阻力和动力。

（二）研究中国税收累进性发挥调节作用的影响因素以及中国税收累进性影响公平与效率的传导机制，并得出疏通传导机制提高整体税收累进性的政策建议。

第二章

税收累进性问题研究的理论依据

税收累进性问题研究的理论依据包括两部分：第一，研究税收累进性问题需先对其进行量化，衡量指标的正确选取是研究的理论基础。第二，验证并发展税收累进性生命周期理论，作为判断税收累进性是否适度的理论依据。

第一节 税收累进性测算指标选取

税收累进性可分为实际税收累进性（又称为有效税收累进性）和名义税收累进性（又称为结构税收累进性），本节综述的税收累进性测算和分解方法基本都可以用来计算名义累进性和实际累进性，由于采用数据不同，具体做法也有所不同。实际税收累进性计算采用实际税收数据，而名义税收累进性计算采用税制计算得到的数据。

一、实际税收累进性的测算方法综述

在文献综述部分已对税收累进性测算、累进性分解以及不同收入个体或群体税收累进性的测算进行了发展脉络的梳理综述，可知用于测算不同收入个体或群体税收累进性的古典累进性测度方法，无法衡量整体税收累进性的单一数值特征，但是可以揭示不同收入分层个体或群体的累进性信息，对税收累进性详细信息进行补充。主要有四种计算方法：平均税率累进性、边际税率累进性、

应纳税额累进性以及剩余收入累进性,四种方法详细计算过程前文中已经有所论述。鉴于本文主要研究整体税收体系累进性变化规律、调节作用影响因素及影响公平与效率的传导机制,因此测算不同收入个体或群体税收累进性的古典累进性测度方法不适用,下文将着重介绍税收累进性测算及分解方法,这些计算方法都可以用来计算名义税收累进性和实际税收累进性,由于采用数据不同,具体做法也有所不同。

(一) MTD 指数

Musgrave & Thin (1948) 对实际税收累进性的测算通过比较税前收入的不平等程度和税后收入不平等程度之间的差异进行计算。其计算公式表示为

$$MTD = \frac{\int_0^1 F_b(X)dF(X)}{\int_0^1 F_a(X)dF(X)} = \frac{S_b}{S_a} = \frac{1-G_b}{1-G_a}$$

其中 $F(X)$ 为人口分布的累计比重;$F_a(X)$ 为税前收入的洛伦兹曲线函数;$F_b(X)$ 为税后收入的洛伦兹曲线函数;S_a 为税前收入的洛伦兹曲线积分,即税前收入的不平等系数;S_b 是指税后收入的洛伦兹曲线积分,即税后收入的不平等系数;G_a 为税前收入基尼系数,G_b 为税后收入基尼系数。

如果 MTD>11 此时 $G_a > G_b$,则税收累进;如果 $MTD=1$ 此时 $G_a = G_b$,则税收为比例税;如果 $MTD<1$ 此时 $G_a < G_b$,则税收累退。MTD 指数越大则说明税收累进程度越高。用图形则可以表示为(如图 2-1 所示):横轴表示人口累积比重,纵轴表示收入累积比重,实线 OMC 表示税前收入的洛伦兹曲线,虚线 ONC 表示税后收入洛伦兹曲线,MTD 指数则等于 ONCA 和 OMCA 两图形面积的比值。实际上,MTD 指数测算的是税收再分配效应,按照这一观点,假设所有收入级次的纳税税率都增加一倍,那测算的税收累进性也增加一倍。累进性衡量税收体系相对于比例税的偏离程度,但是这一测量方法并没有将平均税率与累进性相剥离,故本书不采用实税收累进性的这一算法。

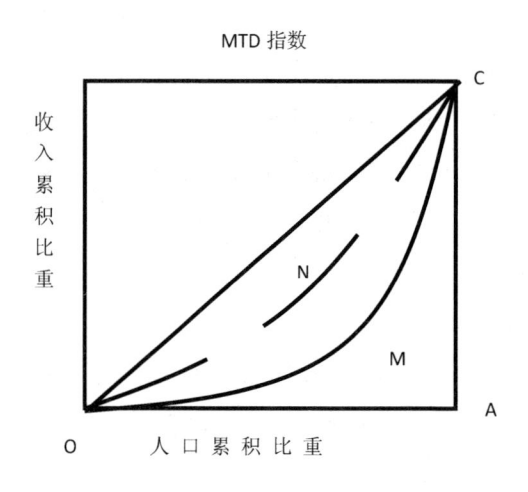

图 2－1 收入洛伦兹曲线

(二) YNCPV1 和 YNCPV2 指数

Poddar（1976）提出两种中性产出累进性的度量方法，首先是中性产出累进性—差异 1（Yield—Neutral Coefficient of Progression—Variant 1，以下简称为 YNCPV1），其次是中性产出累进性—差异 2（Yield—Neutral Coefficient of Progression—Variant 2，以下简称为 YNCPV2）。这两个指数测算的累进性，在平均税率发生变化时，并不发生改变，因此是将累进性的再分配效应从税收再分配效应中分离出来，衡量税前收入分布和税收分布之间的关系，脱离了与税后收入分布之间的相关关系①。

1. YNCPV1 指数

YNCPV1 定义为税前收入分布洛伦兹曲线的积分（Sa）和税收分布集中曲线的积分（St）之间的比率测度的是税收份额对收入份额的相对偏离程度。其计算公式表示为

---

① 彭海艳. 个人所得税的再分配效应及机制重塑研究 [M]. 中国财政经济出版社. 2012 年 12 月.

<<< 第二章 税收累进性问题研究的理论依据

$$YNCPV1 = \frac{S_a}{S_t} = \frac{1 - G_a}{1 - C_t}$$

其中，S_a 为税前收入分布的洛伦兹曲线积分，S_t 为税收分布的集中曲线积分，G_a 为税前收入的基尼系数，C_t 为税收收入的集中系数。

如果 YNCPV1 > 1 此时 $C_t > G_a$，则税收累进；如果 YNCPV1 = 1 此时 $C_t = G_a$，则是比例税；如果 YNCPV1 < 1 此时 $C_t < G_a$，则税收累退。

表示在图形中，如图 2-2 所示，横轴表示人口累积比重，纵轴表示税前收入、税收累积比重，虚线 OMF 表示税前收入分布的洛伦兹曲线，实线 ONF 表示税收分布的集中度曲线，若曲线 ONF 位于曲线 OMF 的右下方，此时 $C_t = G_a$，YNCPV1 = 1，则税收累进；若曲线 ONF 和曲线 OMF 相互重合，此时 $C_t < G_a$，YNCPV1 = 1，则税收是比例税；若曲线 ONF 位于曲线 OMF 的左上方，此时 $C_t < G_a$，YNCPV1 < 1，则税收累退。

YNCPV1 指数、K 指数

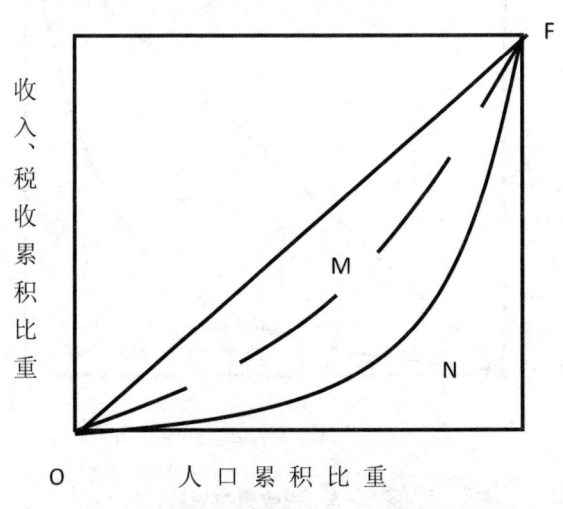

图 2-2：收入的洛伦兹曲线和税收的集中曲线

2. YNCPV2 指数

YNCPV2 定义为数值为 1/2 的对角线右下方部分面积和税收分布集中曲线积分（Sti）的比率。其计算公式表示为

$$YNCPV2 = \frac{1/2}{S_{ti}} = \frac{1}{2S_{ti}} = \frac{1}{1-C_{ti}}$$

其中，S_{ti}为税收分布集中曲线，C_{ti}为税收收入集中系数。

如果 YNCPV2 >1 此时 C_{ti} >0，则税收累进；如果 YNCPV2 = 1 此时 C_{ti} = 0，则税收是比例税；如果 YNCPV2 <1 此时 C_{ti} <0，则税收累退。

表示在图形中，如图 2-3 所示，横轴表示人口累积比重，纵轴表示税收累积比重，曲线 OEF 表示税前收入分布的洛伦兹曲线。若曲线 OEF 位于对角线的右下方，此时 C_{ti} >0，YNCPV2 >1，则税收累进；若曲线 OEF 和对角线相互重合，此时 C_{ti} <0，YNCPV2 <1，则税收是比例税；如果曲线 OEF 在对角线的左上方，此时 C_{ti} <0，YNCPV2 <1，则税收累退。

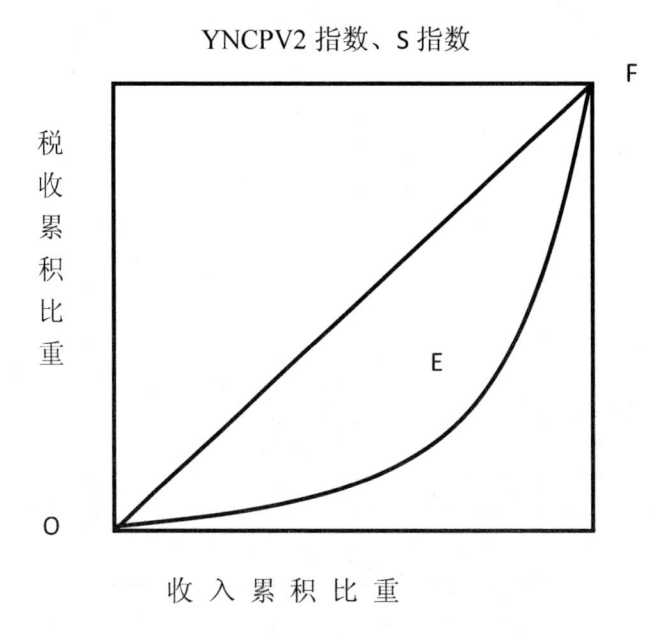

图 2-3 税收集中曲线

（三）K 指数

Kakwani（1977）认为可以用税收集中度系数与税前收入基尼系数之间的差异来衡量税收累进性，主要用于所得税累进性的测算计算公式。

第二章 税收累进性问题研究的理论依据

$$K = C_t - G_a = 2\int_0^1 F_1(X) - 2\int_0^1 F_1(T(X))dF_1(X) = 2k$$

其中，C_t 为税收集中度系数，G_a 为税前收入基尼系数，$F_1(T(X))$ 为税收集中度曲线函数，k 为税前收入分布的洛伦兹曲线与税收分布集中曲线之间的面积。

如果 $K>0$ 此时 $C_t>G_a$，则税收累进；如果 $K=0$ 此时 $C_t=G_a$，则税收是比例税；如果 $K<0$ 此时 $C_t<G_a$，则税收累退。K 指数在 -1 至 1 之间取值。

表示在图形中，如图 2-2 所示，虚线 OMF 表示税前收入分布的洛伦兹曲线，实线 ONF 表示税收分布的集中度曲线，则 K 指数是曲线 ONF 和曲线 OMF 所围面积的 2 倍。若曲线 ONF 位于曲线 OMF 的右下方，此时 $K>0$，则税收累进；若曲线 OMF 和曲线 ONF 相互重合，此时 $K=0$，则税收是比例税；若曲线 ONF 位于曲线 OMF 的左上方，此时 $K<0$，则税收累退。可见 K 指数方法与 YNCPV1 累进性的测算原理基本类似。

（四）S 指数

Suits（1977）认为可以用税收集中度系数来衡量实际税收累进性。计算公式：

$$S = C_{ti} = 1 - 2\int_0^1 F_1(T(X))dF_1(X) = 2S$$

其中，C_{ti} 为税收集中度系数，s 为方型图中对角线和税收集中曲线之间围成的面积。

如果 $S>0$ 此时 $C_{ti}>0$，则税收累进；如果 $S>0$ 此时 $C_{ti}=0$，则税收是比例税；如果 $S<0$ 此时 $C_{ti}<0$，则税收累退；S 指数在 -1 至 1 之间取值。

表示在图形中，如图 2-3 所示，S 指数是曲线 OEF 和对角线所围面积的 2 倍。若曲线 OEF 位于对角线的右下方，此时 $S>0$，则税收累进；若曲线 OEF 和对角线相互重合，此时 $S=0$，则为比例税；如果曲线 OEF 在对角线的左上方，此时 $S<0$，则税收呈现累退性。可见 S 指数方法与 YNCPV2 累进性的计算原理基本类似。

（五）KP 指数

Kakinaka &Pereira（2006）研究认为可以用 KP 指数来度量税收的累进性，KP 指数衡量的是第 t 期内的税收累进程度。计算公式表示为：

$$KP = \frac{\gamma_{\tau,t}}{\gamma_{Y,t}}$$

其中，$\gamma_{\tau,t}$ 为第 t 期内税收收入的标准差除以税收收入的均值的比值；$\gamma_{Y,t}$ 为第 t 期内国民收入的标准差除以国民收入的均值的比值。如果 KP 指数 >1，则表示税收在第 t 期内是累进的，KP 指数数值越大则表示税收的累进程度越高；如果 KP 指数 <1，则表示税收在第 t 期内属于比例税；如果 KP 指数 <1，则表示税收在第 t 期内是累退的，KP 指数数值越大则说明税收累退的程度越低。所以可以依据 KP 指数随着时间变化的趋势来进一步判断税收累进性随时间变化的趋势。在 KP 指数的计算过程中，税收收入数据可以采用总体的税收收入数值，进而计算得到第 t 期内总体的税收累进性；计算的相关数据也可以采用各个税种的税收收入数据，通过计算可以得到各税种在第 t 期内的有效累进性。国民收入的数据一般采用 GDP 数据。

二、名义税收累进性的测算方法综述

（一）平均税率法

由文献综述对平均税率方法的论述可知，该方法可以计算得到各收入个体或群体的累进性，但却无法得到衡量整体累进性的单一综合指标。为了改进这种方法，Klara Sabirianova Peter、Steven Buttrick、Denvil Duncan（2010）提出了一种利用平均税率计算得到单一综合指标来衡量结构累进性的方法。具体做法：首先，以人均 GDP 的 4%—400% 作为税前收入；其次，采用典型税制的计算方法得到应缴纳税额、各收入水平的平均税率以及边际税率；再次，将平均税率以及边际税率对税前收入进行相关回归，进一步得到平均税率和边际税率指数。如果斜率为正数，则税收是累进的；如果斜率为零，则税收是比例税；如果斜率为负数，则税收是累退的。可见利用这种方法可以采用平均税率计算得到衡量名义税收累进性的单一综合指标,且与各个人群的收入分布不相关。然而这个计算方法的前提假设条件是税率和收入水平之间存在线性关系,但这一前提条件是理想状态和现实情况往往不相符,因此得到的结果只能作为结构累进性的近似值,并不准确。

(二) K 指数、S 指数方法

测算结构累进性的方法可以借鉴前面论述的方法,根据税率结构相对比例税的偏离程度来衡量结构累进性。鉴于 K 指数和 S 指数的计算均依据收入分配和实际的税收数据,因此并不可以直接拿来测算结构累进性,但依据这两个指数的思想可以用税收制度计算得来的数据进一步计算,尽量避免收入分配的影响。具体做法:首先,假设税前收入是在人均 GDP 某一个区间分布,采用典型税制法计算得到各收入应纳税额;其次,在第一步计算的基础上算出收入累积占比以及税收累积比重数据;再次,将所得数据代入 K 指数、S 指数计算公式测算结构累进性。可见这样的计算采用税制计算的相关数据,而不是实际税收数据,使得计算结果剥离了收入分布和税收分配情况对其的影响。由于累进性本身会受到收入区间选择的影响,这种计算方法已经将收入对累进性的影响最小化。为方便实际税收累进性和名义税收累进性的比较,税前收入数据可以都选择分组数据,结构累进性计算时的分组数据应覆盖税收体系的所有累进区间。

(三) KP 指数

结构累进性的计算主要采用由税制计算得到的数据,而不是实际税收数据,因此 KP 指数的计算过程中税收收入可以采用税制计算得到的总体税收收入水平,计算得到第 t 期内总体税收的名义税收累进性;如果计算数据采用由税制计算而得到的各个税种的相关数据,则计算结果为各税种第 t 期内的名义税收累进性。

三、本书税收累进性测算指标选取—KP 指数

综上所述,累进性测算主要有 5 类计算方法,其中 MTD 指数测算的是税收再分配效应,并没有将累进性效应剥离出来,因此本书首先排除这一算法。K

指数方法和 YNCPV1 累进性的原理基本相同，均是关于税前收入基尼系数和税收基尼系数的函数形式只是表达方式不一样，两者结论相同，但是变动方向不一定相同；S 指数方法和 YNCPV2 累进性的原理基本相同，均是税收集中系数的不同函数形式，两者结论和变动方向都相同。在累进性的特征表达上，四种方法存在一定程度的差异，其中 YNCPV1、YNCPV2＞1（＜1、＝1）时表示税收是累进税（累退税、比例税）；K 指数、S 指数＞0（＜0、＝0）时表示税收是累进税（累退税、比例税），可见 YNCPV1、YNCPV2、K 指数、S 指数有类似之处并且同时也反映了不同的信息，可以用于全面地考察税收累进性。然而由于本书研究税收累进性涉及计算 G7 国家以及中国税收累进性的测算，数据涉及的国家和年份较多，因此在选择累进性计算方法的时候主要考虑数据获得的可行性和难易度。YNCPV1、YNCPV2、K 指数、S 指数这四种算法涉及的数据较难获得，并且这四种算法更多地适用于所得税累进性的计算，因此不符合本书要求，排除这四种算法。KP 指数计算数据则相对较易获得，并且既可以用于总体税收累进性考察，也可以用于各个税种累进性的考察，比较符合本书研究需要。因此，本文税收累进性指标选取 KP 指数，名义税收累进性（结构税收累进性）的计算主要采用由税制计算得到的数据，实际税收累进性（有效税收累进性）的计算采用实际税收数据。

第二节 税收累进性生命周期理论的验证与发展

一、税收累进性是否适度的判断依据：税收累进性生命周期理论

20 世纪 40 至 70 年代，发达国家税收累进性普遍较高，然而近 20 年发达国家累进性出现不断下降趋势，国外学者对这一经验的论证成果主要有：Dilnot & Kay（1984）、Verbist（2004）、Nyamongo & Schoeman（2007）、Tomas Piketty、

Emmanuel Saez（2007）① 的研究认为 20 世纪 80 年代以来，发达国家税收大多是累进的，且随着发达国家不断进入大众消费阶段以及超越大众消费的阶段，其累进性近年来均出现不断下降的趋势。郭庆旺（2012）② 提出税收累进性生命周期理论。如图 2-4 所示，该理论认为税收累进性历史发展规律呈现下降—上升—下降—再上升—下降等的周期性特征。该理论可以总结为，在经济起飞阶段，税收累进性很小或者呈现累退性；在经济发展成熟阶段，税收制度累进性增速较快；在大众高消费阶段，税收累进性增速减缓或者不再增加；在超越大众消费阶段，税收累进性将不断减少。该理论并未经过验证，并且理论内容仅论述了整体的变化周期趋势，并未对拐点和周期年限等做出判断。本节对税收累进性生命周期理论采用经验分析方法进行验证与发展。

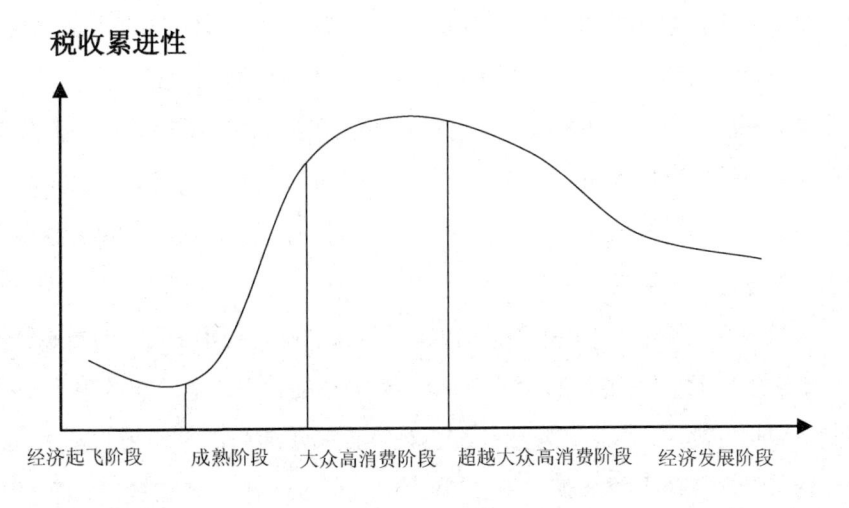

图 2-4　税收累进性生命周期③

---

① Tomas Piketty, Emmanuel Saez, How Progressive is the U. S. Federal Tax System? A Historical and International Perspective, Journal of Economics, Vol. 21, No. 1, Winter 2007, pp. 3 –24.
② 郭庆旺. 有关税收公平收入分配的几个深层次问题［J］. 财贸经济. 2012 年第 8 期.

二、税收累进性生命周期理论的验证与发展

鉴于发达国家工业化以及现代化进程开始相对于发展中国家而言比较早，税收发展历史相对悠久，税收累进性发展历程也相对完善，因此可以结合发达国家历史数据验证税收累进性生命周期理论，选取发达国家中具有代表性的 G7 集团作为经验分析的样本。G7 国家包括了美洲、欧洲和亚洲的几个典型性国家，具有一定的代表性。因此首先，选取六个国家一百年左右的数据进行经验分析。此外，鉴于金砖国家、OCED 国家是当今世界影响力较大的一些国家，税制改革处于先进水平，因此也选取这些国家的税收累进性进行考察，以期更全面地验证税收累进性生命周期理论。因此，经验分析之一是对 G7 国家、金砖国家、OCED 国家税收累进性历史变化轨迹进行考察，描述性分析税收累进性和经济发展史存在的相关关系，总结拐点出现的大致历史周期；经验分析之二是结合非参数方法的邻近点加权拟合方法和峰—谷拐点方法对 G7 国家（鉴于 G7 国家税收累进性发展历程相对完善）税收累进性和经济增长比率关系进行考察分析，并总结拐点处数值特征[①]。进而结合经验分析一二两部分的结论总结发展后税收累进性生命周期理论要点。

本节中税收累进性 KP 指数[②]选取各国税收收入和国民收入的数据进行计算，鉴于历史考察期限较长，无法获得详细的季度数据计算每年的税收累进性，因此选用年度数据，并以三年为一期，计算该三年期内的平均税收累进性（比如，1874 年的 KP 指数数据代表 1874、1875、1876 年三年间的平均税收累进性）。一些国家数据前后衡量货币发生变化的，应先将数据转化为同一货币标准衡量。各国税收收入和国民收入的数据来源为《帕尔格雷夫世界历史统计：美洲卷》《国际统计年鉴》、新浪财经数据库以及各国政府官网。

---

① 伊吉明. 税收总水平变化规律研究 [D]. 东北财经大学. 2012 年 6 月.

② 详细计算公式为 $KP = \dfrac{\gamma_{T,t}}{\gamma_{Y,t}}$，其中，$\gamma_{T,t}$ 是指第 t 期内国民收入的标准差除以国民收入的均值的比值。

第二章 税收累进性问题研究的理论依据

(一)经验分析一:G7国家、金砖国家、OECD国家税收累进性历史变化轨迹考察

A、G7国家税收累进性历史变化轨迹考察

1. 美国

美国工业革命开始于19世纪,以棉纺织业与冶金业为主要代表的初级工业获得较大发展,自南北战争开始直至一战结束五十年左右的时间,美国逐渐从农业化转向城市化,其中自1890年至1915年将近30年时间可以称之为美国的进步时期。美国人均实际GNP从1850年的110.38美元增加到1910年的363.15美元,上升了3倍多;1869年至1910年,实际人均GNP的增长速度大于2.5%。

在第一次世界大战期间,英国对欧洲大陆进行封锁,使得美国南方的棉花无法销售至欧洲,美国南方大量农业人口逐渐转向工业领域,1920年美国城镇人口与总人口的比值一度达到51.4%,城镇人口首次超过农村人口(农村人口占总人口的比重是48.6%);在整个20世纪20年代,工业利润不断增加,原始资本不断积累,工业工人的增加和美国工业化原始资本的不断增加,使得美国进入到一个经济飞速发展的阶段。20世纪30年代,资本主义经济大萧条,美国全面推行以政府干预为主要调节手段的罗斯福新政,政府在税收方面也制定了一些刺激经济发展的政策安排。20世纪30年代末期,第二次世界大战爆发,由于战争并没有在美国本土进行,美国不但没遭受损失反而利用战争获得大量财富并发展了国内经济,战后美国工业产值占了西方世界工业总产值的一半,黄金储备占比达到四分之三,美国经济发展完全进入成熟阶段和大众消费阶段。

二战后,世界形成两大阵营,自20世纪50年代进入冷战时期,20世纪70年代出现能源危机导致经济萧条,导致20世纪70年代末期再次出现通货膨胀,直至1980年代美国经济才逐渐复苏。在冷战结束后,美国发展成为世界上唯一的一个超级大国。20世纪90年代,互联网不断发展与数字化革命逐渐开始,产生大量的就业机会,并随着技术的不断变革,美国经济进入又一个经济高速发展阶段,达到了前所未有的繁荣。

美国税收制度总体上经历了三个发展阶段，以关税为主体的间接税阶段、以商品税为主体的复税制阶段和以所得税为主体的复税制阶段。

第一阶段为1783年至1861年期间以关税为主体的间接税阶段。美国于1787年建立了一套以关税为主体的间接税体系。同时，美国的关税制度在不断地进行完善和发展，税率也在持续提高，至1861年平均税率大约已达24%，因此，关税可谓是此阶段美国税收制度中最重要的税种之一。

第二阶段为1861年至1913年期间以关税为主体的间接税制向以商品税为中心的复税制转化阶段。1861年为了南北战争筹资，美国联邦政府开始对年所得在800美元以上的个人征收3%的个人所得税。1862年，美国修改个人所得税法，对超过1万美元的年所得的个税税率提高为5%，此时个人所得税具有一定的累进性。由于群众的反对，个人所得税法于1872年被废止。联邦政府从1861年起，扩大了国内消费税的课征范围并提高了税率，关税地位从此降低。1913年，美国恢复开征所得税的制度，逐渐确立了以商品税为主体税种的税制框架，所得税所占比重在税收收入中得到大幅度提升。

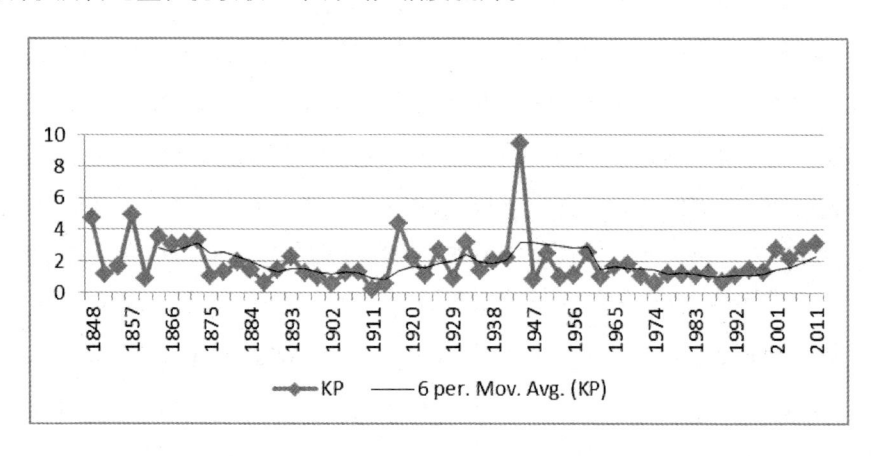

图2-5 美国税收累进性KP指数

数据来源：由《帕尔格雷夫世界历史统计：美洲卷》《国际统计年鉴》、新浪财经数据库以及美国政府官网数据整理得到。

第三阶段为1913年至今的以所得税为主体的复税制阶段。自1913年起,美国税制从以商品课税为主逐渐转向以所得课税为主。第二次世界大战爆发后军费需求剧烈扩增,所得税发挥出巨大的筹资作用。二战结束后,所得税收入仍然保持着增长的趋势,并且税基逐渐扩大,税种也不断增加。

美国税收累进性的计算方法采用 KP 指数,该指数计算过程中所需 GDP 和税收数据选取 1848 年至 2011 年一百六十年左右的数据,数据主要由《帕尔格雷夫世界历史统计:美洲卷》《国际统计年鉴》、新浪财经数据库以及美国政府官网数据整理得到,以三年为一期,计算该期内的平均税收累进性(如 1848 年的数据代表 1848 年、1849 年、1850 年三年间的平均税收累进性)。美国税收累进性变化轨迹呈现明显的周期性变化特征,由图 2-5 可见,第一个阶段是 1865 年南北战争后的美国进步时期,美国税收累进性由 3.0283 逐渐下降至 0.2274,该阶段税收累进性不断下降,甚至在后期体现累退性。税制的累进性较低甚至累退可以提高效率,刺激经济发展的积极性。第二个阶段是第一次和第二次世界大战期间,两次世界大战给美国带来大量财富,国内经济迅速发展,经济发展完全进入成熟阶段和大众消费阶段,该阶段美国税收累进性由 0.2274 逐渐回升至 2.2198,随着经济发展更加注重调节社会公平。第三个阶段是世界两大阵营冷战时期,该时期美国经济虽然出现通货膨胀,在 20 世纪 80 年代经济得到复苏,经济进一步发展,该阶段美国税收累进性由 2.2198 逐渐下降至 1.1280,究其原因一方面由于经济复苏的需要,另一方面为下一个经济高速发展阶段做准备。第四个阶段是 1990 年代至今的美国繁荣成长时期,就业机会的增加以及技术的不断革命使得美国又进入了一轮新的经济成熟和大众消费阶段,截至 2011 年,该阶段美国税收累进性由 1.1280 逐渐上升至 3.1292。将 KP 指数取自然对数得到 LNKP 的变化趋势图(如图 2-6 所示),四个阶段变化趋势体现得更加明显。

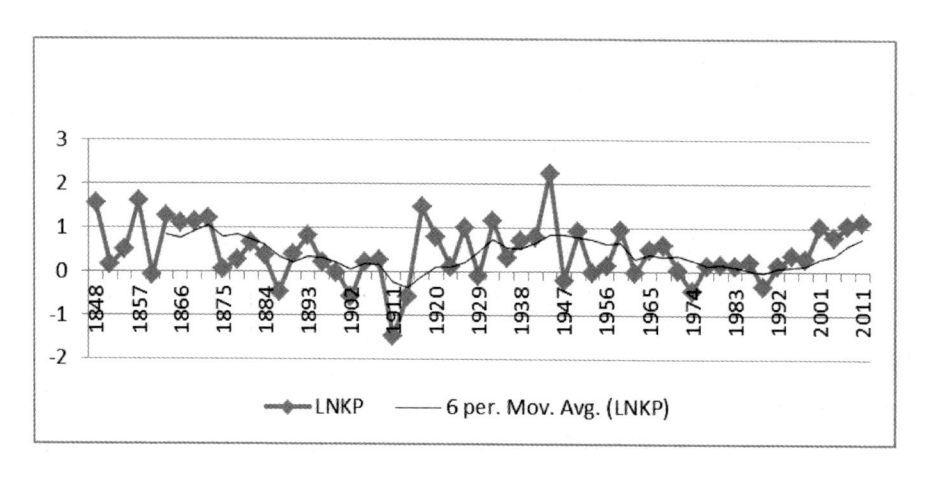

图 2-6 美国 LNKP（KP 指数取对数，下同）

数据来源：由《帕尔格雷夫世界历史统计：美洲卷》《国际统计年鉴》、新浪财经数据库以及美国政府官网数据整理得到。

2. 加拿大

加拿大1926年才取得外交上的独立权，在此之前一直处于英、美的附属地位。加拿大的经济发展阶段大致可以划分为四个阶段：（1）1906年至1929年的高速经济增长时期。该时期出现了国外资本的投资高潮，大量外资流入，与此同时加拿大的移民数量突增，为加拿大的经济发展提供了充足的资本与劳动力；此外，欧洲的工业化与城市化也为其提供了广阔的市场。（2）20世纪30年代由经济大萧条造成的发展停滞期。大萧条使加拿大一直以来依赖的出口市场国际市场崩溃，加拿大经济发展缓慢甚至停滞。（3）1940年至1980年间经济的快速发展时期。在二战期间，加拿大制造了大量的军事装备用于本国使用和出口英国、苏联等国家，实现了充分就业和经济的快速发展。在这一经济时期，加拿大的人口只是增加了1倍，但同时国民生产总值（GNP）却激增近20倍。（4）20世纪80年代至今，经济繁荣与衰退交替时期。20世纪80年代开始人均收入出现增速减缓，并在1989年出现了债务亏欠，然而由于美加自由贸易协定和北美自由贸易协定的实现，加拿大与美国贸易之间的统一度不断增加，在20世纪90年代加拿大经济增长率为3%，1995年的国内总产值（GNP）为5630亿元加币，1996年的国内生产总值达到5966亿美元。也正是由于与美国经济的密切关系，加拿大随着美国2001年的经济衰退也出现衰退，失业率不断增加，经济增长速度相对较低，2003年加拿大年均经济增长率仅为1.7%；加拿大在2008年受到次贷危机影响，经济衰退，失业率增加为8.6%，较高的债务和不断增加的失业率成为加拿大经济发展的主要制约因素。然而加拿大丰富的自然资源仍使其经济发展后劲十足，2006年国内生产总值为10889.4亿美元，2011年国内生产总值为1.74万亿美元，均居世界经济发展的前列，同时加拿大的国民生活水平也处于世界前列。

加拿大的财税制度的历史发展主要经历了五个阶段：（1）1650年至1866年，此阶段的加拿大尚处于英法的殖民统治时期，财政收入主要是来源于关税。（2）1867年至1916年为财税体制发育时期，此时之前的财政收入占据重要地位的殖民地之间的关税已经消失，并且在各地相继开征了个人所得税、财产税、不动产税、公司税等新税种。（3）1917年至1939年为加拿大的税制结构形成时期。一战的财政军需迫使加拿大政府在1916年开征公司所得税，后于1917年开征个人所得税，一战结束后开征了销售税，从而奠定了这三种税在加拿大税种中的重要地位。（4）1940年至1971年为财税体制调整与发展时期。战争动乱结束后，政府一直在尝试进行财税体制的调整与改革，且于1949年修订了新的联邦税法。（5）1972年至1988年为税制改革时期。此时的财政改革开始受到越来越多的关注，20世纪80年代中期，美国的影响也有力地推动了加拿大税制改革的进程。加拿大政府于1988年至1992年进行了长达五年的税制改革，重点在于直接税制所得税、个人所得税，公司所得税以及间接税制消费税的改革。

加拿大税收累进性的计算方法同样采用KP指数，由于加拿大1926年才获得外交独立权，因此样本区间从1926年开始截至2010年，将近一百年的数据，数据主要由《帕尔格雷夫世界历史统计：美洲卷》《国际统计年鉴》、新浪财经数据库以及加拿大政府官的网数据整理得到，以三年为一期，计算该期内的平均税收累进性（如1926年的数据代表1926、1927、1928年三年间的税收累进性）。加拿大税收累进性变化轨迹也在一定程度上呈现了周期性变化的特征（如图2-7、2-8所示），主要分为四个阶段：首先，20世纪30年代至60年代初，在这一时期税收累进性逐渐下降，30年代经济大萧条的出现使得加拿大经济发展缓慢，直至40年代加拿大经济发展速度增快，由此可判断该阶段为加拿大的经济起飞阶段；其次，20世纪60年代至70年代初期，该阶段税收累进性呈现上升趋势，KP指数大多大于1呈现累进性；再次，20世纪70年代中期至90年代中期，该阶段累进性大致平稳，存在缓慢上升趋势，可见与80年代开始经济增速减缓和90年代初期经济增长加速存在一定的相关关系；最后，20世纪90年代中期至今，税收累进性存在平缓的下降趋势。

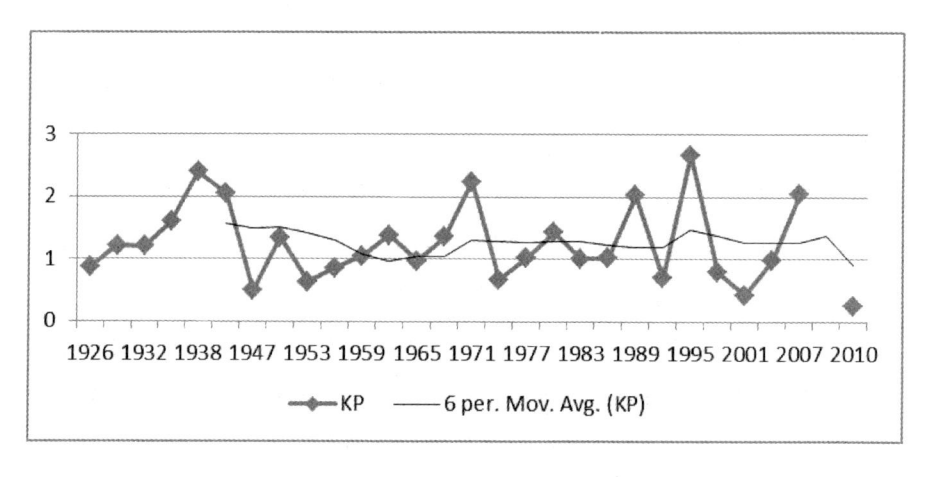

图2-7 加拿大税收累进性KP指数

数据来源：由《帕尔格雷夫世界历史统计：美洲卷》《国际统计年鉴》、新浪财经数据库以及加拿大政府官网数据整理得到。）

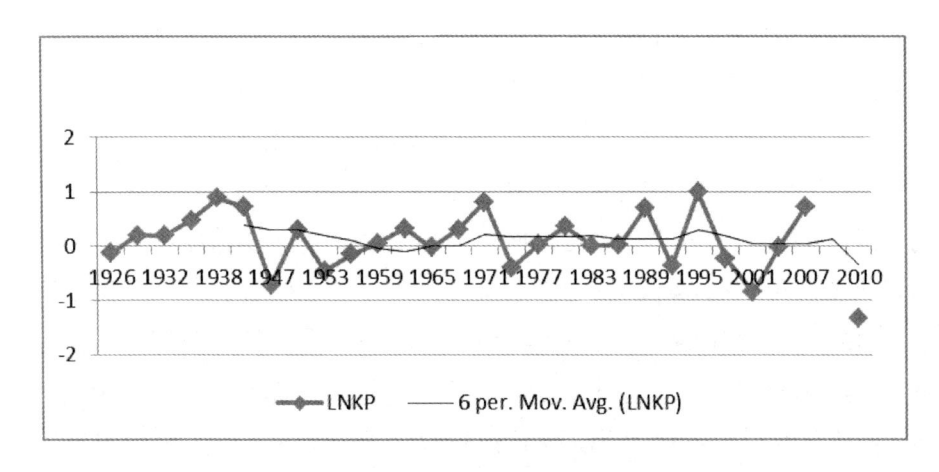

图 2-8 加拿大 LNKP 指数

数据来源：由《帕尔格雷夫世界历史统计：美洲卷》《国际统计年鉴》、新浪财经数据库以及加拿大政府官网数据整理得到。

3. 英国

世界上第一个进行工业革命与工业化的国家是英国，在 19 世纪，英国的生产和贸易额均居世界第一位。英国海运业发达，通过海运逐渐控制了世界上将近四分之一的土地和三分之一的人口，为英国工业的飞速发展提高了大量的廉价劳动力、原材料和产品销售市场。两次世界大战使得英国国力开始减退，在战后英国接受了马歇尔计划，取得美国经济方面的援助。此外，战后重建产生了刺激经济恢复发展的大量需求，也在一定程度上刺激了英国经济发展。自 20 世纪 80 年代以来，英国政府开始实行自由经济，主张减少政府干预，逐步改革国有企业使其私有化，缩减政府在公共福利方面的公共支出，缩减税收，这些政策的实施加快了英国经济的恢复，英国经济实际的年增长率达到 3% 以上。

早期英国的直接税占比相对较大，1692 年由国会授权征收的土地税成为那时的主体税种。随着国家工商经济的发展，消费税、关税和印花税等间接税的份额越来越大，逐渐成为主体税。1799 年，英国开征了所得税。这是历史上第一次开征的现代意义上的所得税。不过在战争结束后的1816年，所得税即被议会废除，为弥补收入缺口，议会又开征了肥皂消费税，此举把税负转移到了穷苦人身上。在1840年至1841年间英国财政收入的5.16亿英镑中，关税和消费税占了约75%，达3.83亿英镑。但是随着社会发展，对税制进行改革、为贸易自由创造条件、为穷苦人减轻税负、将间接税为主改革为直接税为主的呼声日益加强。1842年，英国决定恢复原先作为战时临时税收的所得税，减少700种商品的关税，有效减少了普通消费者的税收负担。后来英国又开征了遗产税，并对所得税进行改革，实行累进所得税。同时，还大力缩减了消费税征收范围，仅对酒精饮料、烟草和茶叶等为数不多的商品征收消费税。到了20世纪初，直接税的占比超过了间接税，同时英国税制也大为简化，主要税种只有所得税、遗产税、少量印花税等。很显然，19世纪英国的税制改革和转型，成功降低了穷人的税负，缓解了社会矛盾，提高了税收公平，同时促进了工商业的发展。

英国税收累进性KP指数在计算过程中所需GDP和税收数据选取1830年至2010年一百八十年左右的数据，相关数据主要由《帕尔格雷夫世界历史统计：欧洲卷》《国际统计年鉴》、新浪财经数据库与英国政府官网数据整理得到，以三年为一期，计算该时期内平均的税收累进性。英国税收累进性（KP、LNKP）周期性变化特征较为明显（由图2-9、图2-10所示），主要划分为以下三个阶段：首先，1830年至20世纪10年代末，在这一阶段税收累进性整体呈现上升趋势，税收累进性逐渐由累退转向累进，KP指数在19世纪80年代末以前大多数值小于1，19世纪90年代初期税收开始逐渐转向累进。其次，20世纪10年代末至20世纪末，该阶段税收累进性整体呈现下降趋势，其中10年代末至60年代初下降的趋势相对明显，60年代至20世纪末整体趋势趋于平稳，KP指数数值基本维持在1左右。再次，20世纪末至今，税收呈累进性略有回升，2007年KP指数达到4.77，而2010年KP指数则是1.21。

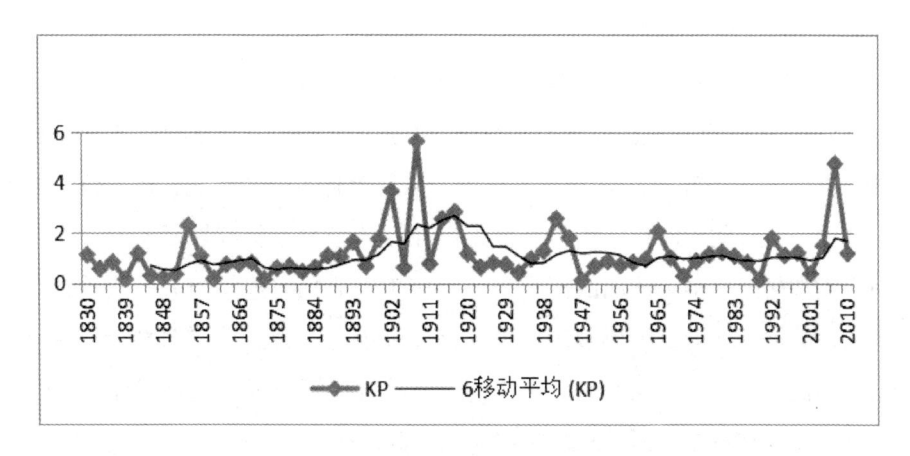

<<< 第二章 税收累进性问题研究的理论依据

图 2-9 英国税收累进性 KP 指数

数据来源：由《帕尔格雷夫世界历史统计：欧洲卷》《国际统计年鉴》、新浪财经数据库以及英国政府官网的数据整理得到。

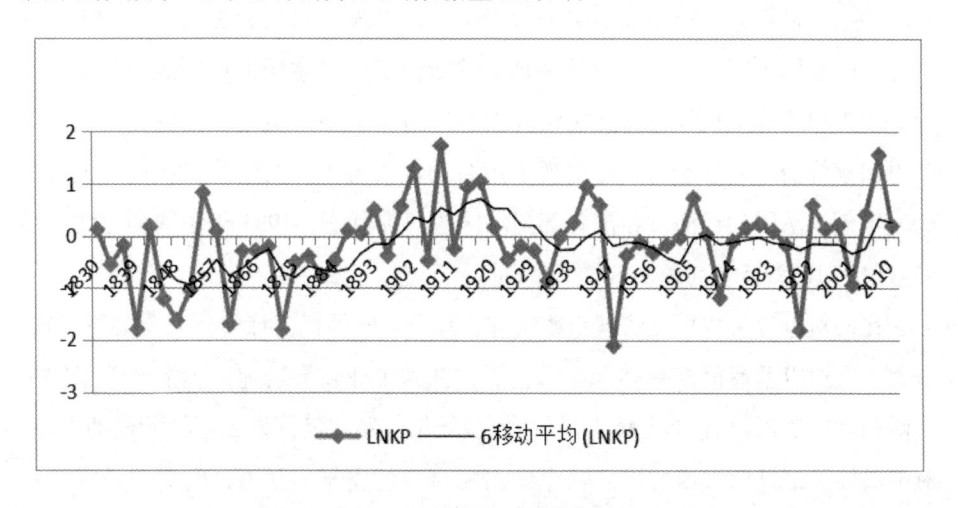

图 2-10 英国 LNKP 指数

数据来源：由《帕尔格雷夫世界历史统计：欧洲卷》《国际统计年鉴》、新浪财经数据库以及英国政府官网的数据整理得到。

4. 法国

由于历史、文化与传统的因素，法国的工业化是没有发生工业革命的工业化。虽然法国18世纪末已经开始工业化，但其经济发展速度缓慢，工业化程度也相对落后。在1870年，法国爆发革命，推翻帝制实行共和制，建立法兰西第三共和国，政局的暂时稳定使得经济得以在一定程度上得到恢复发展。在第一次世界大战爆发之前，法国的国内生产总值中农业仍占据相当大的比重，农业经营比较分散；工业结构不合理，主要是以中小企业为主，技术水平落后且生产效率不高，工业发展相对较为迅速的是食品业与轻纺织业，20世纪90年代，在法国出现银行资本垄断，对外实行资本输出，资本输出量在当时仅次于英国；到20世纪20、30年代冶金业也得到壮大，法国逐渐完成产业结构的转变，第二产业所占比重超过第一产业，有色金属以及机械工业等也开始逐渐兴起，经济发展程度不断提高。

第一次世界大战的爆发给法国带来了一定的发展机遇，法国在第一次世界大战期间收回了阿尔斯林和洛林两地，并获得了来自德国的巨额经济赔偿，获得萨尔煤田的开采权等，为经济恢复发展准备了充足的资本；在法国历史上的普恩加莱统治时期，法国一度出现了短暂的经济繁荣。然而第二次世界大战的爆发重创了法国的经济，经济各部门均陷入停滞状态，1994年法国的工业发展指数仅为1938年的40%。

在两次世界大战后，法国相继实行了几个复兴的经济计划，主要关注煤炭、电力、交通以及通信等基础行业的发展，基础工业发展迅速，大大改善了国民生活福利。法国政府实行干预经济的发展政策，制定经济发展不同阶段的目标，对国民经济诸部门发展的先后顺序做出相对应的安排，并出台配套政策措施辅助其发展。二战后至20世纪60年代期间，法国财政政策主要是加大对优先发展工业部门的支出，同时注重税收调节收入差距的作用；法国政府经济政策的制定主要以指导性计划为主，不对数量指标进行规划。以上政策的实施，很大程度上刺激了法国经济的发展，在20世纪60、70年代法国的经济年均增长率达到5.7%，一度超过了当时的英国、美国等发达国家，同时基本实现充分就业。

进入20世纪70年代，法国经济增速放缓。石油危机的爆发使得世界经济出现衰退，影响蔓延至法国，法国一度出现通货膨胀。20世纪70年代中后期，法国年均经济增长率减少为3.25%，20世纪80年代年均经济增长率减少至2.25%；直至1994年，随着全球范围内经济的复苏，法国也逐渐进入经济的复苏阶段，2000、2001年的经济增长率依次为4.1%、2.1%，2012年法国的GDP达到20323欧元。

法国税制历史悠久，在中世纪封建专制统治时期就已经建立起一种以原始直接税为主体的税制体系，主要税种为房屋税、人头税等，也包括一些单项消费税。17世纪后，现代间接税的地位逐渐提高。第一次世界大战后，法国的现代税制的框架逐步明朗。法国于1914年引进了所得税，1917年设立支付税，1920年对其进行补充完善，进一步拓展其征税范围，从而产生了一般营业税，在当时的税收结构中处于主要地位。1954年，法国政府进行税制改革，创设增值税制度。

法国在20世纪70年代以来进行了一系列税制改革。这一时期的社会保障以及公共开支不断增长但政府忽视了债务，改革重点在于分配，税率总体呈上升趋势，强化了税制累进性。在20世纪80年代初，法国又强化了再分配，税收累进制发展趋势增强。1983年至1984年更加注重效率，鉴于高课税负担和高边际税率的缺陷越来越严重，阻碍了经济发展和国际竞争，因此，1984年法国政府决定减轻课税负担，稳定国家税率，提高国际竞争力。1986年至1988年，新政府进一步降低总课税负担，减轻效率损失。几经更迭，如今法国的税制结构以间接税（其中主要是增值税）为主、以直接税为辅。目前开征的税种有20多个，按照课税对象的不同，可划分为所得税、商品和劳务税、财产和行为税三大类。

法国税收累进性的计算方法同样采用KP指数法，KP指数计算过程中所需GDP和税收数据选取法国1874年至2011年一百四十年左右的数据，相关数据由《帕尔格雷夫世界历史统计：欧洲卷》《国际统计年鉴》和新浪财经数据库整理得到。其中，鉴于在我们考察研究的历史年间法国货币经历了两次变更，第一次变更为由旧法郎转为使用新法郎，第二次变更为由新法郎转为使用欧元，因此获得的历史数据其衡量货币不相同，需要将其转化为同一货币标准衡量的数据后再进一步计算 KP 指数。数据的具体转换过程：首先，欧盟对欧元与各个国家原有货币兑换做出规定，实行"不强制与不禁用"的实施原则，规定在 1999 年至 2002 年的三年货币过渡期内，民众均有权做出是否使用欧元的选择，欧元和各个国家原有货币在这一时期内可以同时使用，彼此之间的兑换率是保持不变的，并且这一固定的兑换率是在 1998 年 12 月 31 日根据市场汇率来进行计算确定的。欧元与新法郎的这一固定兑换率为 1 欧元 = 6.55957 法国新法郎，因此本文首先将 2002 年至 2011 年的数据由欧元转换为新法郎；其次，再根据 1 新法郎 = 100 旧法郎的转换率，将以新法郎衡量的数据统一转化为以旧法郎来衡量。数据转化为同一货币标准衡量以后，又鉴于历史考察期限较长，无法获得详细的季度数据来计算每年的税收累进性，因此选用年度数据，并以三年为一期，计算该三年期内的平均税收累进性（如 1874 年的 KP 指数数据代表 1874、1875、1876 年三年间的平均税收累进性）。法国税收累进性（KP 指数）变化轨迹大致呈现了税收累进性生命周期变化过程的前两个阶段：经济起飞阶段与成熟阶段（如图 2-11 所示），将 KP 指数取自然对数得到 LNKP 的变化趋势图（如图 2-12 所示），两个阶段的变化趋势体现得更加明显。

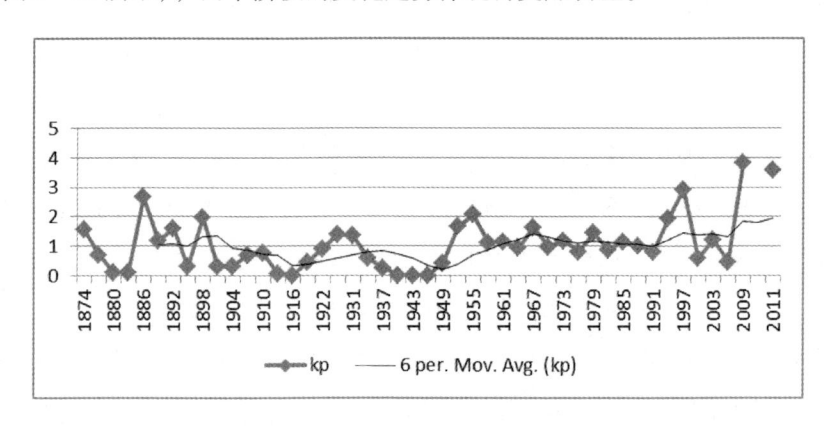

图 2-11　法国税收累进性 KP 指数

数据来源：由《帕尔格雷夫世界历史统计：欧洲卷》《国际统计年鉴》以及新浪财经数据库整理得到。

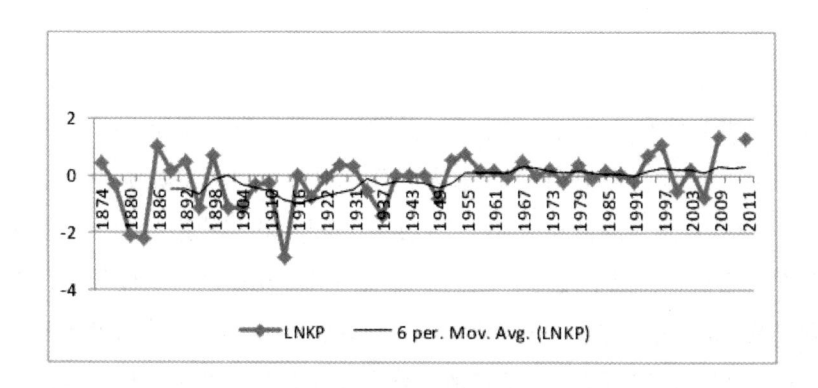

<<< 第二章 税收累进性问题研究的理论依据

图 2-12 法国 LNKP 指数

数据来源：由《帕尔格雷夫世界历史统计：欧洲卷》《国际统计年鉴》以及新浪财经数据库整理得到。

从 1874 年直至第二次世界大战结束可以归纳为税收累进性生命周期的第一个阶段，在该阶段内整体税收累进性呈现不断下降的变化趋势，由 1874 年的 1.55 下降至 1949 年的 0.43，且大多数年份 KP 指数小于 1 即税收呈现累退性。在此阶段税制的累进性较低甚至累退可以通过提高效率，刺激经济发展。在这个大阶段内可以进一步细分为三个小的阶段：一是 1874 年至第一次世界大战前，KP 指数取值变化频繁，但整体趋势是不断下降；二是第一次世界大战期间，KP 指数出现了短暂的回升；三是第二次世界大战期间，KP 指数再次出现下降趋势。第二个阶段为第二次世界大战后至今，这该阶段 KP 指数取值大致呈现上升趋势，由 1949 年的 0.43 上升至 2011 年的 3.58。在第二个大的阶段内，同样可以细分为三个小的阶段：一是 1949 至 1970 年年初，该阶段税收累进性 KP 指数呈现明显的上升趋势；二是 20 世纪 70 年代至 20 世纪 90 年代初期，该阶段税收累进性变动幅度相对较小，KP 指数取值在 1 上下浮动，税收累进性平稳；三是 20 世纪 90 年代至今，税收累进性呈现较为明显的上升趋势，KP 指数取值在 1997、2009、2011 年分别为 2.93、3.84、3.58。由以上法国经济发展史以及 KP 指数变化趋势可见，经济发展程度与税收累进性（KP 指数）之间存在

57

密切的相关关系。

5. 意大利

从意大利经济和社会发展史来看，其发展阶段分为两部分：(1) 1861年至1946年的王国时期。自1961年起意大利开始对外扩张，走资本主义殖民的道路。(2) 1946年至今的共和国时期。直到20世纪60年代意大利一直依靠美国的马歇尔计划的进行经济复苏，以于二战前两倍的经济增长速度发展，称为意大利经济史上的经济奇迹；70年代经济开始疲软；80年代后成为世界第五大经济体；90年代经历了严重的经济危机及社会动荡危机。意大利作为发达的工业化国家，主要以私有经济、中小企业为主体，国内各个区经济发展水平差距明显，经过2008年的金融危机打击后，2010年经济逐渐恢复增长，2011年人均GDP达到36130美元。

20世纪90年代，意大利财政上主要是通过增加收入和减少公共债务的利息支出来满足《马斯特里赫特条约》的需要，这在税收收入占国内生产总值比重这一指标上得到反映。在20世纪80年代这一比率增加了8.5个百分点（从30.4%到38.9%）。直到1997年，税收收入占国内生产总值的比重达到了最高点44.2%。1997年以后，这一比重开始下降，从1999年起该比重变得相当稳定。从1990年起，收入和利润税、社会保险缴款和具体的消费税等主要税种占全部税收收入的比重开始下降，同时财产税和一些其他税收增加。企业所得税的税率从2002年的36%下降到2003年的34%，进一步下降到2004年的33%，自此企业所得税的收入就开始下降。和OECD平均水平相比，意大利的税制结构相对平衡。

意大利的税收制度在法律体系的构建方面较为完备，税收法律条文高达15万条之多，税收制度主要体现在国家、大区和市三个层级，主要分为直接税和间接税两大类。直接税包含的主要税种有个人所得税（IRPEF）、公司所得税（IRES）、大区税（IRAP）等；间接税包含的主要税种有增值税（IVA）、注册税（Imposta di Registro）、城市房地产税（ICI）、遗产和赠与税等。意大利的税制结构以直接税为主体，直接税占税收总收入的比例在60%—75%左右，从

1965年开始呈先上升后下降趋势；间接税（主要是流转税）占税收总收入的比例在40%以下，呈现逐渐下降趋势，并从1978年开始保持在24%—30%左右。

以课税对象形式为标准，将意大利的税收分为所得税、财产税和流转税三大类。从税类结构进行分析，所得税比例从1965年开始一直高于流转税和财产税比例，因此可以推断，意大利从1965年至今采取的是以所得税为主体的税类结构。此外，所得税比例呈现出先上升后下降的趋势，并在1998年开始稳定在60%左右；而流转税呈现下降趋势，在1978年开始维持在25%—30%；财产税占税收收入的比例一直处于5%左右，并呈现出先下降后上升的趋势，其中，1973年至1992年一直低于5%。从税种结构方面分析，意大利以所得税为主体税，其中社会保障税是所得税收入的主体。1965年至2017年，社会保障税占税收收入的28%—46%。社会保障税的高占比与其完善的社会福利制度、养老制度相匹配，意大利公民终身享有公费医疗等福利。与此同时，随着老龄化进程推进，社会保障税比例略有上升。

意大利税收累进性KP指数计算所需GDP和税收数据样本选取1862年至2012年一百五十年左右的数据，数据主要来自《帕尔格雷夫世界历史统计：欧洲卷》《国际统计年鉴》、新浪财经数据库以及中国商务部网站，以三年为一期，计算该期内的平均税收累进性。按照欧盟欧元兑换意大利里拉固定兑换率的计算公式1欧元=1936.27意大利里拉，意大利1999年数据开始以欧元衡量计算，因此将欧元转换为里拉，使得数据前后衡量货币单位一致为里拉。意大利税收累进性变化轨迹呈现较为完整的周期性变化特征（如图2-13所示），将KP指数取自然对数得到LNKP的变化趋势图（如图2-14所示），三个阶段变化趋势体现得更加明显。首先，1861年至1946年的王国时期，该阶段税收累进性上下浮动，但整体呈现下降趋势，且大多数年代KP指数小于1，税收呈现累退性，自19世纪80年代末开始整体下降趋势不明显，趋于稳定；其次，1946年至20世纪90年代中期，税收逐渐由累退转向累进，KP指数大多维持在小于2的水平，仅1994年的KP指数大于2为3.134；再次，20世纪90年代中期至今，税收逐渐转向累退，KP指数基本小于1，2012年KP指数减少为0.333。

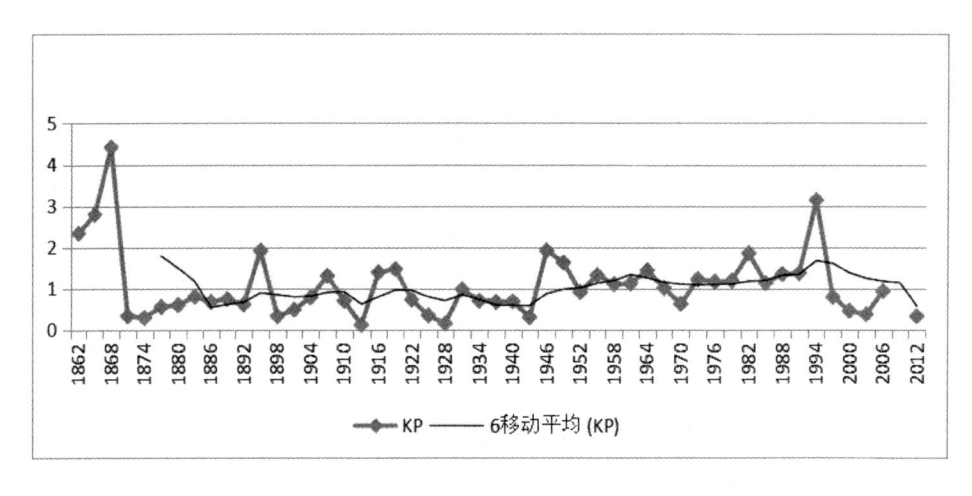

图 2–13 意大利税收累进性 KP 指数

数据来源：由《帕尔格雷夫世界历史统计：欧洲卷》《国际统计年鉴》、新浪财经数据库以及我国商务部网站数据整理得到。

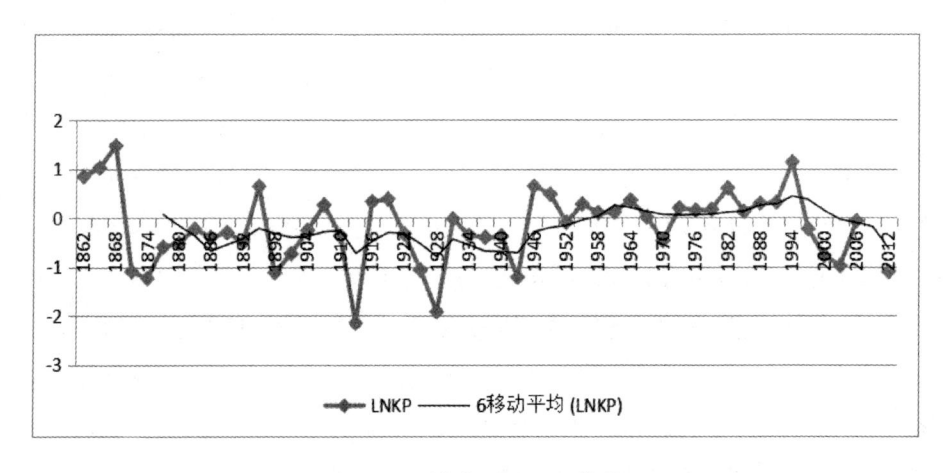

图 2–14 意大利 LNKP 指数

数据来源：由《帕尔格雷夫世界历史统计：欧洲卷》《国际统计年鉴》、新浪财经数据库以及我国商务部网站数据整理得到。

6. 日本

日本自1868年明治维新后走上资本主义道路，在此之前日本缺乏发展近代产业的资本积累、生产技术和管理经验，因此明治政府推行"殖产兴业"的政策，以行政力量动用国库资金来发展资本主义，主要方式有两种：一是，国家直接投资兴办近代工业企业；二是，给予重点发展企业以贷款支持。为了筹集足够的资金支持资本主义发展，日本政府推行地税改革，对农业剩余产品征收地税来增加资本积累，可见不同于西方先资本积累后产业革命的发展历程，日本资本积累和产业革命同时进行，并且日本推进产业革命的主体是政府而非资产阶级。1874年，日本地税收入占总财政收入的80%左右。

进入20世纪，为了抢占原材料产地和工业产品倾销地，日本对外发动战争，军国主义逐渐形成，第一次世界大战增加了日本的经济实力；20世纪20年代，日本发生关东大地震、昭和金融恐慌，经济遭受重创；二战期间，世界经济出现衰退，日本国民财富的一半左右都被战争耗费，经济发展水平低于战前；20世纪50年代，朝鲜战争爆发，战争时期的特殊需求刺激了日本经济发展，日本年均经济增长率超过10%。1950年，由朝鲜战争带来的特需繁荣使日本进入经济高速发展时期，50年代日本实际国民生产总值以每年10%以上的速度增长，工业年均增长率则达到13.6%左右。1964年，日本举办奥运会并加入经合组织，正式成为世界先进国家。1973年至1975年、1979年至1982年西方世界连续发生两次经济危机，经济衰退影响日本经济，日本结束了经济高速发展时代。进入20世纪80、90年代，日本经济并未得到恢复发展反而进一步衰退，主要是受全球经济不景气以及亚洲金融危机影响。尽管这一时期日本经济增速持续下降，并一度出现负增长，但是日本的经济总量仍处于世界前列。

20世纪末，日本开始调整产业结构，大力发展资源消耗少、产业附加值较高的知识密集型产业，扶植汽车、电子、航空以及精密机械等工业的发展；21世纪初期，日本经济复苏，许多企业都获得了历史上的较好业绩。发展至2011年，日本的GDP为5.9万亿美元，居世界前列。日本一直是资本主义经济强国，科研开发能力较强，第三产业尤其是银行业、保险业以及航运业等较发达，国民生活质量较高，是全球最为富裕、生活水平较高的国家之一。

二战后日本物资匮乏、物价飞涨，存在严重的财政赤字，因此日本的税制必须要进行调整，如废除战时的一些税收政策，开征一些新的税种。为了振兴经济，1949年8月，日本提出"肖普劝告"，旨在促进日本建立有利于经济持续增长的新税制，主要包括建立以个人所得税为主体的税制；推行纳税申报制度，取消税收优惠政策；建立中央与地方税收体系，明确中央与地方税权配置等内容。朝鲜战争期间，美国对日本大量的军事需求大大刺激了日本经济的增长，为税制改革创造了十分有利的条件。这段时期日本的税制改革与其经济增长保持积极的互动关系。

1986年，日本以对个人所得、法人所得、利息减税和增设消费税为主要内容的税制改革大纲通过，流转税的地位极为突出，反映出日本税制更加重视平衡公平与效率，这被称为根本性的改革。这次改革对日本的经济发展和税制改革产生深远的影响，为其奠定坚实的基础，但也存在对贫富差距较大的收入群体课税不公平，对中小企业和垄断大企业课税不公平等问题。1992年，日本政府开展了土地税制的改革，这是1986年日本所得税制改革的又一次突破，新设的地价税有利于合理利用土地，对与土地有关的固定资产税加强征收管理。

1986年和1992年的两次税制改革，基本实现日本的税制改革目标，但仍然没有很好地解决个人所得税税负过重和公债依存度高的问题。于是，1994年，日本政府提交了国会税制改革方案，包括减轻个人所得税税负、加强消费税征收、新设地方消费税等内容。此次改革使得日本税制有了新的飞跃。

日本税收累进性的计算方法采用KP指数，样本数据选取1885年至2011年一百二十年左右的数据，数据主要来源于《帕尔格雷夫世界历史统计：亚洲卷》新浪财经数据库、《国际统计年鉴》以及日本国税的统计报告，以三年为一期，计算该期内的平均税收累进性。如图2-15、图2-16所示，日本税收累进性变化轨迹主要呈现了两个阶段的变化：（1）19世纪末至20世纪80年代末，在这一时期日本处于经济起飞、不断探索发展的阶段，经济总量处于世界前列；该阶段税收累进性上下波动但是整体上呈现不断下降的趋势。（2）20世纪90年代至今，该阶段日本经济虽仍低迷但基本处于复苏期，经济发展程度相对成熟，汽车、电子、航空、精密机械等工业和银行业、保险业、航运业等第三产业相对发达；税收逐渐由税收累退转向累进，并且累进性整体呈现上升趋势，KP 指数由 1990 年 0.168 逐渐上升至 2011 年的 1.418。

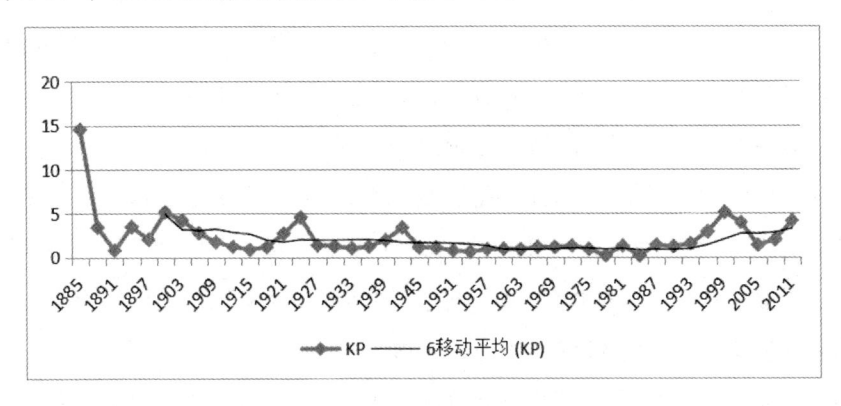

图 2-15 日本税收累进性 KP 指数

数据来源：由《帕尔格雷夫世界历史统计：欧洲卷》、新浪财经数据库数据、《国际统计年鉴》以及日本国税的统计报告数据整理得到。

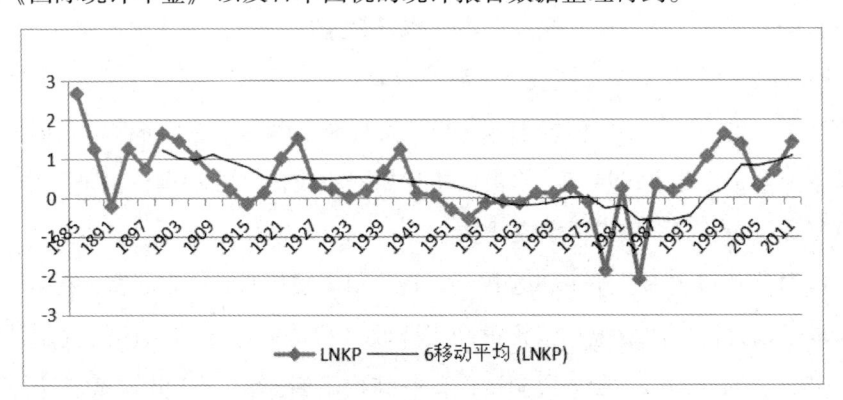

图 2-16 日本 LNKP 指数

数据来源：由《帕尔格雷夫世界历史统计：欧洲卷》、新浪财经数据库数据、《国际统计年鉴》以及日本国税的统计报告数据整理得到。

B、金砖国家税收累进性历史变化轨迹考察

1. 巴西

19世纪中期开始，巴西经济纳入世界市场，咖啡、糖、烟草和棉花等农产品交易量逐年增加，但1870年以后，巴西的农业发展却逐渐向单一的咖啡种植方向发展，导致巴西经济发展的畸形结构。这个历史时期的巴西工业技术相对落后，本国的工业生产被外国资本控制。

1900年至1929年，巴西经济在初级产品出口驱动下有一定增长。1929年至1931年，全球经济大萧条，随着贸易条件急剧恶化，国际收支严重不平衡。1939年，第二次世界大战爆发，战争使得国际市场对初级产品的需求增加，为巴西启动进口工业替代战略提供了相应的资金保障。

1945年至1964年是工业大发展阶段，期间有4个经济增长周期，且波动越来越大。主要原因在于该时期的巴西经济主要靠投资拉动，投资波动较大导致经济增长波动明显。20世纪60、70年代以来，巴西全面推进工业化和城市化进程，顺利地从低收入国家进入到中等收入国家行列。在20世纪70年代两次石油危机的外部冲击下，前阶段经济高速增长带来的种种弊端开始显露。1980年至1994年，巴西经济增长缓慢，且波动较大，经济大幅度地升降给巴西经济发展带来了严重的破坏。1986年至今，巴西实行新自由主义的经济改革发展模式，经济逐渐开始复苏。1994年，"雷亚尔计划"推出后，控制国内高通货膨胀率和恢复经济增长方面取得一定成就。

巴西自1889年建立联邦共和国后，逐步引入现代西方税收制度，在20世纪初形成了以关税、消费税、销售税和工业收入税等间接税为主体的税制结构。1924年，巴西开始引入所得税制度，税制结构不断完善。20世纪30年代至60年代初，巴西对税收实行集中统一管理和直接控制；1964年工业产品税替代中央消费税，1967年商品流通替代联邦政府的销售税，实现了消费税、销售税向增值税的转型；1964年至1967年，扩大了预提税的范围、消除税收豁免以及重新界定边际税率，税收征管能力提高，以上改革使得该历史时期巴西所得税收入迅速增长。1964年，巴西建立统一的社会保障制度，直接税占比提高，在1972年突破40%，并在此后一直保持在40%—60%，标志了巴西税制结构实现了由间接税为主体到双主体的转变。伴随着税制结构的完善，关税地位逐步下降。巴西自20世纪70年代初形成双主体税制结构以来，进入税制结构相对稳定的时期。

巴西税收累进性的计算方法采用KP指数法，KP指数计算过程中所需GDP和税收数据选取巴西1861年至2016年一百五十多年的数据，相关数据由《帕尔格雷夫世界历史统计：美洲卷》《国际统计年鉴》和新浪财经数据库整理得到。其中，鉴于在考察研究的历史年间巴西货币经历了三次变更，第一次变更为由米尔累斯转为使用克鲁塞罗，第二次变更为由克鲁塞罗转为使用新克鲁塞罗，第三次变更为由新克鲁塞罗转为使用雷亚尔，因此获得的历史数据其衡量货币不相同，需要将其转化为同一货币标准衡量的数据后再进一步计算KP指数。由于在总体研究阶段中，克鲁塞罗作为货币的年限最长，故将数据转化为同一货币标准衡量克鲁塞罗，并以三年为一期，计算该三年期内的平均税收累进性。（如1864年的KP指数数据代表1864、1865、1866年三年间的平均税收累进性）

处于经济发展的不同时期，政府对税收政策也会做出不同的调整，税收累进性历史发展规律呈现"下降—上升—下降—再上升"的周期性特征，大致分为四个阶段：（1）1889年至1947年，经济起飞阶段即独立后到世界两次世界大战前的经济发展时期，税收累进性逐步下降。（2）1948年至1993年，成熟阶段即二战后经济增长阶段，税收累进性明显上升。由于KP指数对经济中的波动性比较敏感，特别是由于金融危机导致的经济波动，会导致宏观数据由于外部因素而非内部因素出现较大波动。此阶段经历20世纪80年代的债务危机时期，经济增长缓慢，因此累进性也经历了突变，波动幅度大。（3）1994年至今，大众高消费阶段即经济调整复苏，在新自由主义改革的推动下，巴西逐渐转变经济增长模式，经济开始复苏，税收累进性增速下降，保持较高水平。2006年后，超越大众高消费阶段即新一轮稳定增长时期，总体税收累进性平稳，有上升趋势。

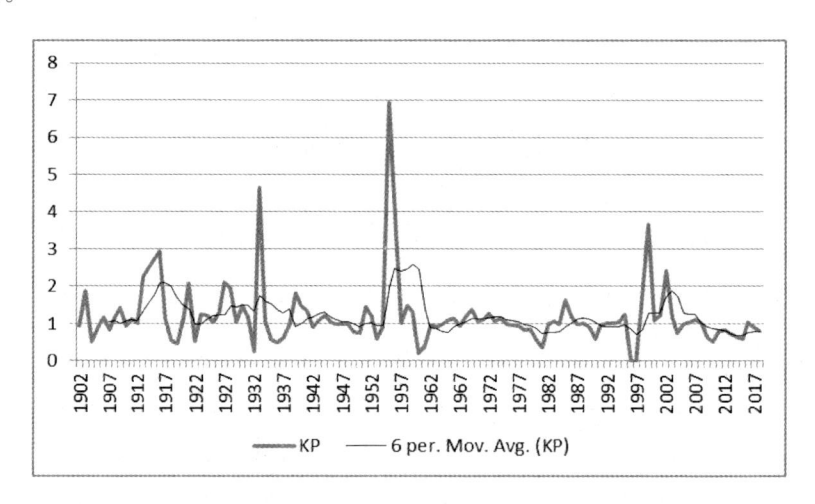

图 2-17　巴西税收累进性 KP 指数

数据来源：由《帕尔格雷夫世界历史统计：美洲卷》《国际统计年鉴》和新浪财经数据库整理计算得到。

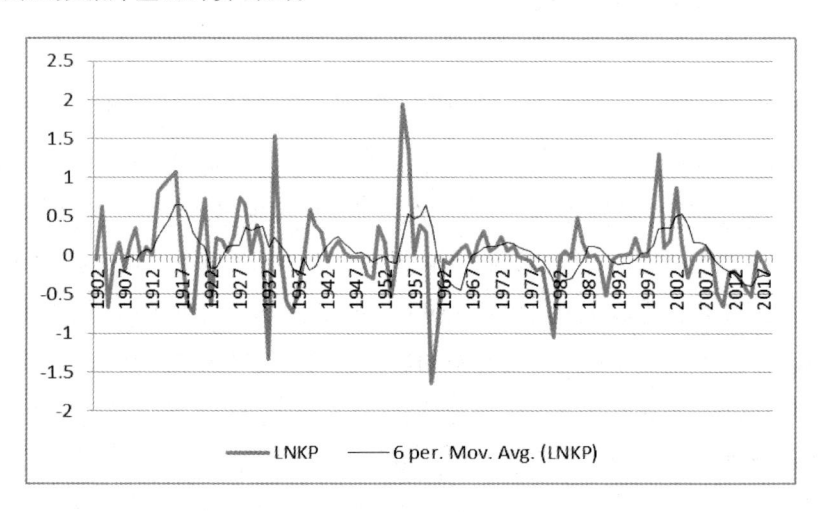

图 2-18　巴西 LNKP 指数

数据来源：由《帕尔格雷夫世界历史统计：美洲卷》《国际统计年鉴》和

新浪财经数据库整理计算得到。

由以上巴西经济发展史以及 KP 指数变化趋势可见,经济发展程度与税收累进性(KP 指数)之间存在密切的相关关系。税收累进性波动较大,表示经济处于激烈发展阶段;在经济起飞阶段,税收累进性很小;在经济发展成熟阶段,税收累进性呈现明显增加趋势,累进性大于 1,且保持稳定,表示经济发展情况较好;在大众高消费的阶段,税收累进性变化趋势为增速变慢,在超越大众消费阶段,税收累进性将不断降低。

2. 俄罗斯

俄罗斯的经济转型过程可分为两个部分,分别是由叶利钦主导的"激进市场化阶段"和由普京推动的"有控制的市场化"。

叶利钦时代的激进式经济转型主要政策包括:(1)财政和货币"双紧"政策,控制通货膨胀。(2)价格和贸易自由化。全面放开物价以及外汇管制,由市场自行调节。(3)大规模推行私有化。然而,激进的经济转型使俄罗斯的经济受到打击,出现倒退现象。私有化使得国有企业落入权利层手中,导致了严重的贫富分化。

普京上台之后,采取了比较稳妥的渐进经济转型政策。主要政策包括:(1)彻底抛弃了新自由主义政策,加强了国家对经济的宏观调控。普京主张保护公民财产权,保护私有化成果,加强对企业产权的界定和管理,改革税制,整顿银行体系和金融市场。(2)加强国有资产的管理,提高国有资产管理的效率,加强对国民经济命脉的控制。这些政策推动了俄罗斯自 2000 年起的经济增长,俄罗斯经济进入了新的复苏发展阶段。俄罗斯产业结构优化,第一产业的产值比重降幅最大,第二产业比重基本保持稳定,第三产业的比重则不断提高,第三产业占国内生产总值的比重逐步接近发达国家。

建国初期(1992 年—2001 年)俄罗斯在税制改革和税制结构方面,采取了"一步到位"的改革方式,即全面借鉴西方的税制结构。在推出的第一轮改革中,在间接税方面开征增值税和消费税,把过去苏联实行的居民所得税改为自然人所得,将利润上缴改为利润税,调整进出口关税,设立财产税、不动产税等。因此，从税制结构看，俄罗斯的税收收入结构形成了直接税、间接税并重的"双主体"模式，两者的相对地位随时间有所起伏，变化幅度较小；从税类结构看，以货劳税、所得税为"双主体"，并且货物税、劳务税、进出口税比重更高。在这段时期，俄罗斯虽然较为快速地建立现代税收体制，但由于所得税税率过高、征管水平较落后、偷漏税现象较多，一定程度上阻碍了所得税的增长，使得整个税收制度较为混乱。

发展期（2001年—2018年），在第二轮税制改革的影响下，俄罗斯直接税占比逐渐增加并超过间接税。俄罗斯针对劳务税比重下降采取主要措施有取消一系列间接税，如取消公路使用税、燃油销售税、汽车运输购置税，并于2004年取消销售税等；降低增值税税率，2004年下调增值税的标准税率，由20%降至18%；对小企业以单一税制代替增值税。这些措施导致间接税税收收入增长相对缓慢，虽然出口关税收入因对外贸易额增长而增长迅速，但整体上间接税占比有所降低。在该阶段的改革与发展下，俄罗斯的税制结构进一步得到优化，税收组合更为清晰简明，直接税地位有所上升，但税制结构仍是以直接税、间接税并重的"双主体"模式，并逐渐形成了以货劳税、所得税、进出口税均高的"多主体"模式。

俄罗斯税收累进性的计算方法采用KP指数法，由于俄罗斯联邦于1991年成立，其可获得GDP和税收数据较少，KP指数计算过程中所需GDP和税收数据选取俄罗斯1999年至2016年十八年的数据，相关数据由《世界银行数据库》和新浪财经数据库整理得到，衡量货币为俄罗斯本位币卢币现价。数据转化为同一货币标准衡量以后，选用年度数据，并以三年为一期，计算该三年期内的平均税收累进性（如1999年的KP指数数据代表1999、2000、2001年三年间的平均税收累进性）。俄罗斯税收累进性（KP指数）变化轨迹如图2-19所示，将KP指数取自然对数得到LNKP的变化趋势图（如图2-20所示），两个阶段的变化趋势体现得更加明显。

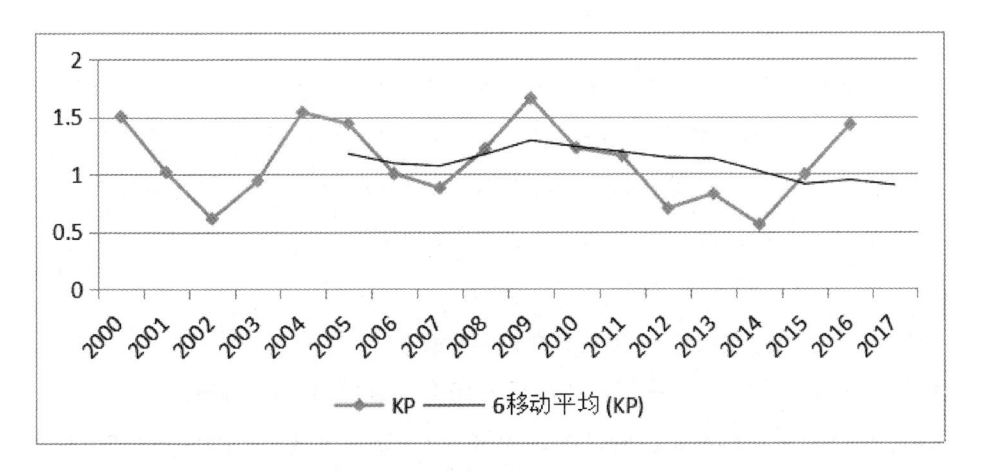

图 2-19 俄罗斯税收累进性 KP 指数

数据来源：由《世界银行数据库》和新浪财经数据库整理得到。

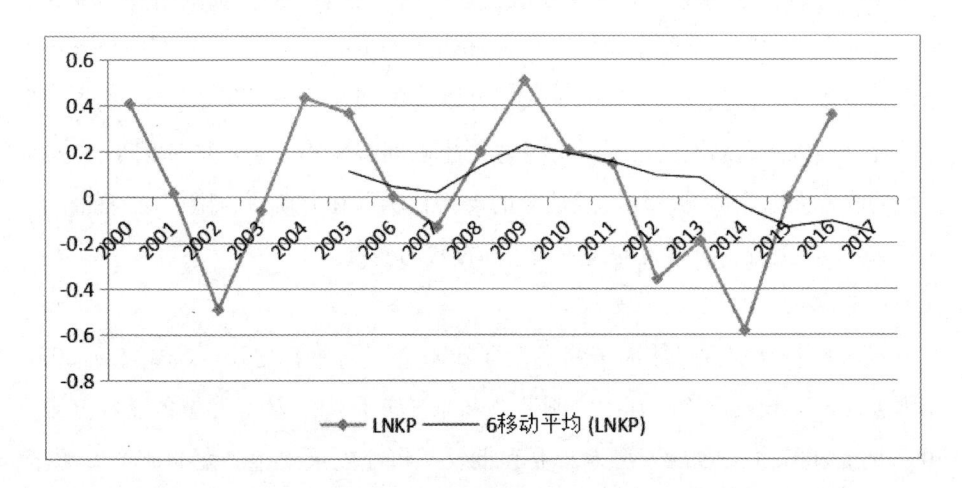

图 2-20 俄罗斯 LNKP 指数

数据来源：由《世界银行数据库》和新浪财经数据库整理得到。

2001年至2003年KP指数的不断上升以及2003年至2008年KP指数一直保持在1周围上下波动是近些年来石油、天然气等资源的国际价格不断上涨使基数增加以及所得税税率下降的综合作用以及增值税税率比重的动态下降导致的综合结果，主要还是石油价格上涨的作用大于税率的下降。KP的上升以及围绕1的动态变化，在2008年达到最高点，此时的增值税、消费税占GDP比重是最低的，在2008年石油的每桶价格达到最高。

2008年之后，由于受到国际金融危机的影响，石油、天然气的国际价格下跌使得KP逐渐下降。另外，2009年与2010年，政府出台政策降低企业所得税，遏制企业支付危机的蔓延，所以在2009年KP下降速度放缓。2009年至2013年增值税占GDP比重不断上升，而企业所得税在经历金融危机后处于缓慢复苏的阶段，所以2009年至2013年总体的趋势是下降的，且在此阶段间接税的比重略高于直接税的比重。

2013年，由于乌克兰事件等政治因素，欧美国家对俄罗斯进行经济制裁，使俄罗斯大量的石油不能出口欧美，外部资本的流失，卢布的贬值使俄罗斯的经济急速倒退。在此阶段，政府加大对经济的扶植投入，世界银行也向俄罗斯进行经济支援。商品流通，提供劳务等产生的间接税由于经济的原因下降，而企业的收入大部分来源于政府或社会的支持，所以在此阶段，由于政府的干预使得KP不断上升，直接税的比重大于间接税的比重。

3. 南非

南非1994年废除种族隔离制度，至2000年经济平稳增长，2002年至2007年则进入较快增长周期。其中，制造业和采矿业是南非经济发展的支柱产业，2002年至2007年，金融、房地产业和批发零售业发展迅速。南非矿产资源丰富，主要出口以煤炭、金矿、铁矿、钻石珠宝以及机械和车辆类产品为主。此外，南非大量进口石油和石化产品，以及高附加值的机械和电子类产品，与美国、欧盟、日本、中国和印度的贸易量呈现增长趋势。

南非的税收体系中，主要税种包括个人所得税、企业所得税、增值税、资本利得税、消费税以及其他税种。南非税制以直接税、间接税为"双主体"，直接税比重较大，其中个人所得税是南非的第一大税种，在发展中国家中独树一帜。南非"双主体"税制的形成取决于多方面的因素，与经济因素、税制改革、征管条件等有密切的关系。所得税、流转税收入是南非的主要税收收入，而财产税及其他税所占的比例比较低。南非的税系结构和税类结构总体比重相对稳定，但具体的税种结构有变化。1994年南非进行了一系列财税改革，以减税措施为主，个人所得税比重逐渐降低、企业所得税比重呈现上升趋势，而流转税和财产税占比基本不变。

KP指数计算过程中所需GDP和税收数据选取南非1826年至2016年一百九十年左右的数据，相关数据由《帕尔格雷夫世界历史统计：非洲卷》《国际统计年鉴》和新浪财经数据库整理得到，其中，由于1826年至1961年帕尔格雷夫世界历史统计非洲卷中南非GDP数据缺失，故未能计算此年间的KP与LNKP。1935年南非镑与英镑脱钩，1961年南非联邦改为南非共和国，南非在1961年前所采用的货币为南非镑，1961年2月南非兰特取代南非镑，兑换比率为2兰特=1南非镑。鉴于查找到的1826年至1961年间南非税收收入数据，我们对与税收相关的数据进行了货币单位换算，将1961年前的南非镑换算为南非兰特。1994年至1999年，税收收入的数据在南非政府年鉴［South Africa］、南非统计［South African Statistics］、国际统计年鉴中均缺失。在数据转化为同一货币标准衡量以后，又由于历史考察期限较长，无法获得详细的季度数据来计算每年的税收累进性，因此选用年度数据，并以三年为一期，计算该三年期内的平均税收累进性（如1874年的KP指数数据代表1874、1875、1876年三年间的平均税收累进性）。

南非税收累进性（KP指数）变化轨迹大致呈现了其累进性生命周期变化过程的前两个阶段：经济起飞阶段与成熟阶段（如图2-21所示），将KP指数取自然对数得到LNKP的变化趋势图（如图2-22所示），两个阶段的变化趋势体现得更加明显。

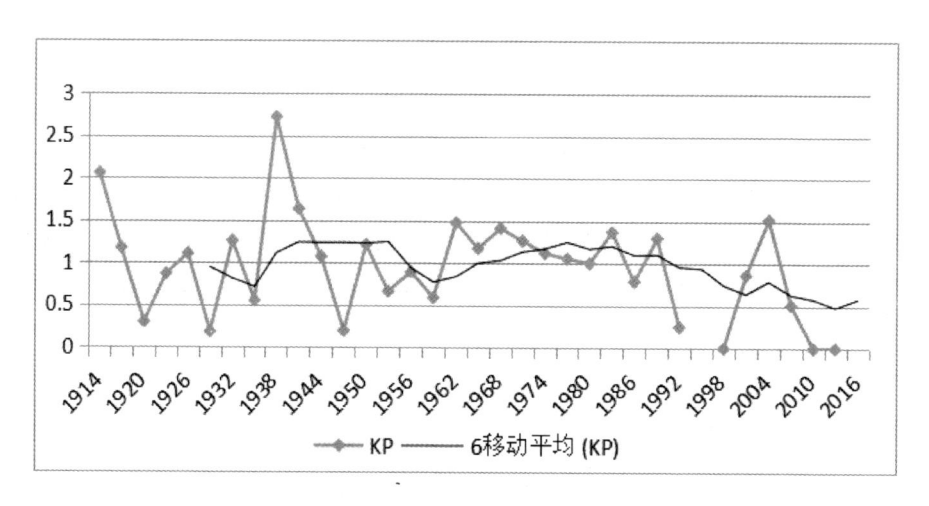

图 2-21 南非税收累进性 KP 指数

数据来源：由《帕尔格雷夫世界历史统计：非洲卷》《国际统计年鉴》和新浪财经数据库整理计算得到。

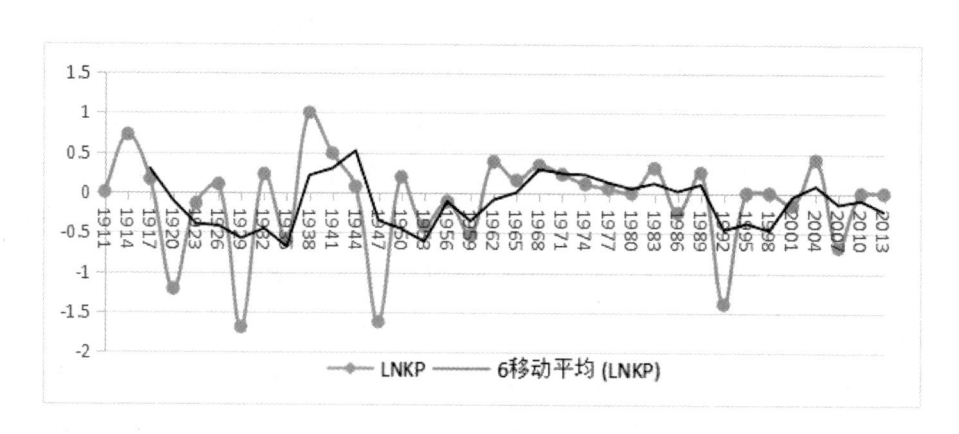

图 2-22 南非 LNKP 指数

数据来源：由《帕尔格雷夫世界历史统计：非洲卷》《国际统计年鉴》和新浪财经数据库整理计算得到。

1930年至1970年，由于南非工业化起步较早，市场化经济发展极快，国内生产总值平均7.3年翻一番，这可以归纳为税收累进性生命周期的第一个阶段。1930年至1947年，KP指数从0.18上升至2.70后稳定在1.5区间，该阶段内整体税收累进性呈现不断上升的变化趋势。在这个大阶段内可以进一步细分为两个小的阶段：一是1929年的0.18到1932年的1.26再进一步激增到1938年的2.70；二是1938年的2.70回落至1950年的1.21再稳定在1972年的1.0。第二个阶段是1972年至1994年，南非种族隔离制度使国内矛盾日益尖锐，增长奇迹难以为继，20世纪70至80年代末经济减速甚至出现负增长，大多数年份的KP指数小于1即税收呈现累退性。1994年新南非建立后，曼德拉政府施行稳健的经济政策，并不过分追求短期增长，因而这一时期的南非经济踟蹰不前，直接税的比重虽有所提升但并不稳定。第三个阶段是20世纪90年代至今，税收累进性呈现较为明显的上升趋势，KP指数取值在2004年上升为1.5。由以上南非经济发展史以及KP指数变化趋势可见，经济发展程度与税收累进性（KP指数）之间存在密切的相关关系。

4. 印度

印度于1886年从英国引入所得税制，建立了印度税制结构的雏形。1947年独立以后，逐步开征了遗产税、赠与税、财富税以及超额利润税等，并在1986年实施了有限度增值税。印度税种包括公司所得税、个人所得税、财富税、农业税、利息税、赠与税、消费税、销售税、有限度增值税、关税等10个税种。现如今印度税制以间接税为主。

印度税收累进性的计算方法同样采用KP指数法，KP指数计算过程中所需GDP和税收数据选取印度1810年至1993年一百八十年左右的数据，相关数据由《帕尔格雷夫世界历史统计：亚洲 非洲 大洋洲卷》《国际统计年鉴》和新浪财经数据库整理得到。鉴于历史考察期限较长，无法获得详细的季度数据来计算每年的税收累进性，因此选用年度数据，并以三年为一期，计算该三年期内的平均税收累进性。印度税收累进性的变化轨迹大约可以分为三个阶段（如图2-23所示），将KP指数取自然对数得到LNKP的变化趋势图（如图2-24所示),三个阶段的变化趋势体现得更加明显。

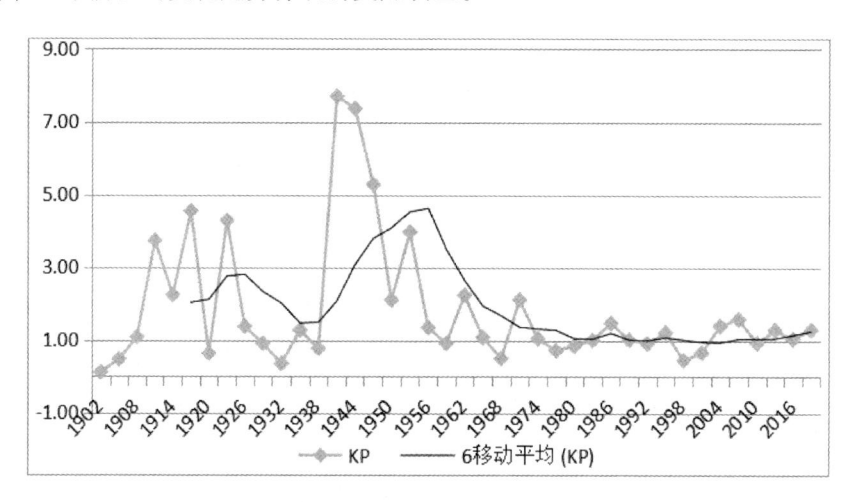

图 2-23 印度税收累进性 KP 指数

数据来源:由《帕尔格雷夫世界历史统计:亚洲 非洲 大洋洲卷》《国际统计年鉴》和新浪财经数据库整理计算得到。

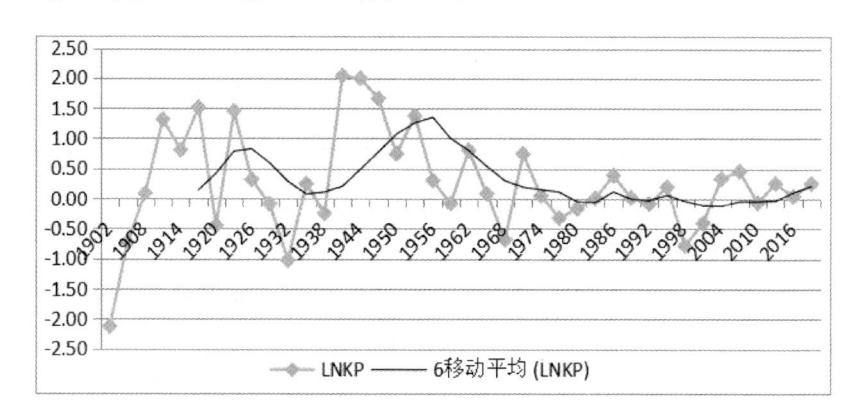

图 2-24 印度 LNKP 指数

数据来源:由《帕尔格雷夫世界历史统计:亚洲、非洲和大洋洲卷》《国际统计年鉴》和新浪财经数据库整理得到。

从20世纪初至20世纪40年代，可以归纳为印度税收累进性的第一个阶段，印度当时处于英国的殖民统治之下，同时印度民族运动分裂，第一次世界大战对印度民族主义的发展带来了重大影响。1919年4月13日发生英军屠杀印度群众的阿姆利则惨案。政局不是特别稳定，税收的累进累退性相互交替。

20世纪40至60年代为印度税制的第二阶段。二战结束后，英国实力急剧衰落，1946年发生印度皇家海军起义。巴基斯坦和印度两个自治领分别于1947年8月14日和8月15日成立，英国在印度的统治宣告结束。政局稳定，一系列改革应运而生，KP指数急剧上升，税收累进性大大增加，其中间接税占绝大部分。

20世纪60至90年代为印度税制的第三阶段。印度在1971年的第三次印巴战争中大获全胜，但也付出了倒向苏联的政治代价。21世纪初的印度，已成为世界新兴经济体之一、金砖国家之一，经济产业多元化，此阶段少数时间累退，大部分时间是累进的。

C、OECD国家税收累进性历史变化轨迹考察

1. 爱尔兰

爱尔兰自20世纪90年代初开始经济繁荣，快速发展。爱尔兰自20世纪60年代开始为经济发展做出各种努力，从1970年初开始，爱尔兰的生产率大幅增长，超过大部分的发达经济体。直至2000年，爱尔兰的劳动生产率已经极为接近美国的水平。

自2007年起，爱尔兰的成功因素已经开始慢慢衰退，2007年的金融危机，尤其是房地产泡沫的破裂，加剧了经济衰退，导致了大量失业，社会福利支出大幅攀升，税收锐减，财政急剧恶化。爱尔兰的银行业也因为高度依赖房地产市场，所以在这一崩溃下，银行系统加剧恶化，这一切使得爱尔兰的经济迅速走向危机。近年来，爱尔兰通过降低税率、加大对创业的投资、和英国的学校合作发展领先技术及产业、移民回流等有效手段恢复、促进了经济的发展，使得国家经济进入了发展的崭新时期。

80年代后期至今，世界主要国家均在进行税制改革，主要做法包括调整结构、简化税制、扩大税基、降低税率，使间接税更加体现公平与中性原则，更具有透明度。而爱尔兰1988年提出的税改方案，其侧重点不放在税收制度改革，而致力于税收征管改革上，实践证明，1988年以征管为中心的税制改革效果显著。

爱尔兰税收组合结构的现状总体上表现为：（1）从税系结构上来看，以直接税为主体（2017年直接税占税收总收入86%左右）。（2）从税类结构上来看，以所得税为主体（2017年个人所得税、公司所得税、统一社会税之和占比超过50%）。（3）从税种结构上来看，以个人所得税为主体（2017年个人所得税占比31%）。

爱尔兰税收累进性的计算方法同样采用KP指数法，KP指数计算过程中所需GDP和税收数据选取爱尔兰1949年至2013年六十年左右的数据，相关数据由《帕尔格雷夫世界历史统计：欧洲卷》《国际统计年鉴》和新浪财经数据库整理得到。1949年至1953年可以归纳为税收累进性生命周期的第一个阶段，在该阶段内，整体税收累进性呈现不断下降的变化趋势，该阶段KP指数大多小于1，即税收呈现累退性。1953年至1981年可以归纳为税收累进性生命周期的第二个阶段，在该阶段内，整体税收累进性呈现较稳定趋势，该阶段总体KP指数大于1即税收呈现累进性。其中1959年、1971年前后KP指数小于1，呈现短暂累退性。

1981年至2013年可以归纳为税收累进性生命周期的第三个阶段，在该阶段内，整体税收累进性呈现起伏不定的变化趋势，其中可以细分出三个阶段：（1）1981年至1989年，该阶段总体KP指数小于1即税收呈现累退性。（2）1989年至1995年，该阶段总体KP指数大于1即税收呈现累进性。（3）1995年至2013年，该阶段总体KP指数变化较大。爱尔兰在此阶段KP指数的变化较大，主要是受经济危机的影响。从金融危机前后爱尔兰税收政策变化的情况看，其具有如下特点：（1）维持12.5%的公司所得税低税率不变；（2）税收政策调整从危机前的减税政策转向危机后的增税政策；（3）没有采取有针对性的刺激经济一揽子计划;(4)增税方式多样化;(5)减税措施主要是鼓励研发、节能环保和促进中小企业发展。

爱尔兰税收累进性(KP 指数)变化大致分为三个阶段:第一阶段为 KP 指数迅速上升时期(1949 年至 1955 年)。这一阶段以间接税为主体,并且是爱尔兰成立共和国的阶段,政治环境比较稳定;经济上是工业发展时期,整体经济发展水平较低,但发展速度较快,财富积累较快,并且在 20 世纪 50 年代,爱尔兰建成了世界上最早的出口加工区——香农,开始实行对外开放政策,并以此带动了爱尔兰中西部地区的经济发展。

在经济发展初期,政府重视效率因素一般选择间接税为主体的税种。间接税的优势体现在:一方面,税收征管方便,税负痛感较低;另一方面,间接税由于税源广泛,在筹集财政收入上相比直接税更具有优势。对应于此阶段的税收收入结构情况是:税收收入结构变化平稳,归因于相对稳定的政治经济环境;税收收入结构整体呈现出累退性,表现在多数年份的 KP 指数处于小于 1 的状态,高峰时期 1955 年 KP 值达到 5.5。

第二阶段为爱尔兰政局动荡时期时期(1955 年至 1961 年)。此阶段是间接税为主体。这一阶段爱尔兰经历了严重的危机事件,税收累进性呈陡坡式下降,主要原因是南北爱尔兰分离之后遗留下来的历史问题。在这几年里,北爱尔兰情况复杂,民族构成混乱,南北两派冲突的血腥画面不断刺激着人们的眼球。在此次政治危机面前,爱尔兰税收收入结构中 KP 指数小于 1,居民收入无法保障,税制结构为以间接税为主,导致了其累进性的急剧下降。表现在 KP 指数上,由 1955 年的高峰值 5.5 降低到 1961 年的接近 0 值。

第三阶段为追求税收的稳定和公平发展时期(1961 年至今)。此阶段的税制结构以直接税为主体。在危机平息后,爱尔兰迎来了工业的繁荣时期,同时电子科技开始起步发展,站在了世界的领先地位。这一阶段的税收收入结构整体比较稳定,表现在 KP 指数上,出现小范围波动接近于 1 的趋势。

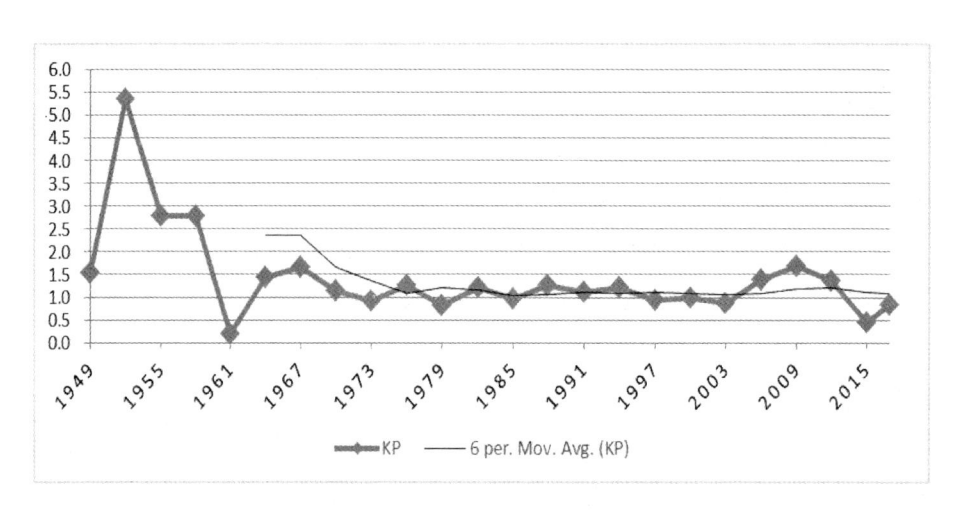

图 2 - 25 爱尔兰税收累进性 KP 指数

数据来源：由《帕尔格雷夫世界历史统计：欧洲卷》《国际统计年鉴》以及新浪财经数据库整理得到。

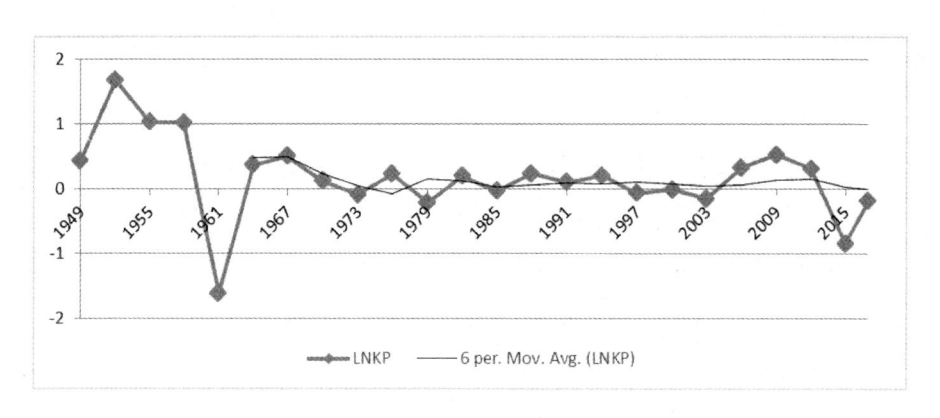

图 2 - 26 爱尔兰税收累进性 LNKP 指数

数据来源：由《帕尔格雷夫世界历史统计：欧洲卷》《国际统计年鉴》以及新浪财经数据库整理得到。

同时其税收的累进性有轻微上升的趋势。原因是世界经济危机过后，凯恩斯主义开始盛行，政府的宏观目标也由注重效率转向更加注重公平，财政支出不断扩大，社会保障功能完善，高税收、高保障的福利国家体制形成。税收收入中，直接税如社会保障税比例不断提升，间接税如流转税比例不断下降。因此，税收累进性呈平稳上升的趋势。

进入20世纪以来，爱尔兰始终坚持高福利发展模式，其所得税税率达到35%—60%，个税及社会保障税合计占比超过60%。因此，从目前来看，其税收收入结构整体呈现累进性。

2. 爱沙尼亚

爱沙尼亚于1994年加入北约，1999年大部分受1998年8月的俄罗斯金融危机的影响，爱沙尼亚经济遭受自1991年独立以来最严峻的危机。爱沙尼亚于1999年9月加入世界贸易组织，并于2004年5月1日加入欧盟。2011年1月1日，爱沙尼亚加入欧元区。由于加入欧盟，爱沙尼亚在税收政策上做了很大的调整，出现了一些前所未有的税种，原有的税种、税率也发生了变化。爱沙尼亚加入欧盟，成为世界上最开放、最活跃的经济体之一。爱沙尼亚通过货币政策、鼓励投资、简化税制、实行对外开放等方式成功转型。

爱沙尼亚是税收改革的大胆践行者，第一个实施统一的低税率。自独立以后，爱沙尼亚经济上实行完全自由市场经济体制。加入欧盟前，爱沙尼亚的税法是1994年开始实行的，之后经过多次修改，主要税种有所得税、增值税、社会税、土地税、国内消费税等。加入欧盟后，爱沙尼亚的税收体制有所变动，逐渐降低所得税率。入盟后根据欧盟规定必须征收消费税，爱沙尼亚政府于是从2005年1月起对油页岩、天然气、石煤、焦炭等征收消费税。

爱沙尼亚税收累进性的研究采用KP指数法，KP指数计算过程中所需GDP和税收数据选取爱沙尼亚1995年至2016年二十年左右的数据，相关数据由《帕尔格雷夫世界历史统计：欧洲卷》、OECD官方网站和新浪财经数据库整理得到。其中，爱沙尼亚于1991年独立，由于刚刚建国，在查阅大量文献及数据库后，关于爱沙尼亚1991年至1994年的相关数据仍无法得到。鉴于此原因，本次对爱沙尼亚的税制研究就从 1995 年开始。由于统计的数据为年度数据，因此在计算 KP 的时候，以三年为一期，计算该三年期内的平均税收累进性 KP，按照三年中的最后一年填列。爱沙尼亚税收累进性（KP 指数）变化轨迹呈现平缓状态（如图 2-27 所示），将 KP 指数取自然对数得到 LNKP 的变化趋势图（如图 2-28 所示）。

整体来说，爱沙尼亚税收 KP 指数处在小于 1 的位置，呈现累退性。在 1999 年至 2001 年期间，KP 指数为 0.68，呈现出较强累退性。1999 年爱沙尼亚遭受自 1991 年独立以来最严重的经济危机的影响，经济处于较低水平。实行较强的累退税率有利于刺激生产者做出积极的反应，有利于效率的提高。另外，1999 年新的社会税法、所得税法、增值税法的生效实施，爱沙尼亚在税收结构上的调整导致了累退性的增强。

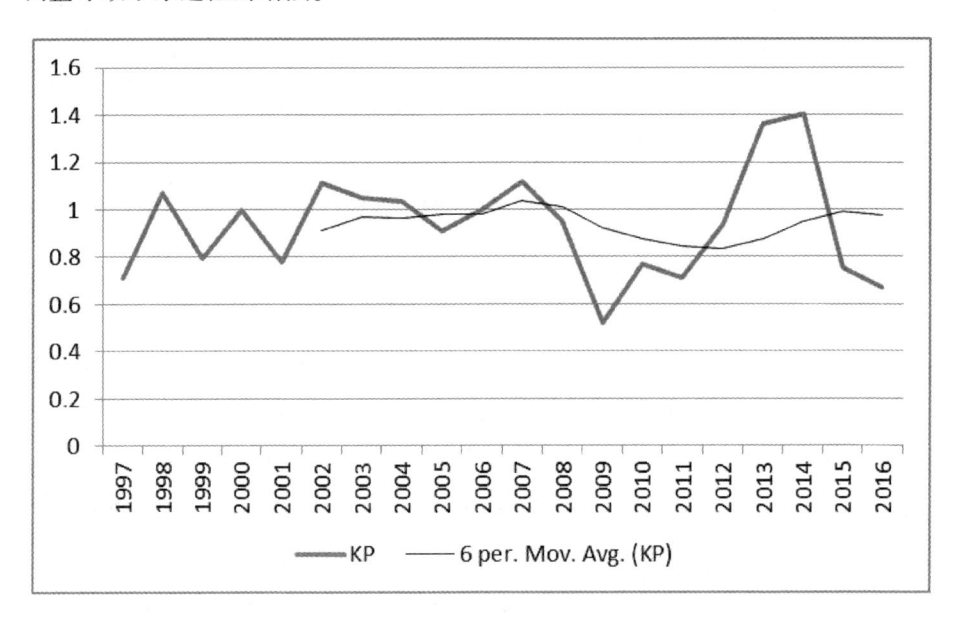

图 2-27 爱沙尼亚税收 KP 指数分布图

数据来源：由《帕尔格雷夫世界历史统计：欧洲卷》、OECD 官方网站和新浪财经数据库整理得到。

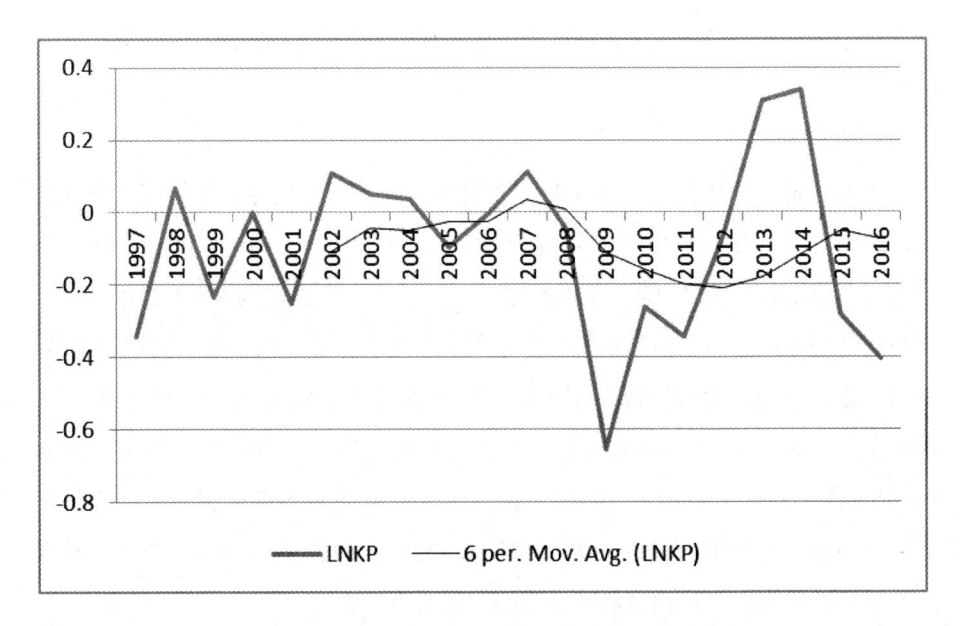

图 2-28 爱沙尼亚税收 LNKP 指数分布图

数据来源：由《帕尔格雷夫世界历史统计：欧洲卷》、OECD 官方网站和新浪财经数据库整理得到。

在 2002 年至 2004 年期间，KP 指数为 1；在 2005 年至 2007 年期间，KP 指数为 1.09 均表现出税收的中性。而在 2008 年至 2010 年期间，KP 指数回降到 0.68，呈现出较强的累退性。在 2008 年初，爱沙尼亚经济进入衰退时期，当地政府于年底通过第一个财政整顿计划，税收负担加重。在 2011 年至 2013 年期间，爱沙尼亚经济回转，KP 指数为 1.03，处于税收中性水平。但在 2014 年至 2016 年期间，一方面由于受到欧债危机影响，对外贸易下降；另一方面，由于以房地产行业为主要增长点的行业呈现下滑趋势，农业总产值下降，国民经济各行业的发展不够均衡。为了促进经济的发展，提高效率，因此税收呈现累退性。

总体来说，由于爱沙尼亚刚刚成立，税制的较低累进性甚至累退可以通过提高效率刺激经济发展。由以上 1995 年以来的爱沙尼亚经济发展史以及 KP 指数变化趋势可见，经济发展程度与税收累进性（KP 指数）之间存在密切的相关关系。

3. 奥地利

奥地利是一个高度发达的资本主义国家，也是当今世界上最富裕的国家之一，2010 年国内生产总值为 2840 亿欧元，人均国内生产总值 39100 为欧元，国内生产总值增长率为 2.0%。通货膨胀率为 1.9%；失业率为 4.5%，可以看出奥地利是一个十分强大和具有影响力的国家，钢铁工业、化工业，机械制造业，汽车工业，消费品业共同成就了奥地利的工业繁荣，服务业占据着重要份额。国民生产总额中仅有 2.2% 来自第一产业（农业和林业），30.3% 来自第二产业（商品生产，能源，矿山），而国民生产总额的 67.5% 来自第三产业（服务行业，金融业，公共服务业，贸易，交通和旅游）。总体上可以说，工业、旅游业、对外贸易构成了拉动奥地利经济的三大龙头行业。

1994 年 1 月 1 日起，奥地利取消对自然人或法人征收财产，对有关发展所有工农业部门进行广泛征税。对公司所得税税率统一定为应纳税所得的 34% 以及对个人所得税实行五级的超额累进税率。2005 年，奥地利实施了旨在减轻企业负担的税制改革，公司所得税由 34% 降至 25%，不征收资产税或交易税。自 2006 年以来，奥地利税法的立法重点从以前的大企业转向在国民经济中占有重要位置的中小企业。2015 年，奥地利改革个人所得税制度，调整了个人所得税税率及一些特定产业的赋税，把奥地利整体税费比例降至 40% 以下，减税方案的核心是大幅调低对个人收入的课税税率，课税门槛依然以年收入 1.1 万欧元为起点，这是奥地利第二共和国建立以来规模最大的税改。

奥地利实行联邦、州和地方三级征税制度，税收立法和征收权主要集中在联邦。奥地利税收制度分为三大体系：社会保障税类、资本收益税类、增值税，其中社会保障税占税收总额的比重为第一。奥地利现行税制中的主要税种有：公司所得税、个人所得税、增值税、遗产和赠与税、社会保障税、不动产税、土地转让税、资本转让税和印花税等。奥地利是以直接税为主的国家，2000 年的税收收入中，征收的直接税占 70% 以上，间接税则不到 30%，其税制结构是以所得税和流转税为主体的复合税制。

奥地利税收累进性的计算方法同样采用 KP 指数法，KP 指数计算过程中所需 GDP 和税收数据选取奥地利 1979 年至 2014 年三十五年左右的数据，相关数据由《帕尔格雷夫世界历史统计：欧洲卷》《国际统计年鉴》、世界财政概览和新浪财经数据库整理得到。数据转化为同一货币标准衡量以后，又鉴于历史考察期限较长，无法获得详细的季度数据来计算每年的税收累进性，因此选用年度数据，并以三年为一期，计算该三年期内的平均税收累进性（如 1979 年的 KP 指数数据代表 1979、1980、1981 三年间的平均税收累进性）。奥地利税收累进性（KP 指数）变化轨迹大致呈现了税收累进性生命周期变化过程的三个阶段：经济起飞阶段、稳定阶段与成熟阶段（如图 2-29 所示），将 KP 指数取自然对数得到 LNKP 的变化趋势图（如图 2-30 所示），三个阶段的变化趋势体现得更加明显。

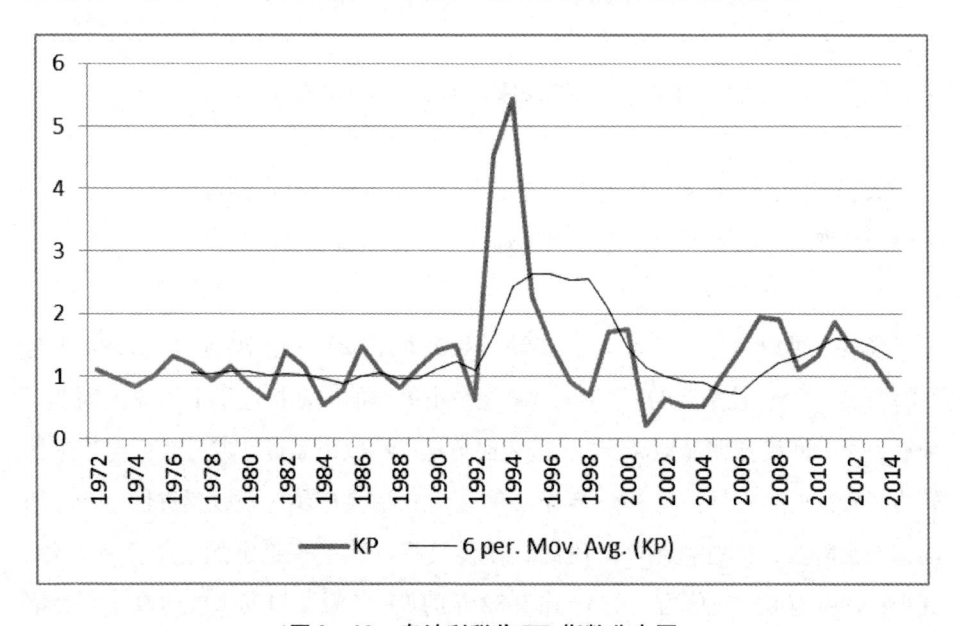

图 2-29　奥地利税收 KP 指数分布图

数据来源：由《帕尔格雷夫世界历史统计：欧洲卷》《国际统计年鉴》、世界财政概览和新浪财经数据库整理得到。

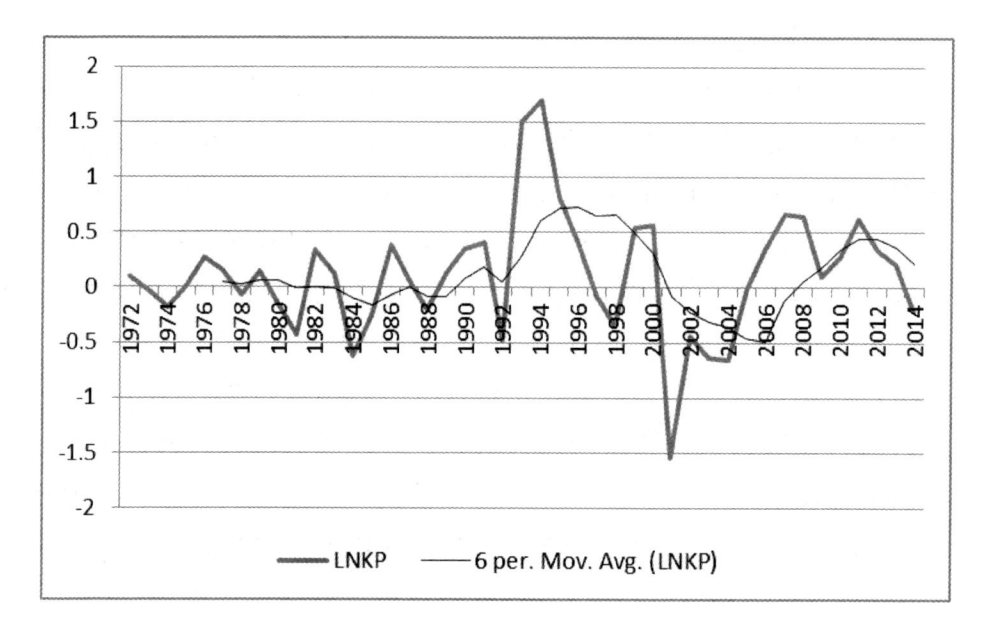

图 2-30　奥地利税收累进性 LNKP 指数

数据来源：由《帕尔格雷夫世界历史统计：欧洲卷》《国际统计年鉴》、世界财政概览和新浪财经数据库整理得到。

经观察可以得知，三次较大波动分别发生在 20 世纪 70 年代、1994 年与 2005 年这三个比较重要的时间点。KP 指数由原本的波动接近于 1 迅速大幅度下降后，又一跃变成明显地高于 1，这表明奥地利税收由累退性或是较低的累进性转为了较高的累进性。将 1979 年至 1994 年这一时期归纳为税收累进性生命周期的第一个阶段，奥地利在该阶段内整体税收累进性呈现稳定的上下浮动趋势。其中，1991 年的 KP 值为 1.1458 和 1982 年的 KP 值为 1.1108 均大于 1，而大多数年份的 KP 指数小于 1 即税收呈现累退性。在此阶段，税制的累进性较低甚至累退可以通过提高效率刺激经济发展。通过对 KP 与 LNKP 两幅统计图趋势线的观察，奥地利表现出稳定的税收累进性。由以上奥地利经济发展史以及 KP 指数变化趋势可见，经济发展程度与税收累进性（KP 指数）之间存在密切的相关关系。

4. 澳大利亚

联邦建立后，澳大利亚对内清除了各个州之间的壁垒，对外采取了关税保护政策，促进了国内薄弱工业的发展，显示出向工业国过度的趋势，但农牧业仍是国民经济的基础。战争爆发所引起的世界格局改变和国际局势紧张对澳大利亚经济造成严重的冲击。一战期间，澳大利亚国内劳动力急剧减少，导致生产要素减少，总体国民收入减少，抑制了国内总需求，影响经济发展，对外贸易总体下降。但是，工业高速发展，战争导致的需求上升，使羊毛纺织业、制革业和其他小型军备制造业产量急剧上升。战争的爆发也阻碍了澳大利亚从工业先进国家的进口，激励了国内进口替代产业的发展，使澳大利亚的工业从数量和质量都上了一个新台阶。同时，通货膨胀急剧上升，战争引起了世界范围内的物价上涨，尽管联邦政府采取各种措施来限制物价，1914年至1919年，澳大利亚的批发价格水平上涨了80%。

到20世纪30年代的全球资本主义危机为止，澳大利亚各行业在大约10年时间里得到了充分恢复和发展。这一时期，畜牧业产值增长迅速，农业迅速恢复并得到了较大发展，澳大利亚采取逐渐上升的关税保护措施，使国内工业有所发展。1929年爆发的美国经济危机影响了众多国家，形成世界性经济危机，对澳大利亚经济造成了严重影响。通过一系列经济调整措施，1974年澳大利亚经济与世界经济步调一致，但国内外市场急剧萎缩以及政府为了控制通货膨胀采取的紧缩性政策使得澳大利亚经济进入了滞胀期，经济增长率迅速下降，通货膨胀率和失业率快速上升。

澳大利亚实行分税制，分为中央税收收入和地方税收收入。澳大利亚联邦制度的一个特点是联邦政府征收所有所得税，包括个人和企业的。它还征收一部分其他税收，包括提供货物和服务的税收。州政府的收入基础包括财产税、雇主工资和提供和使用货物和服务的税收。地方政府税收收入的唯一来源是财产税。

1913年，澳大利亚联邦政府正式开始向其居民征收税款。1942年，澳大利亚统一了税法，同年对税制做出了重大变革，即规定各类所得税都由联邦征收。第二次世界大战后，联邦政府新增了销售税、娱乐税等税种。20世纪70年代初，联邦政府将雇佣税划拨给州进行征收，并扩大了征税的范围。1985年，税制改革的主要措施为消减个人所得税、减少批发税、向生产性公司征税。这次改革涉及面小，力度也不大。1993年的改革是提高销售税和燃料税，该项改革增大了财政收入，但以提高商家的成本为代价。1996年，澳大利亚进入全面税制改革阶段，其重心是商品服务税（GST）。如今在税收收入方面，澳大利亚的主体税种是直接税。

澳大利亚税收累进性的计算方法同样采用KP指数法，KP指数计算过程中所需GDP和税收数据选取澳大利亚1800年至2016年二百二十年左右的数据，相关数据由《帕尔格雷夫世界历史统计：亚洲、非洲和大洋洲卷》《国际统计年鉴》和新浪财经宏观数据库整理得到。其中，鉴于在我们考察研究的历史年间澳大利亚货币经历了一次变更，由澳大利亚镑转为使用澳大利亚元，因此获得的历史数据中货币衡量不相同，需要将其转化为同一货币标准衡量的数据后再进一步计算KP指数。数据的具体转换过程：1966年2月14日，澳大利亚发行了现行流通的货币澳大利亚元，用以取代先前的旧币澳大利亚镑，并规定1澳大利亚元约等于1.12美元，可兑换0.5澳大利亚镑。因此本文首先将1966年前的数据由澳大利亚元转换为澳大利亚镑。数据转化为同一货币标准衡量以后，又鉴于历史考察期限较长，无法获得详细的季度数据来计算每年的税收累进性，因此选用年度数据，并以三年为一期，计算该三年期内的平均税收累进性（如1874年的KP指数数据代表1874、1875、1876年三年间的平均税收累进性）。

澳大利亚税收累进性（KP指数）变化轨迹大致呈现了税收累进性生命周期变化过程（如图2-31所示），将KP指数取自然对数得到LNKP的变化趋势图（如图2-32所示），两个阶段的变化趋势体现得更加明显。

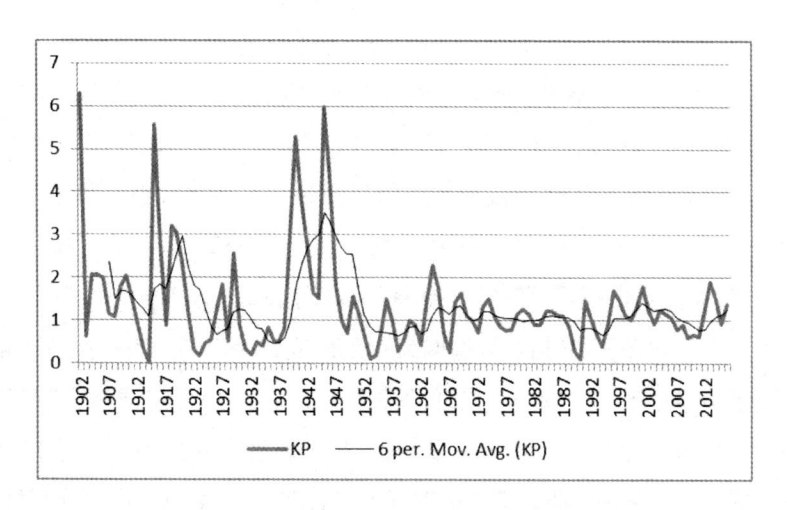

图 2–31 澳大利亚税收累进性 KP 指数

数据来源：由《帕尔格雷夫世界历史统计：亚洲、非洲和大洋洲卷》《国际统计年鉴》和新浪财经宏观数据库整理得到。

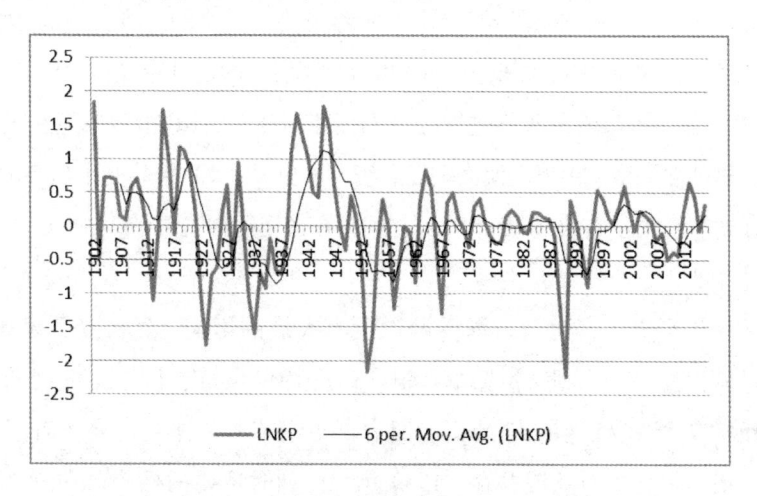

图 2–32 澳大利亚税收累进性 LNKP 指数

数据来源：由《帕尔格雷夫世界历史统计：亚洲、非洲和大洋洲卷》《国际统计年鉴》和新浪财经宏观数据库整理得到。

1825年至1940年可以归纳为税收累进性生命周期的第一个阶段，为经济起飞期间，在该阶段内，整体税收累进性呈现不断下降的变化趋势，由1825年的3.4下降至1937年的0.8，且大多数年份的KP指数小于1即税收呈现累退性。在此阶段，税制的累进性较低甚至累退可以通过提高效率刺激经济发展。在这个大阶段内可以进一步细分为三个小的阶段：一是1825年至第一次世界大战前，KP指数取值变化频繁，但整体趋势是不断下降；二是1901年至1928年即第一次世界大战期间，KP指数普遍偏高，尤其是1906年至1908年，KP指数急剧上升到了13.8、22.5、38.3，出现的原因可能是1901年组成澳大利亚联邦，成为英国的自治领土后，经济飞速发展，KP指数呈上升趋势；三是1929年至1940年，即经济大萧条时期和第二次世界大战时期，KP指数再次出现下降趋势。第二个阶段为第二次世界大战后至今，该阶段的KP指数取值大致呈现上升趋势，由1940年的3.8上升至1965年的8.7。第三个阶段是生命周期的最后一个阶段——20世纪70年代至今，该阶段经济平稳运行，KP指数大部分在1.0以下，呈下降趋势。在第二个大的阶段内，同样可以细分为三个小的阶段：一是1949至20世纪70年代初，该阶段税收累进性KP指数呈现明显的上升趋势；二是20世纪70年代至2016年，该阶段税收累进性变动幅度相对较小，KP指数取值在1上下浮动，税收累进性平稳。由以上澳大利亚经济发展史以及KP指数变化趋势可见，经济发展程度与税收累进性（KP指数）之间存在密切的相关关系。

5. 比利时

在近现代历史上，比利时深受两次世界大战的影响，经济受到严重破坏。第二次世界大战中，比利时被德军占领，直至1944年才在同盟军的帮助下获得解放。1945年至1975年的30年间，凯恩斯主义盛行，比利时经济有了明显的好转与发展，但危机与发展并存。1959年，比利时重要的橡胶产地——刚果独立，这对比利时的经济发展造成了不小的冲击。1960—1961年的冬季总罢工，在全国范围内经济以1960年的年均5%的增长率保持总体健康。然而在纺织品和皮革制品领域低效的工厂被关闭，煤矿工被耗尽的煤矿的关闭激怒。1973年，一系列世界危机也给比利时经济带来不利影响。

比利时在价格低的时期创造了大量债务且在最初的债务上生成了新的债务。其债务在1992年共计约为国内生产总值的130%，在2001年比利时加入欧元区时减少到约99%。这一烈性经济政策导致深深的预算开支削减。2010年，比利时议会选举结束后，荷兰语党派与法语党派对于组建联合政府无法调节，而导致2010年至2011年比利时陷入了无政府状态，对于比利时的税收经济产生了较大影响。

比利时的税收主管部门是联邦税务局，联邦税务局直属财政部，全国绝大多数的税款集中于直接税管理局和增值税管理局。比利时的税制十分复杂，其税制需要不断与欧盟进行协调。其税收分为直接税、间接税、特别税三大类，其中的不同税种分别由国家、地区、省和社区四级征收。直接税分为个人税、公司税、法人税、非居民税、动产收入的特别税和预扣款。间接税是对消费征收的税，对商品的定价起重要作用。间接税主要包括增值税、遗产税、印花税、注册税、抵押税、消费税、饮料零售税、法院档案保管税及视同印花税、关税及视同收入税。特别税针对投资与就业，资金的收益在比利时不征税。

税收累进性的计算方法采用KP指数法，KP指数计算过程中所需的GDP和税收数据了选取1960年至2017年的数据，相关数据由《帕尔格雷夫世界历史统计：欧洲卷》、世界银行数据库和新浪财经数据库整理得到。其中，鉴于在我们考察研究的历史年间货币经历了一次变更——从2002年开始比利时使用的货币从比利时法郎转为欧元，因此获得的历史数据中货币衡量不相同，需要将其转化为同一货币标准衡量的数据后再进一步计算KP指数。因为大部分数据的单位都为美元，在此我们统一使用美元作为统计单位。

数据的具体转换过程：将1960年至1993年的税收收入数据按1美元兑换35.65[①]比利时法郎的比率转化成以美元为单位的数据，与1995年以美元为单位的数据大致相匹配。税收累进性KP指数变化轨迹大致呈现了税收累进性生命周期变化过程的前两个阶段：经济起飞阶段与成熟阶段（如图2-33所示），将

[①] 该兑换比率为百度百科查找，1949年比利时法郎与美元兑换比率（其准确性和是否适用于1960—1990所有年份有待考量）。

KP 指数取自然对数得到 LNKP 的变化趋势图（如图 2-34 所示）。

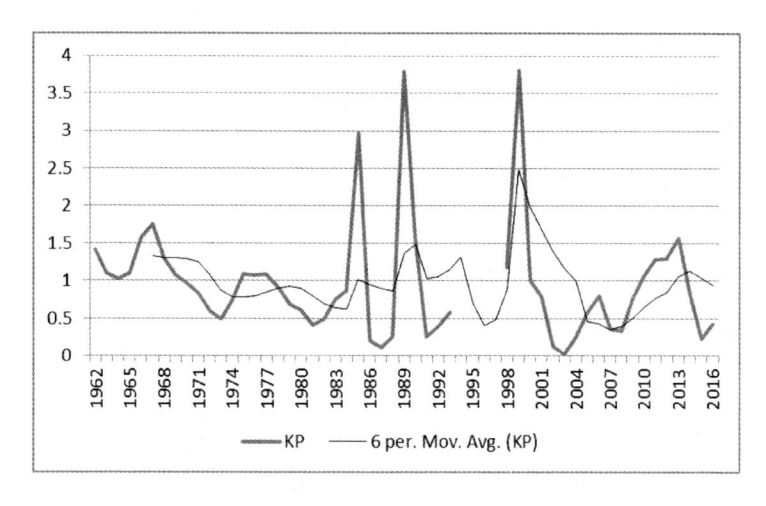

图 2-33 比利时税收累进性 KP 指数

数据来源：由《帕尔格雷夫世界历史统计：欧洲卷》《国际统计年鉴》以及新浪财经数据库整理得到。

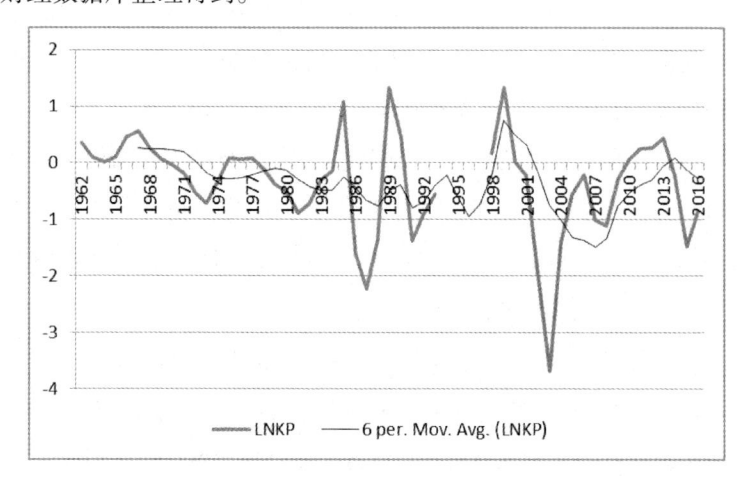

图 2-34 比利时税收 LNKP 指数分布图

数据来源：由《帕尔格雷夫世界历史统计：欧洲卷》《国际统计年鉴》以及新浪财经数据库整理得到。

<<< 第二章　税收累进性问题研究的理论依据

1962 年至 20 世纪 90 年代初可以归纳为税收累进性生命周期的第一个阶段，在该阶段内，整体税收累进性呈现不断下降的变化趋势，由 1962 年的 1.42 下降至 1086 年的 0.43，且大多数年份的 KP 指数小于 1 即税收呈现累退性。

在这一大阶段内可以进一步细分为两个小的阶段：

（1）1962 年至 1968 年，KP 指数整体趋势虽是不断下降的，但取值都大于 1，说明税收一直是累进的。这得益于比利时在 1958 年加入了欧洲关税同盟。其后，比利时的产品市场扩大，扭转了不利的趋势。与此同时，比利时政府实行了明确的扩张政策，有效缓解了经济现状；（2）1971 年至 1992 年，KP 指数呈现波动下降的趋势；20 世纪 70 年代以来，比利时国内经济危机和民族矛盾激化，比利时政局长期处于不稳定状态，经济发展滞后。1982 年，比利时法郎大规模贬值，比利时政府更是削减了公共服务事业，停止补贴老旧工业，从而控制了货币供应量的涨势。在这个阶段的 KP 指数变动频繁，且取值大多小于 1，税收呈现累退趋势。

1998 年至 2013 年可以归纳为税收累进性生命周期的第二个阶段。在第二个大的阶段内，可以细分为三个小的阶段：

（1）1998 年至 2000 年，该阶段税收累进性 KP 指数呈现明显的上升趋势，其中 1998 年的 KP 达到了 3.7，原因之一是 1992 年后欧洲经济因统一而前景看好且活力昂然；（2）2001 年至 2009 年，该阶段税收累进性变动幅度相对较小，KP 指数取值在 0—1 上下浮动，税收呈现累退性；从 2001 年整体经济形势看，比利时国民生产总值增长速度与前几年相比明显放慢。在当时，比利时高达 70% 的国民经济产值依赖出口实现，因此世界经济尤其是美国经济出现衰退、世界石油市场价格不稳定、国内消费和购买力下降等都极大地影响了比利时经济稳定性；（3）2010 年至 2013 年，税收累进性呈现上升趋势，KP 指数取值在 2010、2011、2012、2013 年分别为 1.06、1.28、1.30、1.56。在此之后，KP 指数小于 1，税收呈现累退趋势。

6. 冰岛

冰岛于 1918 年独立。冰岛共和国 1944 年 6 月 17 日成立。二战后几十年来，冰岛的经济依赖于渔业。2008年，冰岛发生了金融危机，濒临国家破产，并引发了一系列的政治运动和变动。冰岛通过EEA成为了欧洲经济区的成员，但未加入欧盟。2009年，冰岛政府正式申请加入欧盟，但现已暂停了加入欧盟的谈判。

冰岛税制中流转税所占比例最大，占到几乎50%，其次是所得税，约占42%，与大多数先进国家以所得税为主要税收收入来源的结构稍有不同。冰岛现行的主要税种有：个人所得税、增值税、公司所得税、遗产和赠与税、社会保障税、工业贷款基金税等。冰岛的税制曾有过重大变革，2008年冰岛对所得税进行重大修改。2015年，冰岛改革增值税税率，标准税率则由25.5%小幅下调至24%，取消消费税。

冰岛税收制度相对简单有效。近年来，冰岛致力于精简税制，降低税率，扩大税源及与更多国家签订避免双重征税的国际税收协定，以增加企业竞争力和吸引外国投资者。冰岛实行属人税制，税收政策总体原则是：人人纳税，强制纳税，高收入，高纳税。对于收入低于一定数额的人免征所得税。对于海员、退休人员和有子女的家庭实行减税和政府补贴政策。同时，对不同行业实施不同的税收倾斜政策。例如，冰岛政府鼓励出口，所有出口货物一律免征增值税，对教育、公共卫生、邮政、金融等行业也免征增值税。对于烟、酒、汽车等部分消费类商品，则加重征税，近几年税率多次上调。冰岛税收征管体制十分严格，其税务政策解释和实施均由财政部所属的国税局负责。整个税收征管体系由国税局、国家税务委员会、海关等部门组成。此外，冰岛已与30多个国家签署了避免双重征税协定，这些协定也是其税收体系的一部分。

冰岛税收累进性的研究采用KP指数法，KP指数计算过程中所需GDP和税收数据选取冰岛1970年至2016年四十六年左右的数据，相关数据由世界银行、参考OCED官方网站和《国际统计年鉴》整理得到。其中，冰岛于1944年独立，由于刚刚建国，在查阅大量文献及数据库后，关于冰岛1944年至1973年的相关数据仍无法完整得到。鉴于此原因，本次对冰岛的税制研究就从1974年开始。其中在世界银行中取得的数据已转化为现价本币，无须转换。由于统计的数据为年度数据，因此在计算 KP 的时候，以三年为一期，计算该三年期内的平均税收累进性。

冰岛的税收累进性（KP 指数）变化轨迹大致呈现出了两个阶段的变化过程并伴随着相应的趋势：小幅波动下降阶段和大幅波动上升阶段（如图 2 – 35 所示），将 KP 指数取自然对数得到 LNKP 的变化趋势图（如图 2 – 36 所示），两个阶段的变化趋势体现得更为明显。

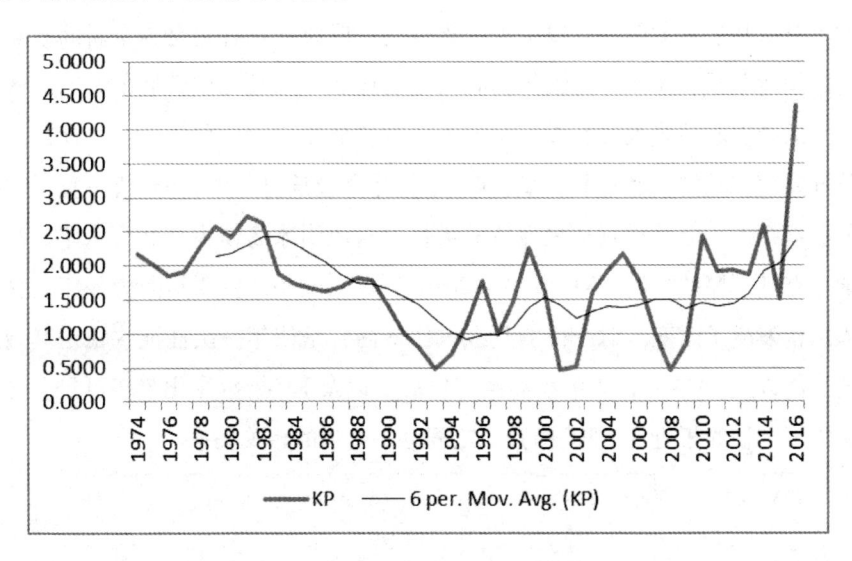

图 2 – 35　冰岛税收累进性 KP 指数

数据来源：由《国际统计年鉴》以及新浪财经数据库整理得到。

冰岛的 KP 指数从 1974 年开始就呈现出较强的税收累进性，基本高于 1.5，直到 1989 年发生了转折，从 1.78 一直下降到 1992 年左右的 0.79。其实在 1974 年至 1989 年期间，KP 指数整体已经呈现出了下降的趋势，逐渐趋于税收中性。由此可以看出当时冰岛的经济已经呈现出疲软的状态，主要原因是政府与生产者的关系仍然密切，银行仍然被控制在政府的手里，即便政府通过克朗的贬值和大幅降低捕渔业的补贴，但这种补贴仍然占据政府财政支出的 40% 多。而在 1992 至 1998 年期间，国家采取了一些措施：加入了 EEA，加入了 WTO，开放了对外国资本流动的管控，刺激了本国的经济，从图2-35中也可以看出，KP指数有了一定程度的上升，然而这种累进性并不稳定，到2001年KP值降到了最低点0.47，表现出了较强的税收累退性。事实上，就是在这三年里，冰岛放开了对银行的控制，三大银行实现了私有化，全冰岛掀起了"收起渔船，穿上西装去银行上班"的热潮，导致传统的实体经济后退，造成了较强的税收累退性。

金融业的迅猛发展刺激了经济的腾飞，2001年至2004年KP指数的确有大幅的上升，从税收累退性变成了税收累进性，但原本私有化是为了斩断政党与银行之间的关系，而冰岛的银行私有只是变成政坛中某几位政客的私有，政党与银行的紧密联系导致政府没有出台专门的税收来限制银行的行为。所以，银行就开始疯狂地借贷和还贷，到2008年，受金融危机影响，KP值一直呈现较大的拨动幅度，但是税收却也保持累进性，这说明冰岛作为高教育水平、高福利国家有其深厚的积淀。KP指数在2016年高达4.36，主要是因为该年的税收收入结构发生了改变。财产税的收入占比最高，是该年一次性征收稳定基金造成的。由以上1974年以来的冰岛经济发展史以及KP指数变化趋势可见，经济发展程度与税收累进性（KP指数）之间存在密切的相关关系。

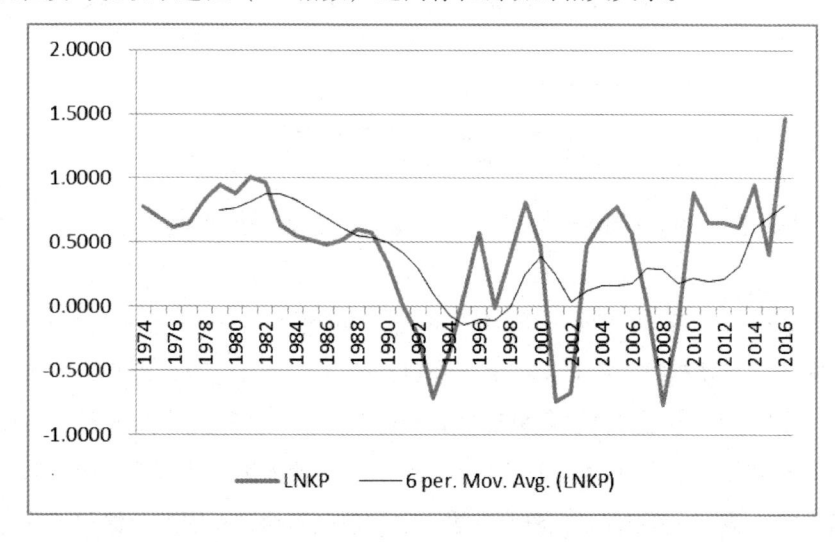

图2-36 冰岛LNKP指数

数据来源：由《国际统计年鉴》以及新浪财经数据库整理得到。

7. 波兰

波兰于 1918 年 11 月 11 日恢复独立。1944 年，人民政权建立后，政府立即着手重建工业并颁布工业国有化法令。20 世纪 50 年代为波兰社会主义工业化的第一阶段，它为重工业的发展打下了基础，波兰工业生产水平已超过战前水平，并促使波兰成为工业农业国。20 世纪 60 年代是波兰社会主义工业化的第二阶段。1988 年，波兰政府的价格改革引起政治经济危机的同时工业发展开始出现波动，2000 年至 2003 年，虽然出现过工业销售产量负增长，但波兰工业形势仍被看好。

为了实现与欧盟经济的一体化，波兰的税收制度逐步改革，建立起以所得税和增值税为主体的税制结构。波兰实行全国统一的税收制度，与地方税略有差异，最主要包括 13 种税，其中有 10 种直接税税种和 3 种间接税税种。具体而言，直接税包括个人所得税、企业所得税等，间接税包括增值税、消费税和博彩税。波兰实行属地税法，根据企业在全球范围内的收入对其征收所得税。

波兰税收累进性的计算方法采用 KP 指数法，KP 指数计算过程中所需 GDP 和税收数据选取波兰 1984 年至 2016 年三十二年左右的数据，相关数据由《帕尔格雷夫世界历史统计：欧洲卷》《国际统计年鉴》和新浪财经数据库及其他数据库整理得到。鉴于无法找到 1984 年以前的税收收入因而无法算出 1984 年的 KP 指数。由于各国数据为年度数据，因此在计算 KP 的时候，以三年为一期，计算该三年期内的平均税收累进性（如 1874 年的 KP 指数数据代表 1874、1875、1876 三年间的平均税收累进性）。

波兰税收累进性（KP 指数）变化轨迹大致呈现了税收累进性从不平稳到平稳的过程（如图 2-37 所示），将 KP 指数取自然对数得到 LNKP 的变化趋势图（如图 2-38 所示），这个过程的变化趋势体现得更加明显。

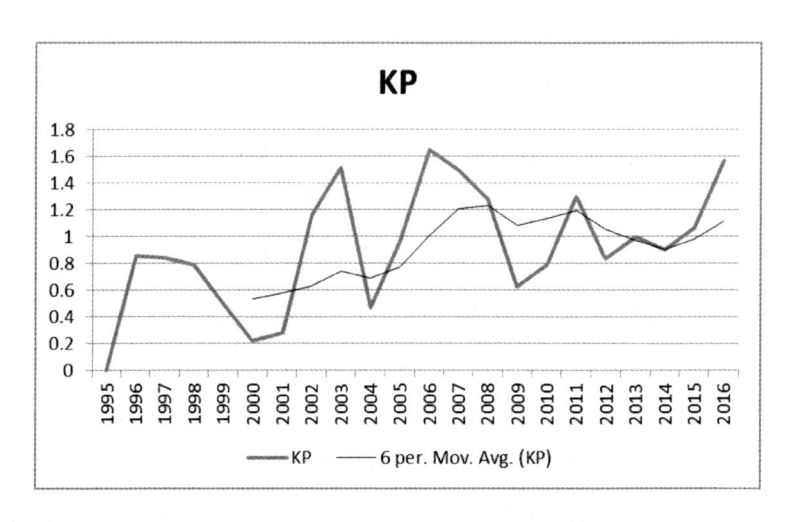

图 2-37　波兰税收累进性 KP 指数

数据来源：由《帕尔格雷夫世界历史统计：欧洲卷》《国际统计年鉴》和新浪财经数据库及其他数据库整理得到。

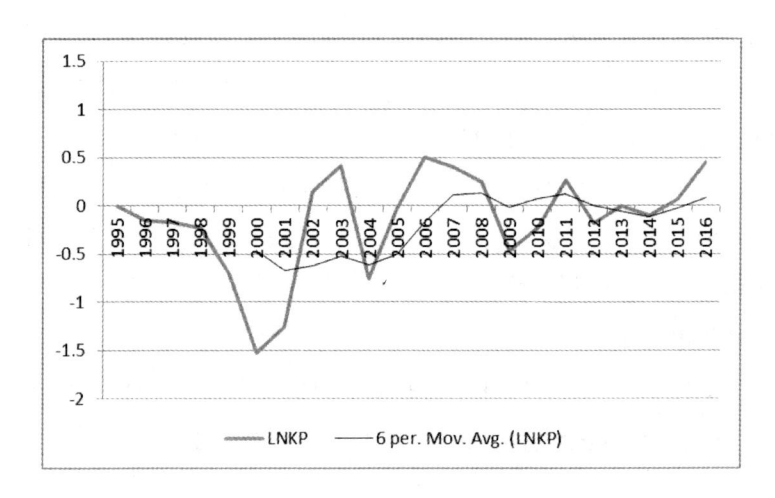

图 2-38　波兰 LNKP 指数

数据来源：由《帕尔格雷夫世界历史统计：欧洲卷》《国际统计年鉴》和新浪财经数据库及其他数据库整理得到。

在 1986 年至 1988 年这段时间，KP 指数先下降后上升，由 1986 年的 4.52 下降到 1987 年的 2.40，1988 年又上升到 5.89。这阶段 KP 指数大于 1，税收的累进程度高。1980 年爆发团结工会大罢工，这一期间经济严重困难，尤其是市场供应紧张，波兰居民不满情绪加剧，罢工浪潮迭起，使得 KP 指数出现异常，大幅度下降。1989 年至 1995 年无法找到数据，不能计算 KP 指数。1996 年至 2000 年，KP 指数在 1 和 2 之间波动，税收累进程度高。1996 年至今，KP 指数变化比较平稳，均低于 1，在此期间波兰并没有产生对经济影响比较大的事件。由以上可见，经济发展程度与税收累进性（KP 指数）之间存在密切的相关关系。

8. 丹麦

18 至 19 世纪，丹麦连年战乱，经济受到很大破坏，生产力发展基本处于停滞状态，人均生产效率提高速度很慢。直至 19 世纪中叶，财政状况才有所好转。1861 年，丹麦人均汇率 GDP 相对英美依然较低，发展较慢。从 1831 年到 1861 年，丹麦与英国的差距在明显缩小，第一次工业革命的成果让丹麦大大受益。19 世纪末，丹麦工业发展迅速，造船、电信以及制造工业初具规模。农业向专业化方向发展，丹麦成为世界上主要的农业国之一。第一次世界大战期间，丹麦人均购买力 GDP 已经超过英国，与美国的差距在减小。20 世纪 30 年代，西方经济大萧条波及丹麦，失业率居高不下，丹麦为刺激出口货币大幅度贬值，并相应调整了农业生产。第二次世界大战中，丹麦卷入欧洲大陆的纷争，经济陷入低迷期。

目前，丹麦是欧洲人均收入及生活水平最高的国家之一。据统计，丹麦人均 GDP 要比欧盟成员国的平均水平高 20%。此外，丹麦的收入分配是最平均的，其中一大部分收入通过公共事业和国家的再分配完成，其贫富差距程度在经合组织成员国内也是最低的。总体来说，丹麦的经济结构与欧盟其他国家非常相似，但丹麦的农业和服务业在总附加价值方面的比例要比欧盟的平均水平高出一些，特别是在农业部分投入的劳动力相对欧盟平均水平要低，故丹麦农业的生产率较高。

丹麦是著名的高收入、高税收、高消费、高福利国家。税收不仅保证了整个国家机器运转，同时也有效支撑了其福利制度。丹麦实行属地原则，居民实体都必须课税。丹麦现行的主要税种包括：公司所得税、个人所得税、增值税、碳氢化合物税、遗产和赠与税、财富税、劳动市场税、工薪税、土地与财产税、烟酒汽油机动车税、股票出售税、印花税、登记税、机动车登记税等。

丹麦税收累进性的计算方法同样采用 KP 指数法，KP 指数计算过程中所需 GDP 和税收数据选取丹麦 1800 年至 2017 年两百一十年左右的数据，相关数据由《帕尔格雷夫世界历史统计：欧洲卷》《国际统计年鉴》和其他数据库整理得到。鉴于获得的历史数据在不同时期其衡量货币的标准不相同，需要将其转化为同一货币标准衡量的数据后再进一步计算 KP 指数，将以克朗衡量的数据统一转化来衡量。数据转化为同一货币标准衡量以后，又鉴于历史考察期限较长，无法获得详细的季度数据来计算每年的税收累进性，因此选用年度数据，并以十年为一期，计算该十年期内的平均税收累进性（如 1854 年的 KP 指数数据代表 1854 年至 1856 年三年间的平均税收累进性）。

丹麦税收累进性（KP 指数）变化轨迹大致呈现了税收累进性生命周期变化过程的三个阶段：经济发展成熟阶段、大众高消费阶段和超越大众消费阶段（如图 2-39 所示），将 KP 指数取自然对数得到 LNKP 的变化趋势图（如图 2-40 所示），三个阶段的变化趋势体现得更加明显。

从 1854 年至第一次世界大战开始前可以归纳为丹麦税制税收累进性生命周期的第一个阶段，在该阶段内，整体税收累进性呈现缓慢上升的变化趋势，且大多数年份的 KP 指数保持在 1 以上，即税收呈现累进性。第二个大阶段由第一次世界大战和第二次世界大战两个期间组成，可以细分为两个小的阶段：1914 年开始至一战结束，丹麦虽保持中立国立场，但仍受到战争的一定影响，所以该阶段 KP 指数呈现明显的下降趋势；在第二次世界大战之前，KP 指数有所回升，到第二次世界大战，KP 指数取值也有所下降，但是 KP 指数总体上仍保持一定的累进性。第三个阶段是 20 世纪 40 年代至今，在战争刚结束阶段接受了马歇尔计划、加入北约，KP 指数大幅度上升；在此之后，KP 指数呈下降趋势，但浮动程度并不显著，在数值 1 上下浮动。由以上丹麦经济发展史以及 KP 指数的变化趋势可见，经济发展程度与税收累进性（KP 指数）之间存在密切的相关关系。

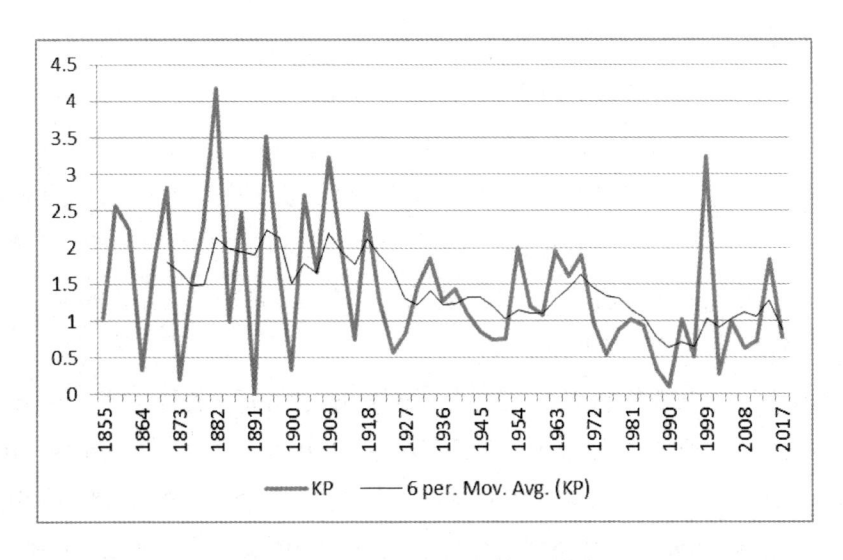

<<< 第二章 税收累进性问题研究的理论依据

图 2-39 丹麦税收累进性 KP 指数

数据来源：由《帕尔格雷夫世界历史统计：欧洲卷》《国际统计年鉴》和其他数据库整理得到。

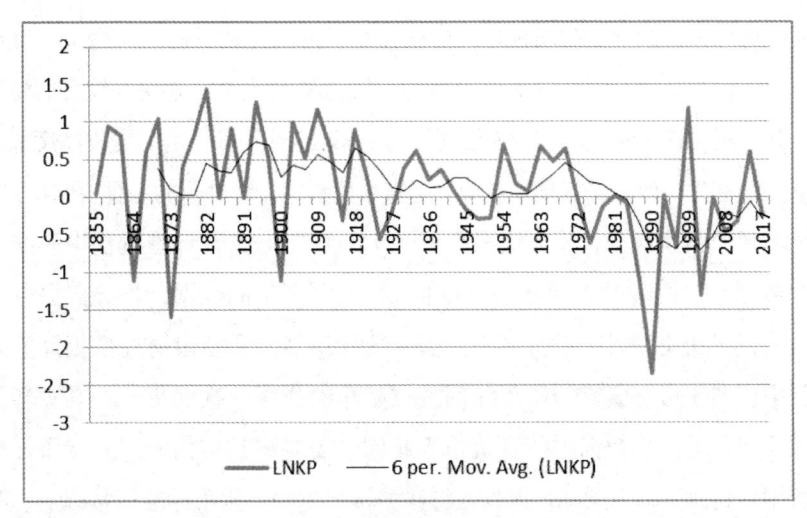

图 2-40 丹麦税收累进性 LNKP 指数

数据来源：由《帕尔格雷夫世界历史统计：欧洲卷》《国际统计年鉴》和其他数据库整理得到。

9. 德国

在20世纪90年代末至21世纪初，德国发展滞后，战后经济衰退，失业率急剧上升、企业破产严重、东部经济重陷困境、投资环境恶化，种种现象严重困扰其经济发展。经过多年的改革摸索，德国经济渐渐复苏，进入21世纪德国经济复苏并发展迅速。2006年，实际经济增长率将超过2.5%；2012年，尽管欧洲经济整体衰退，但德国经济的发展仍然高于相邻国家；2014年，德国经济增长超出预期，公共财政也出现盈余。

1808年，普法战争失败后，德国为筹措战争赔款开征所得税。1871年，德意志帝国成立，并颁布了历史上真正的所得税法。1916年，再次为筹集军费，开征商品销售税。第二次世界大战对德国税制产生了重大影响。1950年，联邦德国降低所得税税率；1968年，引入增值税制度，以取代周转税。民主德国、联邦德国统一后，建立统一的增值税制度，建立各州、区财政自治，划分自有税收来源。

德国税收立法权主要集中在联邦。实践中由联邦政府规定州税和共享税，地方的权限仅限于地方专享税上。德国联邦和州共同在州设立税收征管总机构，受联邦财政部和州财政部的共同领导，在总机构下再设立联邦机构（海关）和州机构。德国实行共享税为主，专享税为辅的三级分税制，大部分收入较多的税种均被列入共享税。在1990年至2017年这接近30年的时间里，德国税收制度并没有经历剧烈的变化，而是保持日耳曼型，是直接税和间接税并重的一种税制模式。

德国税收累进性的计算方法采用KP指数法，KP指数计算过程中所需GDP和税收数据选取德国1872年至2017年一百四十多年的数据，相关数据由《帕尔格雷夫世界历史统计：欧洲卷》《国际统计年鉴》和新浪财经数据库整理得到。其中，鉴于考察研究的历史年间德国货币经历了一次变更，由马克转为欧元，因此获得的历史数据中衡量货币不相同，需要将其转化为同一货币标准衡量的数据后再进一步计算KP指数。将数据转化为同一货币标准衡量以后，又鉴于历史考察期限较长，无法获得详细的季度数据来计算每年的税收累进性，因此选用年度数据，并以三年为一期，计算该三年期内的平均税收累进性（如1864年的KP指数数据代表1864、1865、1866年三年间的平均税收累进性）。

<<< 第二章 税收累进性问题研究的理论依据

德国税收累进性（KP 指数）变化轨迹大致呈现了税收累进性生命周期变化过程的三个阶段（如图 2-41 所示），将 KP 指数取自然数得到 LNKP 的变化趋势图（如图 2-42 所示），三个阶段的变化趋势体现得更加明显。

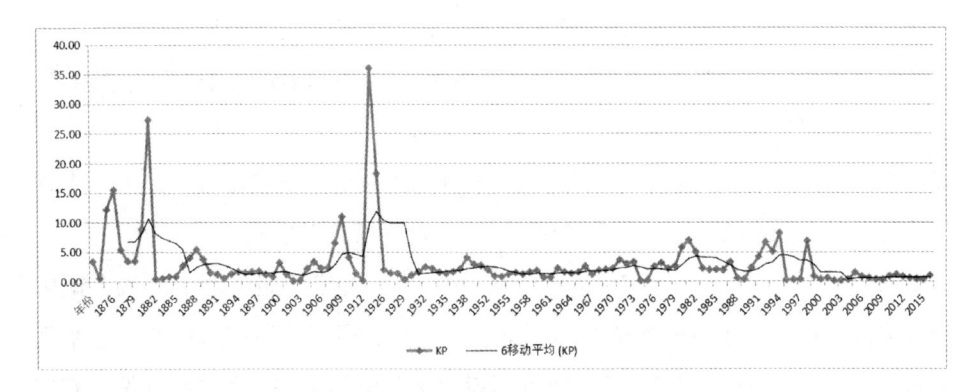

图 2-41　德国税收累进性 KP 指数

数据来源：由《帕尔格雷夫世界历史统计：欧洲卷》《国际统计年鉴》和新浪财经数据库整理得到。

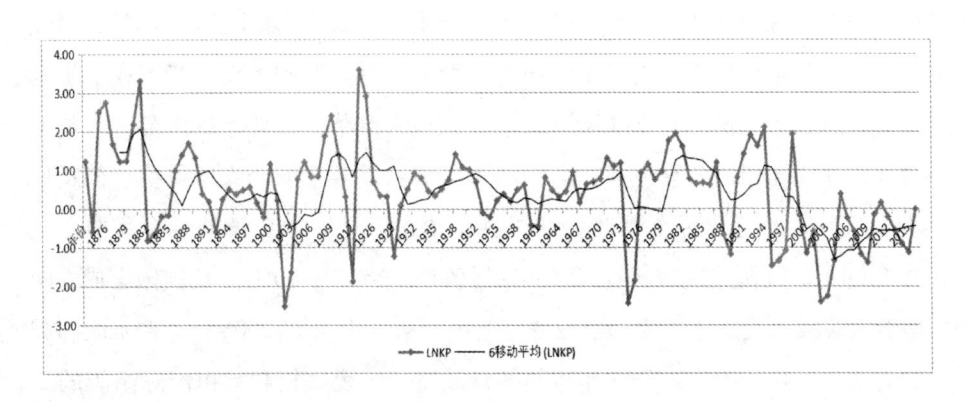

图 2-42　德国税收累进性 LNKP 指数

数据来源：由《帕尔格雷夫世界历史统计：欧洲卷》《国际统计年鉴》和新浪财经数据库整理得到。

第一阶段为1870至1923年。德国统一在1870年的普法战争之后，那时俾斯麦借鉴美国的联邦制度，也采用联邦制度，一来保留各联邦的优点和传统，二来又便于同周边的各个强国或欧洲其他单一制国家相团结与对抗。在模仿美国进行税收划分的同时，形成了德国的一元联邦主义。之后经历了第一次世界大战，德国的经济产生了一些波动，经济萧条，德国的政府财政也出现了困难，之后德国的财税制度得到改革，实行联邦与州的分享体制，这使得德国经济逐渐得到恢复并出现繁荣景象。在此阶段中，KP指数值上下波动幅度很大，个别年份的KP指数急剧增长，之后随着经济的稳定逐渐趋于平稳。

第二阶段为1923年至1949年的第二次世界大战期间。由于二战，德国1939年至1949年的GDP数值得不到准确的估计，所以对数据可能造成小幅度的影响，在这一阶段是KP指数值变化浮动最大的时候，一度在之前年份的基础上翻倍上升，趋势线急速上升。

第三阶段为1949年至2017年。在1949年，联邦德国制定《基本法》来明确规定西部德国实行联邦制，并在联邦与州之间划分职责和税收收入。同时，也赋予地方乡镇自治地位，但没有规定地方政府的税收，乡镇收入主要是州转移的部分营业税和消费税收入。1955年，联邦德国修订《基本法》，调整各级政府的税种与共享税比例，迈出了走向合作型财政联邦制的重要一步。在经济高速增长之后，于1969年，联邦德国进行了财政大改革：一是将1968年开征的增值税作为联邦与州的共享税；二是将联邦与州二级共享的个人所得税、公司所得税以及乡镇的营业税全部改为三级共享税；三是增加乡镇的专有税收。从1998年起，德国国会决定实行三级共享增值税。2003年10月，德国国会成立两院联合改革委员会，正式启动财政制度改革，从2004年到2006年，调整联邦和州的立法决策权，明确区分联邦与州的财政责任、税收权和承担国际组织的义务，调整财政转移支付机制。而在此期间，税收累进性（KP指数）值处于稳定的小幅度波动阶段，随着时间的推移，慢慢趋于平稳。

10. 芬兰

从芬兰经济发展历史来看，芬兰经济在独立前后经历了多次危机，但也争取到了许多发展机会。芬兰经济发展历史可以归纳为四个阶段：

（1）1808年至1917年，原始工业发展阶段。长期的和平让芬兰经济得到迅速发展，各种工业在芬兰的土地上被建设起来，发展的主要工业有造纸纸浆业、冶炼等。

（2）1917年至1988年，机械工业、进出口、电子行业快速发展阶段。独立后的芬兰教育发展非常快，培养了大批的工程师。在这一时期，芬兰的机械工业迅速发展。1944年，芬兰战败，战争赔款3亿美金（现值50亿欧元），芬兰几乎一无所有，只能在工业上找出路。不久后，由于北约建立，芬兰与苏联关系缓和，芬兰因此成为了苏联西方的第二大进口国，刺激了芬兰工业尤其是出口工业的快速发展。这一时期，芬兰在高科技发展上投入了大量的资金和人力，电子行业逐渐成熟。20世纪80年代后期，芬兰经济蓬勃发展。与此同时，利率的迅速上升导致芬兰出现了经济过热问题的预兆。

（3）1991年，因经济过热、固定汇率制、外国及芬兰本地市场的萎缩，芬兰经济萧条，股价和房价下跌了50%，失业率从原先的几近完全就业上升到20%，公共债务倍增为GDP的60%。芬兰政府积极采取措施调整经济结构，增大知识型经济在国民经济中所占的比重，重视科技投入，发展高新技术和信息技术，在宏观上紧缩财政、鼓励投资、削减社会福利、降低所得税、加快国有企业私有化进程、改善就业，使经济走出低谷。

（4）芬兰在1995年加入欧盟，欧盟会员国的资格使芬兰的经济政策发生改变。20世纪90年代中后期，芬兰经济逐渐复苏，经济增长率保持在5%左右。

纵观1965年至2016年，在税系结构上，芬兰以直接税为主体，直接税占比接近70%，间接税占比为30%左右；在税类结构上，以所得税为主体，个人所得税、公司所得税、社会保障税占比超过60%。

20世纪40年代中期至20世纪70年代，芬兰由以直接税与间接税并重的税制结构逐步变为以直接税为主的税制结构，主要的税种为个人所得税。同时，在这一阶段，社会保障税所占比例增长幅度较大，而个人所得税与企业所得税比重逐渐降低。20世纪80年代至20世纪90年代中期，芬兰仍然是以直接税为主的税制结构,直接税中的主要税种仍然是所得税与社会保障税。社会保障税占税收收入比重的增长趋势在20世纪80年代基本陷入停滞,社会保障税占总税收比重在1991年至1995年间大幅度增加。所得税及其他税种所占比重相应降低。20世纪90年代中期至今,芬兰依然是以直接税为主的税制结构,主体税种为个人所得税与社会保障税,其主体地位得到了进一步加强。但21世纪以来,由于芬兰社会人口老龄化问题越发严重,芬兰的社会保障税对于芬兰社会的稳定与经济稳定的巨大作用也越发凸显,加之人们对社会保障制度的严重依赖,芬兰的社会保障税占总税收收入比重逐渐增加,税负从企业逐渐转向了公民。

芬兰税收累进性的计算采用了KP指数法,在KP指数计算过程中所需的GDP和税收数据选取芬兰1883年至2016年一百三十年左右的数据,相关数据主要来自《帕尔格雷夫世界历史统计》、新浪财经全球宏观经济数据、OECD数据库。在我们考察研究的历史年间,芬兰货币共经历了两次变更,第一次是在1963年通过货币改革,由旧马克转为使用新马克,第二次则是在2002年由新马克转为使用欧元。由于获得的历史数据中衡量货币不相同,将2002年之前已经转换为新马克的数据进一步转化为了欧元,以确定统一的衡量标准,帮助对比研究。此外,由于考察的历史期间较长,无法获得详细的季度数据来计算每年的税收累进性,因此选用年度数据,并以三年为一期,计算该三年期内的平均税收累进性(如1874年的KP指数数据代表1874、1875、1876年三年间的平均税收累进性)。

芬兰税收累进性(KP指数)变化轨迹大致呈现了税收累进性生命周期变化过程(如图2-43所示),将KP指数取自然对数得到LNKP的变化趋势图(如图2-44所示),五个阶段的变化趋势体现得更加明显。

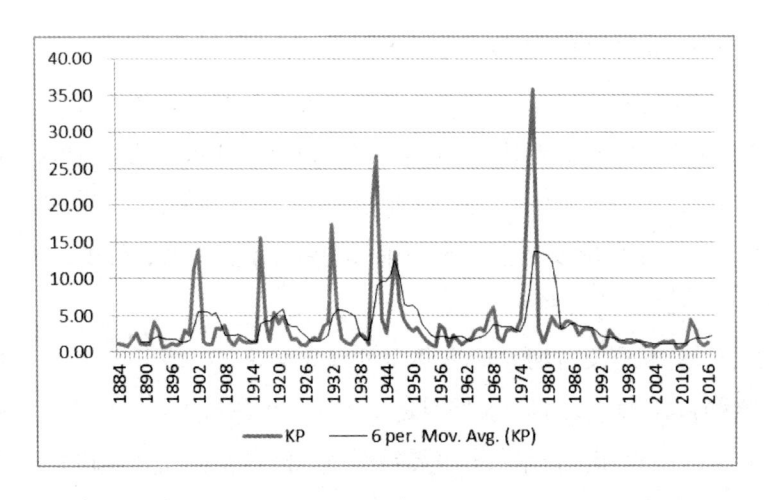

第二章 税收累进性问题研究的理论依据

图 2-43 芬兰税收累进性 KP 指数

数据来源：由《帕尔格雷夫世界历史统计》、新浪财经全球宏观经济数据、OECD 数据库整理得到。

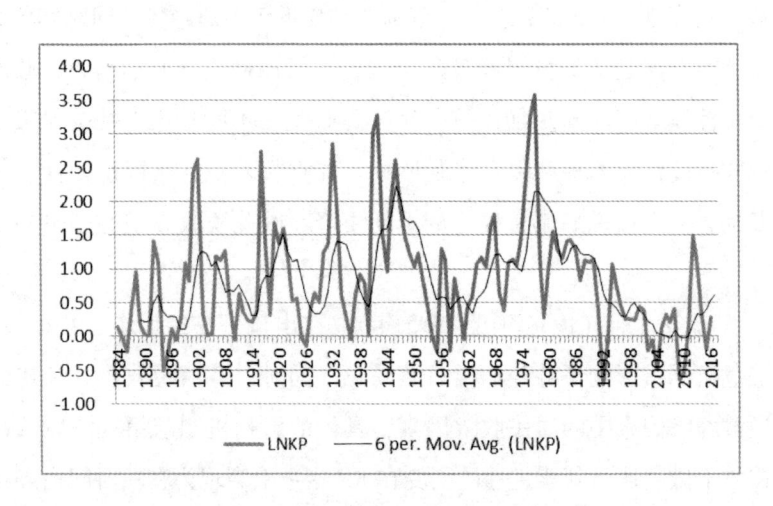

图 2-44 芬兰税收累进性 LNKP 指数

数据来源：由《帕尔格雷夫世界历史统计》、新浪财经全球宏观经济数据、OECD 数据库整理得到。

芬兰税收累进性（KP 指数）变化大致分为五个阶段：

（1）税收效率追求时期（1883 年至第二次世界大战前夕）。此阶段税收收入结构变化平稳，归因于相对稳定的政治经济环境。同时，税收收入结构整体呈现出累退性，表现在多数年份的 KP 指数处于小于 1 的状态。税收累退性缓慢增强，例如，谷值由 1889 年的 0.51 下降到 1928 年的 0.38，峰值由 1886 年的 2.31 下降至 1922 年的 1.38。

（2）两次危机剧变时期（1928 年至第二次世界大战结束）。这一阶段芬兰税收累进性的大幅度波动的主要原因是经济因素中的居民收入因素。在两次危机（1929 年到 1933 年间资本主义世界经济危机的爆发、1939 年持续至 1945 年的第二次世界大战）面前，芬兰居民收入急剧下降，政府的税制结构无法及时调整，导致了其累进性的两次急剧上升。表现在 KP 指数上为两次骤变，其中最高时达到 4.95。

（3）追求税收公平时期（1946 年至 1988 年）。这一阶段的税收收入结构整体比较稳定，表现在 KP 指数上为小范围波动接近于 1 的趋势，同时其税收的累进性有轻微上升的趋势。世界经济危机过后，凯恩斯主义开始盛行，政府的宏观目标也由注重效率转向更加注重公平，财政支出不断扩大，社会保障功能完善，高税收、高保障的福利国家体制形成。税收收入中，直接税如社会保障税比例不断提升，间接税如流转税比例不断下降。因此税收累进性呈平稳上升的趋势。

（4）大萧条时期（1988 年至 1995 年）。在出口贸易经历了大规模发展后，此次经济危机严重影响了芬兰的出口贸易额。同时对芬兰税收收入结构的影响同样是通过经济因素中的居民收入因素，具体的影响机制与第三阶段两次危机相似，在此不做赘述。其累进性的剧变在 KP 指数上表现为在短时间内经历了一个高峰，最高时达到 4.46。

（5）经济复苏阶段（1995 年至今）。这一阶段芬兰政府为了挽救经济危机，在宏观上紧缩财政、削减社会福利、降低所得税。税收政策上的另一个重大转变是开始实行二元所得税制。1994 年至 2006 年，KP 指数围绕 0.7 左右波动。

进入20世纪以来,芬兰始终坚持高福利发展模式,其所得税税率达到35%—60%,个税及社会保障税合计占比超过60%。因此,从目前来看,其税收收入结构整体呈现累进性。

11. 韩国

第二次世界大战结束后,韩国长期处在日本的统治下,国民经济带有严重的殖民地性质,国家贫困,市场狭小,资本主义刚刚兴起。1948年至1960年,李承晚政府将大量日本殖民遗产私有化后,韩国的私有企业有了显著发展。20世纪70至80年代,韩国实行重工业化和高技术化,逐步实现本地结构高级化。同时出口外向型的发展战略使韩国20世纪90年代初的产业结构已接近发达工业国家水平。

韩国税收在财政收入中占有重要地位,有如下特点:(1)国税与地税并存;(2)间接税地位逐渐下降,直接税地位日趋重要;(3)直接税中的个人所得税收入占GNP的比重逐渐提高;(4)增值税与特别消费税等税种相互配合,同时征收。

1971年至1979年为韩国高度工业化时期,此阶段税收政策目标是引导资源流向重工业和化学工业,注重收入的公平分配。1980年税制改革的主要目的是激励企业的信心。1982年的税制改革对韩国影响较大。这次改革措施主要包括降低个人所得税和公司所得税的税率,调整产业税收奖励措施,增加金融交易的税收优惠措施等。1988年和1992年进一步完善税率与税种,基本税制结构没有根本性的变化。

韩国税收累进性的计算方法采用KP指数法,KP指数计算过程中所需GDP和税收数据选取韩国1972年至2014年四十二年左右的数据,相关数据由OECD官网和快易财经网的数据整理得到。鉴于历史考察期限较长,无法获得详细的季度数据来计算每年的税收累进性,因此选用年度数据,并以三年为一期,计算该三年期内的平均税收累进性(如1972年的KP指数数据代表1972、1973、1974年三年间的平均税收累进性)。

韩国税收累进性(KP指数)变化轨迹大致呈现了税收累进性的如下阶段:

1972年至1973年，KP指数呈现上升趋势，这和这一时期执行的刺激工业经济发展的系列措施有关；1974年至1979年，KP指数连续下降，至1979年KP数据是0.92，税收开始呈现累退性；1980年至1981年，KP指数逐渐上升，这和韩国1980年度的税制改革有较大关系；1982年至1983，这两年的KP指数位于1以下且长期呈下降趋势，是因为韩国于1982年度开始采取的较大幅度的降税政策，这个政策成为了一项最重要的税制改革，同时，这次税收改革和1981年的税法修正共同刺激了经济的增长；1984年至1988年，KP指数持续上升；1989年至1990年，随着1988年的税制改革，KP指数迅速下降，于1990年到最低点0.91；1991年至1995年，KP指数逐渐上升；1996年至1999年，韩国1998年的GDP是374000百万美元，是这一阶段时间的低点。这是由1997年亚洲金融危机造成的。也因此，这一阶段的KP指数出现上升趋势，国家开始通过控制税率来改善经济；2000年至2005年，KP指数先缓慢下降至累退边缘，但总体仍然大于1，随后迅速攀升，在2005年到达1.42；2006年至2008，受到亚洲金融危机的影响，KP指数迅速下降，2008年达到0.95的累退局面；2009年以后，KP指数大体呈上升趋势。

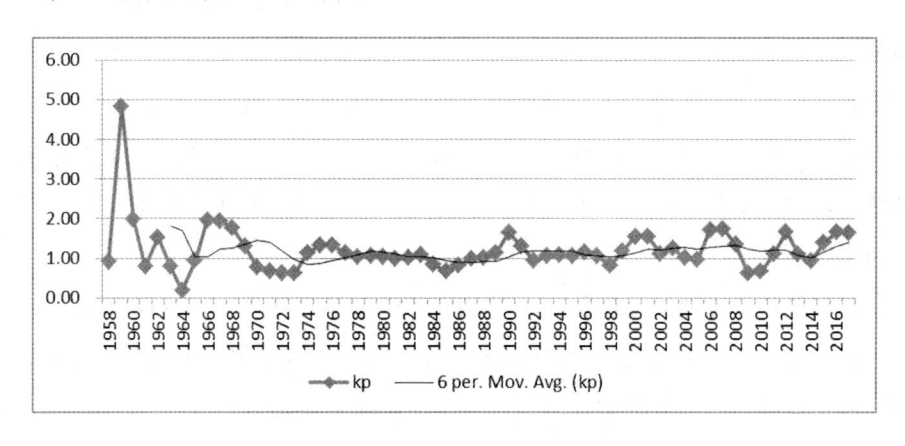

图2-45　韩国税收累进性KP指数

数据来源：由OECD官网和快易财经网的数据整理得到。

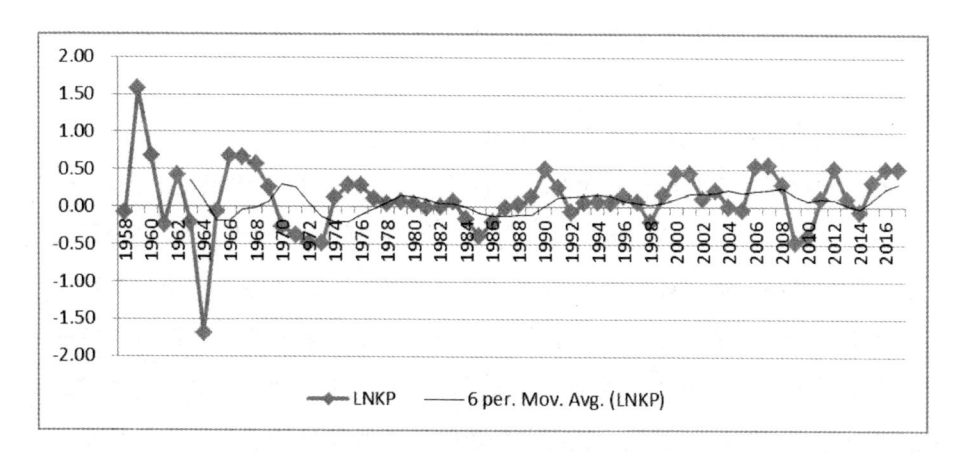

<<< 第二章 税收累进性问题研究的理论依据

图 2-46 韩国税收累进性 LNKP 指数

数据来源：由 OECD 官网和快易财经网的数据整理得到。

12. 荷兰

1581 年 7 月 26 日，荷兰宣布脱离西班牙，正式成为荷兰共和国。由于技术的优越，欧洲许多国家都到荷兰订购船只，17 世纪末英国四分之一的船只都是荷兰建造的。这些发展使荷兰成为当之无愧的"海上马车夫"，也使荷兰很快成为西欧强国之一。

1602 年，荷兰成立东印度公司，还一度侵占中国的澎湖、台湾。荷兰成立了世界上最早的联合股份公司来聚集资本，建立起了世界上第一个股票交易所。

但是，荷兰 17 世纪上半叶对海上的垄断权，成为后起之秀——英国的发展障碍，爆发了激烈的英荷战争。这次战争使荷兰经济一度受到打击。1933 年开始，世界经济大萧条波及荷兰。时任首相科林为了避免恶性通货膨胀，采取稳定荷兰盾的办法，虽然取得了一定效果，但不可避免地造成大规模失业和贫困。1936 年，荷兰政府被迫放弃金本位政策，荷兰盾贬值，经济急剧恶化。二战是继 1830 年之后，荷兰被卷入欧洲的第一场战争。1945 年，荷兰恢复独立，战后加入北约和欧共体及后来的欧盟。

如今，荷兰是发达的资本主义国家，第一产业是农业，是世界上第二大农产品出口国。第二产业是工业，传统工业主要是造船、冶金等。第三产业是服务业，自20世纪80年代以来，服务业迅速发展，成为荷兰国民经济的支柱。同时，荷兰对外贸易也十分强大，处于世界领先地位。

荷兰曾进行一系列的税制改革。在世界经济大萧条的恶劣影响下，1936年，荷兰政府被迫放弃金本位政策。1938年，二战使得荷兰不得不开始征收周转税、所得税与财产税，以保证军费的需求。二战结束后，欧洲各国在美国马歇尔计划的帮助下开始经济复苏，加入了欧洲共同体以及后来的欧盟，这对荷兰的经济复苏提供了极大的帮助，税收也急速增长。2007年，荷兰取消了资本税、印花税等间接税。2016年的税改让更多企业能享受到20%的企业所得税税率。荷兰有意废除股息税，减轻个人所得税税负。

荷兰实行中央和地方两级课税，以直接税为主，税制结构以所得税和流转税为"双主体"，个人所得税、公司所得税、增值税、消费税等税种是主要税种。

荷兰税收累进性的计算方法同样采用KP指数法，经济发展程度与税收累进性（KP指数）之间存在密切的相关关系。KP指数计算过程中所需GDP和税收数据选取1902年至1947年以及1977年至2016年八十六年左右的数据，相关数据由《帕尔格雷夫世界历史统计：欧洲卷》、OECD数据库以及新浪财经数据库整理得到。其中，鉴于在我们考察研究的历史年间货币数据没有经历变更，因此获得的历史数据中衡量货币相同，不需要将其转化为同一货币标准衡量的数据后再进一步计算KP指数。税收累进性（KP指数）变化轨迹大致呈现了税收累进性生命周期变化过程的其中两个阶段：成熟阶段与经济发展阶段（如图2-47所示），将KP指数取自然对数得到LNKP的变化趋势图（如图2-48所示），两个阶段的变化趋势体现得更加明显。

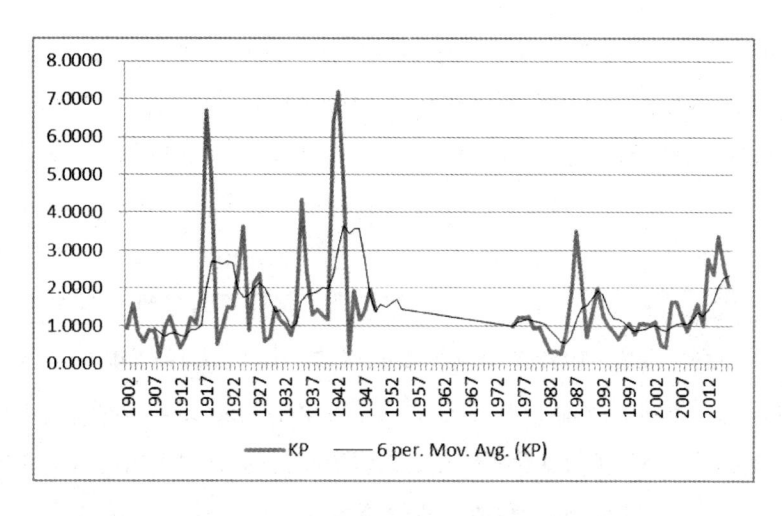

<<< 第二章 税收累进性问题研究的理论依据

图2-47 荷兰税收累进性 KP 指数

数据来源：由《帕尔格雷夫世界历史统计：欧洲卷》、OECD 数据库以及新浪财经数据库整理得到。

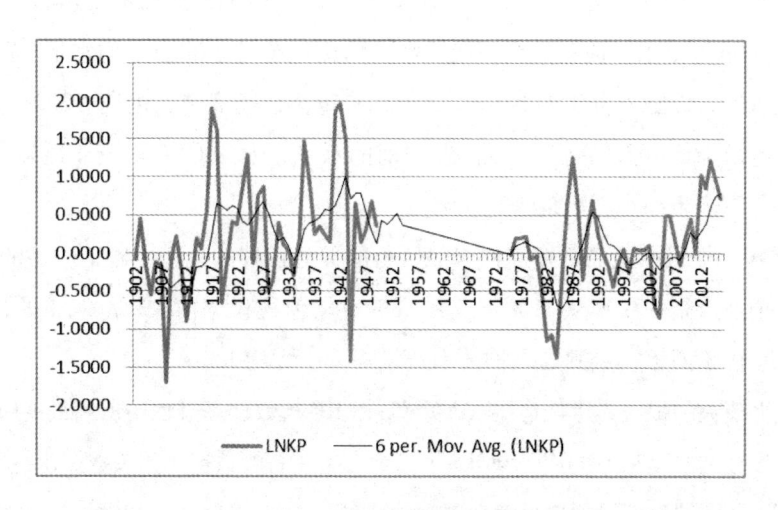

图2-48 荷兰税收累进性 LNKP 指数

数据来源：由《帕尔格雷夫世界历史统计：欧洲卷》、OECD 数据库以及新浪财经数据库整理得到。

从1902年直至1947年可以归纳为税收累进性生命周期的第二个阶段，在该阶段，KP指数取值大致呈现上升趋势，由1902年的0.92上升至1941年的6.4。在此阶段内，可以细分为三个小的阶段：一是1902年至1917年，该阶段KP指数呈现明显的上升趋势，这与1914年荷兰政府开始对所得进行征税等措施有关；二是1917年至1938年，该阶段税收累进性变动幅度相对较小，处于平稳上升阶段；三是1938年至1947年，税收累进性呈现较为明显的上升趋势，KP指数取值在1923、1935、1941年分别为2.4、4.3、6.4。从1977年至2016年，可以归纳为税收累进性生命周期的最后一个阶段，可以细分成两个小的阶段：1977至2004年，KP指数变化不明显，大多数年份的KP指数小于1，体现税收累退性；2005年至2016年，税收累进性指数又有所上升，由2004年的0.4上升到2016年的2.1。

13. 捷克

1993年，捷克和斯洛伐克和平分离之后，对经济进行转型，包括私有化、自由化和稳定化三个方面。经历了20世纪90年代的转型，捷克经济增长趋于稳定，21世纪以来，捷克的经济增长水平均逐步超过了欧盟平均水平。2004年加入欧盟后，伴随着资源的共享以及产业的转移，经济增长迅速。2008年金融危机后有所降低，但仍高于加入欧盟之前的水平，人均GDP虽低于欧盟平均水平，但差距逐步缩小，出现赶超趋势。

2004年加入欧盟后，捷克对当时所行的部分税种的税率也做了适当的调整，例如，企业所得税税率从31%下调到28%，增值税税率由5%和22%两档调整为5%和19%两档，烟酒和汽油的消费税提高了大约13%。

计算捷克的税收累进性运用KP指数法，KP指数计算过程中所需的GDP及税收收入数据选取捷克1993年至2016年二十三年左右的数据，相关数据由捷克统计局及OECD网站整理得到。虽然在2004年加入了欧盟，但捷克并没有加入欧元区，始终使用克朗作为货币单位，因此在计算KP指数的过程中不需要将其转化为同一货币标准衡量的数据。因无法获得详细的季度数据来计算每年的税收累进性，因此选用年度数据，并以三年为一期，计算该三年期内的平均税收累进性（如1995

年的 KP 指数数据代表 1993、1994、1995 三年间的平均税收累进性）。

　　捷克的税收累进性（KP 指数）变化轨迹大致可以分为两个阶段：总体上升期和显著下降期（如图 2-49 所示），将 KP 指数取自然对数得到 LNKP 的变化趋势图（如图 2-50 所示），两个阶段的变化趋势体现得更加明显。

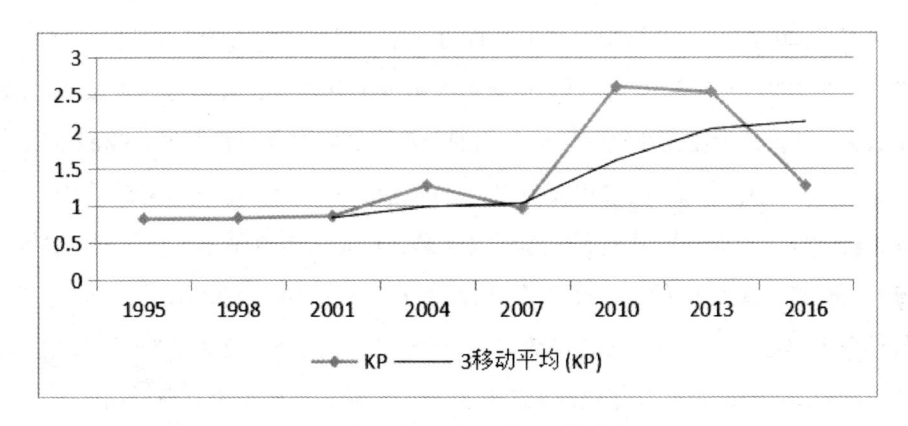

图 2-49　捷克税收累进性 KP 指数

数据来源：由捷克统计局及 OECD 网站整理得到。

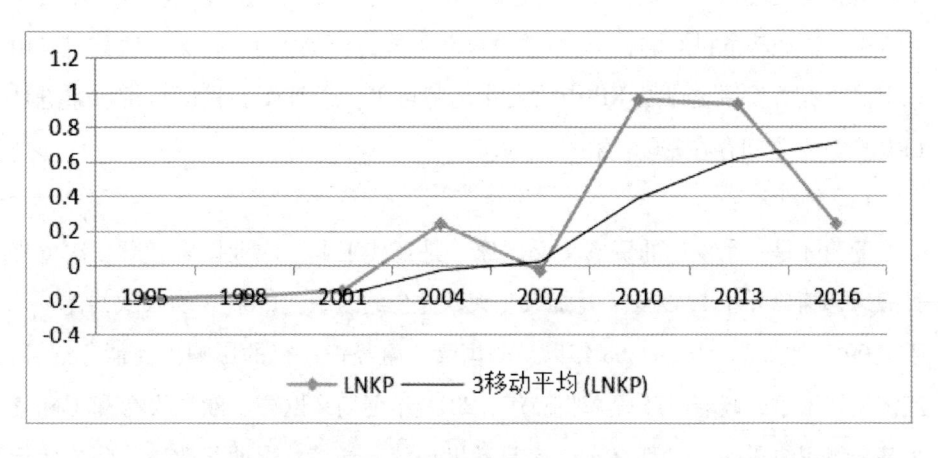

图 2-50　捷克税收累进性 LNKP 指数

数据来源：由捷克统计局及 OECD 网站整理得到。

从 1995 年直至 2010 年可以归纳为税收累进性生命周期的第一个阶段，在该阶段内，整体税收累进性总体呈上升的变化趋势，由 1995 年的 0.83 上升至 2010 年的 2.60。在这个大阶段内可以进一步细分为三个小的阶段：一是 1995 年至 2004 年左右，KP 指数取值不断上升，但总体小于 1 即税收呈现累退性；二是 2004 年至 2007 年，KP 指数出现了短暂的下降，但总体略大于 1，呈现税收累进性；三是 2007 年至 2010 年，KP 指数再次出现上升趋势，且上升速度较快，KP 指数大于 1。分析捷克在这一历史时期的经济发展状况及财税制度，我们可以看到，独立后捷克的私有化过程较为顺利。捷克从 1993 年开始取消实施了 30 年的周转税制度，借鉴国际经验和国际税收原则，建立以增值税为主体的税收体系，统一所得税，减少税种，简化税率和计税方法。在此阶段税制的累进性较低，甚至呈现累退性，可以通过提高效率刺激经济发展。2004 年到 2007 年 KP 指数的波动及 2007 年到 2010 年税收累进性的显著上升，可能与捷克财税制度的调整有关。

2010 年以后可以归纳为税收累进性生命周期的第二个阶段，在该阶段内，KP 指数总体呈下降趋势，由 2010 年的 2.60 下降至 2016 年的 1.27。2008 年的金融危机对捷克造成了较严重的打击，2009 年的国内生产总值较 2008 年下降了 3.47%。受经济危机影响，KP 指数也显著下降，但仍大于 1，为税收累进。由以上捷克经济发展史以及 KP 指数变化趋势可见，经济发展程度与税收累进性（KP 指数）之间存在密切的相关关系。

14. 葡萄牙

葡萄牙是一个发达的资本主义国家，是现代工业-农业国家。第二次世界大战后，葡萄牙于 1949 年 4 月加入北大西洋公约组织，1986 年加入欧共体，并于 1999 年加入欧元区。2008 年以来受国际金融经济危机的影响出现债务危机，经济发展困难，政府财政曾濒临破产，2011 年葡萄牙欧盟、欧洲央行和国际货币基金组织组成的"三驾马车"签订救助协议，经济状况明显改善，葡萄牙于 2014 年退出救助计划。

葡萄牙的税种结构可以分为两个阶段来分析。

第一阶段为20世纪60年代至1988年。这一阶段占主要地位的是间接税，其中商品服务税和社会保障税占比最大。此外，仍然征收少量的工资税和财产税。

第二阶段为1989年至今，税制结构以直接税为主。葡萄牙开征个人所得税和企业所得税，主体税种变为所得税，但商品服务税和社会保障税依然占较大比例。2016年，葡萄牙直接税（即个人所得税、企业所得税、社会保障税等）占GDP的比重为21%；另外以商品服务税为主的间接税占GDP的比重为12%。总体来看，葡萄牙是直接税与间接税并重的税制模式（日耳曼型），因此，能兼容直接税与间接税各自的优势，更好地体现税收的各项职能和原则。

葡萄牙税收累进性的计算方法采用KP指数法，KP指数计算过程中所需GDP和税收数据选取葡萄牙1969年至2016年四十七年左右的数据，相关数据由《帕尔格雷夫世界历史统计：欧洲卷》《国际统计年鉴》和新浪财经数据库整理得到。其中，在我们考察研究的历史年间葡萄牙的货币经历了变更，加入欧元区后，葡萄牙埃斯库多转化成了欧元。为了方便计算，我们统一转换成美元进行计算。鉴于历史考察期限较长，无法获得详细的季度数据来计算每年的税收累进性，因此选用年度数据，并以三年为一期，计算该三年期内的平均税收累进性。

葡萄牙税收累进性（KP指数）的变化轨迹大约可以分为三个阶段（如图2-51所示），将KP指数取自然对数得到LNKP的变化趋势图（如图2-52所示），三个阶段的变化趋势体现得更加明显。

（一）20世纪70年代到1986年。1974年4月25日，发生所谓"康乃馨革命"，在动荡环境下，经济发展受到影响。税收逐渐由累进转向累退，KP指数由1968年的1.66逐渐下降至1974年的0.49。

（二）1986年葡萄牙加入欧共体后，葡萄牙经济在此阶段得到发展。20世纪90年代初，因受欧洲经济衰退的影响，葡萄牙经济增长率逐年下降。此阶段税收呈现累退性且KP指数不断下降。1992年KP指数为0.61。1995年葡萄牙经济开始复苏，1998年年平均经济增长率高达4.6%。1999年1月1日，葡萄牙作为首批欧盟国家加入欧元区。在这一时期，葡萄牙处于经济起飞、不断探索发展的阶段。该阶段税收累进性上下波动，但是整体上呈现不断下降的趋势。

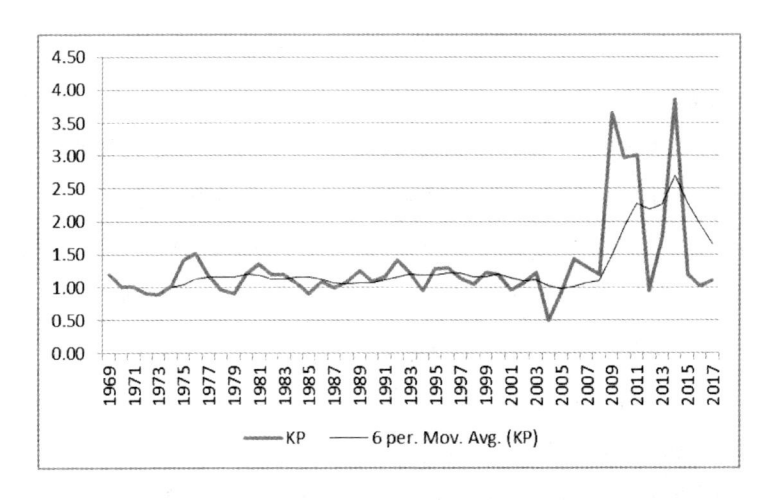

图 2-51 葡萄牙税收累进性 KP 指数

数据来源：由《帕尔格雷夫世界历史统计：欧洲卷》《国际统计年鉴》和新浪财经数据库整理得到。

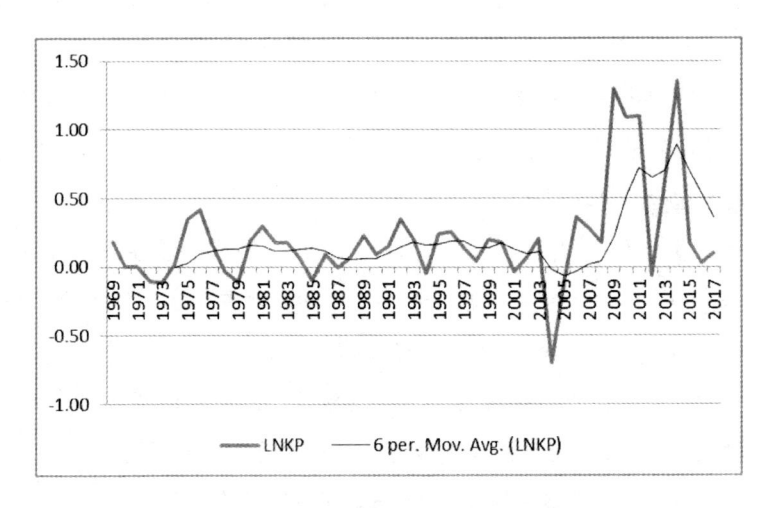

图 2-52 葡萄牙税收累进性 LNKP 指数

数据来源：由《帕尔格雷夫世界历史统计：欧洲卷》《国际统计年鉴》和新浪财经数据库整理得到。

（三）2008年至今。受到经济危机、欧债危机等影响，葡萄牙经济仍然低迷但处于复苏期，经济发展程度相对成熟，纺织、制鞋、旅游、酿酒等产业相对发达。税收逐渐由税收累退转向累进，KP指数由2007年的0.61逐渐上升至2016年的1.18。

目前，葡萄牙正处于税收累进性生命周期的"经济发展阶段"。

15. 墨西哥

墨西哥是拉美第二经济强国，仅次于巴西。墨西哥于1986年加入关贸总协定，将内向型发展模式转变为外向型发展模式，经济复苏，同时形成主要依赖外国短期资本来平衡过高的经济项目赤字的局面。1994年1月1日，墨西哥正式加入北美自由贸易区，同年政局动荡，导致货币大幅贬值，爆发金融危机。1996年，墨西哥在美国和国际金融机构的大量紧急援助支持下，整顿金融体制，进一步调整经济结构和实施中长期经济发展计划等措施，经济状况逐渐好转。墨西哥主要经济部门为石油行业、纺织服装业、制造业、出口加工业等，出口依赖美国市场，可见墨西哥对于美国的依赖程度很深，美国经济的情况往往决定着墨西哥的经济发展。

墨西哥在20世纪70年代末至80年代初，逐渐注重税制结构合理化，对公共财政政策做了重大调整，先后进行三次税制改革。税制改革前，墨西哥的税收制度存在着多种缺陷，税制结构不合理。税制结构中，主要矛盾一是在流转税方面，税种过繁、税率过多，不是健康的税收发展状态；二是在所得税方面，有悖于公平竞争原则。

第一次税制改革始于1980年，以增值税取代商业税，建立新的流转税体系。1989年，进行第二次税制改革，改善所得税、关税制度，规范所得税应税收入范围，调低了税率，将关税纳入全国税务系统。1993年，根据建立北美自由贸易的需要，墨西哥政府再次改革税制，加快本国税制与国际接轨的步伐，有力改善国内投资环境，吸引外国直接投资，促进对外贸易的发展。墨西哥以上税制改革的重点在于全面推行增值税和统一所得税，经过税种结构改造后，形成了新的直接税和间接税体系，形成以增值税为主体，所得税相配合的税收结构，墨西哥的增值税、所得税收入共占各项税收收入的80%以上，极大地推动税收收入的增长，结合KP指数趋势图也可得知，自改革后墨西哥的税收总体呈累进性。

进入21世纪以来，墨西哥继续进行税制改革，实行了工薪税、财产税和社会保险税的网络申报系统，大大减少缴纳税款的次数。经过改革与进步，墨西哥的税收体制日渐完善，基本适应了国家现阶段经济发展需要。如今，墨西哥的税制结构是由增值税和所得税为主的"双主体"复合结构，并稳定保持，其税收总体呈累进性。

墨西哥税收累进性的计算方法采用KP指数法，KP指数计算过程中所需GDP和税收数据选取墨西哥1925年至2017年九十二年左右的数据，相关数据由《帕尔格雷夫世界历史统计：美洲卷》和《墨西哥地理暨普查局》整理得到。其中，鉴于在考察研究的历史年间墨西哥货币并没有发生变更，因此不需要进行货币的转换而可以直接计算出KP指数。又鉴于历史考察期限较长，无法获得详细的季度数据来计算每年的税收累进性，因此选用年度数据，并以三年为一期，计算该三年期内的平均税收累进性（如1874年的KP指数数据代表1874、1875、1876年三年间的平均税收累进性）。

墨西哥税收累进性变化轨迹大致呈现了三个阶段，前期波动较大，中期比较平稳，后期波动较大（如图2-53所示），将KP指数取自然对数得到LNKP的变化趋势图（如图2-54所示），三个阶段的变化趋势体现得更加明显。

第一个阶段为1925年至1942年。此阶段KP指数上下波动幅度相对较大，经历两升两降较大变化。可细分为四个小阶段：(1) 1925年至1930年，KP指数升高，税收累进性上升，1930年其KP指数达到阶段顶点1.53；(2) 1930年至1933年，KP指数下降，税收累进性降低；(3) 1933年至1939年，KP指数急剧上升，在1939年的KP指数为2.15，达到考察历史年限内的最大值，此阶段税收由累退性变化为累进性；(4) 1939年至1942年，KP指数陡然直降，跌落到0.48。

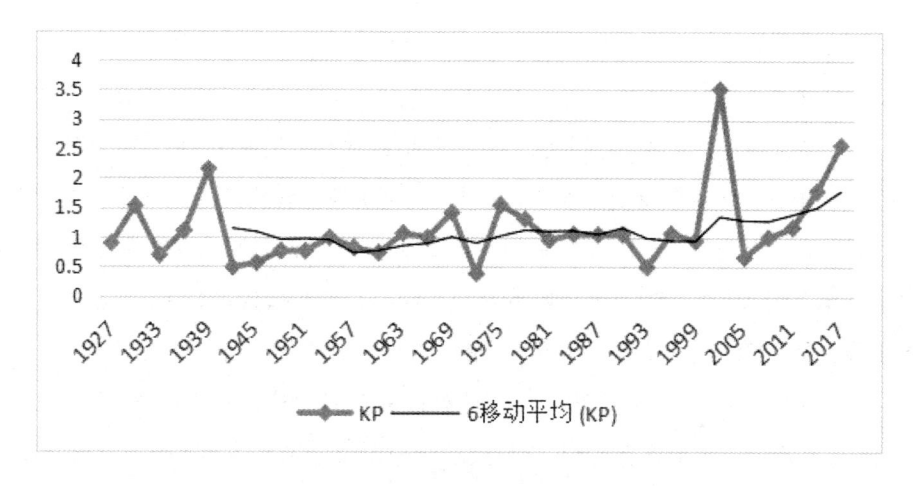

图 2–53 墨西哥税收累进性 KP 指数

数据来源：由《帕尔格雷夫世界历史统计：美洲卷》和《墨西哥地理暨普查局》整理得到。

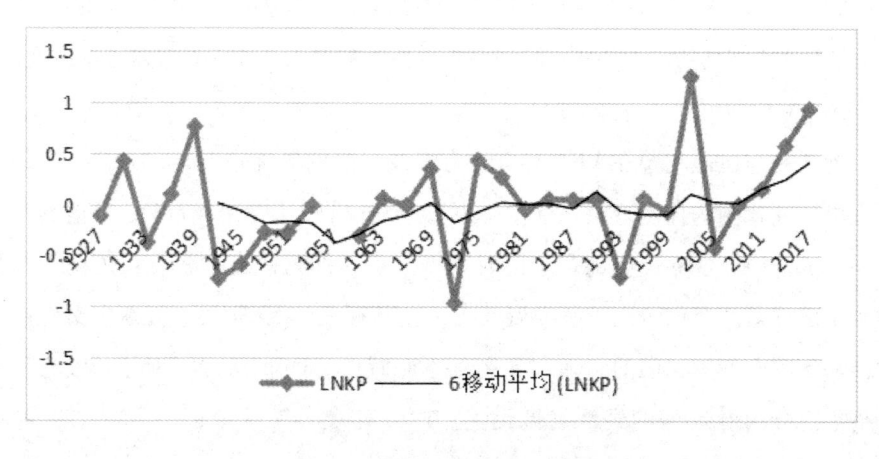

图 2–54 墨西哥 LNKP 指数

数据来源：由《帕尔格雷夫世界历史统计：美洲卷》和《墨西哥地理暨普查局》整理得到。

第二个阶段为 1942 年至 1999 年。此阶段 KP 指数在 1 上下浮动，比较稳定，波动范围在 0.5 到 1.5 之间。这一阶段可细分为三个小阶段：（1）1942 年至 1969 年，数值波动较小，总体趋势稳定上升，KP 指数从 1942 年的 0.48 上升至 1969 年的 1.42，税收逐步从累退变为累进，经济发展情况较好较稳；（2）1969 年至 1975 年，数据有一次剧烈波动，由 1969 年的 1.42 猛然下降为 1972 年的 0.38，再度急剧上升至 1975 年的 1.54；（3）1975 年至 1999 年，KP 指数相对平稳，总体趋势在下降，从 1975 年的 1.54 下降至 1999 年的 0.94，由累进再次变为累退。

第三个阶段为 1999 年至 2017 年。此阶段数据波动较大，可划分为两个小阶段：（1）1999 年至 2005 年，KP 指数波动状呈山形，先是陡然上升再急剧下降，但基本上大于 1，呈累进性；（2）2005 年至 2017 年，KP 指数呈稳定上升趋势，从 0.70 上升为 2.56，由累退稳步变为累进，总体呈累进性，经济发展情况良好。

从总体看来，墨西哥税收累进性变化在不同时期波动幅度不同，税收呈累退、累进交替进行。第一阶段内，税收累进性 KP 指数大部分高于 1，呈累进性；第二阶段，KP 指数前期呈累退性，中期多呈累进性，后期逐步平稳在 1 左右，此阶段较为平缓；第三阶段，KP 指数总体趋势大于 1，即总体呈累进性。

16. 匈牙利

匈牙利与奥地利曾在 1867 年合并为霸及一时的奥匈帝国。在此之前，匈牙利在奥地利帝国的控制下，税款主要由奥地利征收，但在 1867 年，奥地利与匈牙利达成妥协，成立了奥匈帝国同时获得了更多的财政自主权，在关税上与奥地利结成同盟。奥匈帝国不断发展壮大，在其存在的 51 年间，资本主义生产方式传播到整个帝国，旧的封建主义制度不断减弱。19 世纪末，匈牙利中心平原和喀尔巴阡山脉地区的经济发展迅速。1913 年奥匈工业产值占世界的 4.4%，位居世界第六，其税收总额稳定增长。

第一次世界大战使奥匈帝国受到了重创，《巴黎和约》的签订使得奥匈帝国被拆分为奥地利和匈牙利两个国家，战争的摧残使匈牙利的经济发展屡屡受挫。战后，匈牙利成立匈牙利共和国，但到 1919 年 2 月，由于匈牙利政府在国内和军事方面的失败，税收总额在多种消极因素的综合作用之下，于 1919 年跌入低谷。

两次世界大战后，新的匈牙利共和国建于1945年。1945年至1956年，其受控于苏联，照搬苏联的税制模式，实行周转税与上缴利润制度。1957年至1967年，匈牙利修正苏联模式，实行周转税和利润提成制度。1968年，起匈牙利税收制度开始与市场经济接轨。

1988年，受到苏联影响的卡德尔政府的自由化实行税制改革，匈牙利实行重大税制改革，开征了普通流转税和个人所得税，此后，匈牙利税收制度开始进入与国际社会接轨阶段。2003年，匈牙利将遗产税、捐赠税、汽车消费税、诉讼税以及其他行政服务税率大幅提高。2004年5月初，匈牙利加入了欧盟，为符合欧盟的税收规定，多次大幅修改税收立法。2008年，匈牙利政府调整公司所得税税率，税率由原来16%更改为分段征收。2010年后，在欧洲债务危机等各种经济复杂的大背景下，匈牙利响应欧盟和OECD的号召，对本国的税收制度进行了进一步改革：（1）从向劳动征税转变为向对经济更少损害的税基征税。（2）促进经济增长和提升竞争力在环境保护和研发方面的税制改革。（3）改进税收遵从与税收征管税收。

税收累进性的计算方法同样采用KP指数法，由于1980年以前匈牙利税收收入这一数据缺失，KP指数计算过程中所需GDP和税收数据选取1981年至2016年四十年左右的数据，相关数据由《帕尔格雷夫世界历史统计：欧洲卷》、OECD数据库和新浪财经数据库整理得到。其中，由于获得的历史数据中衡量货币不相同，将其转化为同一货币标准衡量的数据后再进一步计算KP指数。数据的具体转换过程：依据不同年份美元与福林的转换率得到以福林为统一货币单位的数据。

税收累进性（KP指数）变化轨迹大致呈现了税收累进性生命周期变化过程的前两个阶段（共有四个阶段）：经济稳步增长阶段与成熟阶段（如图2-55所示），将KP指数取自然对数得到LNKP的变化趋势图（如图2-56所示），两个阶段的变化趋势体现得更加明显。

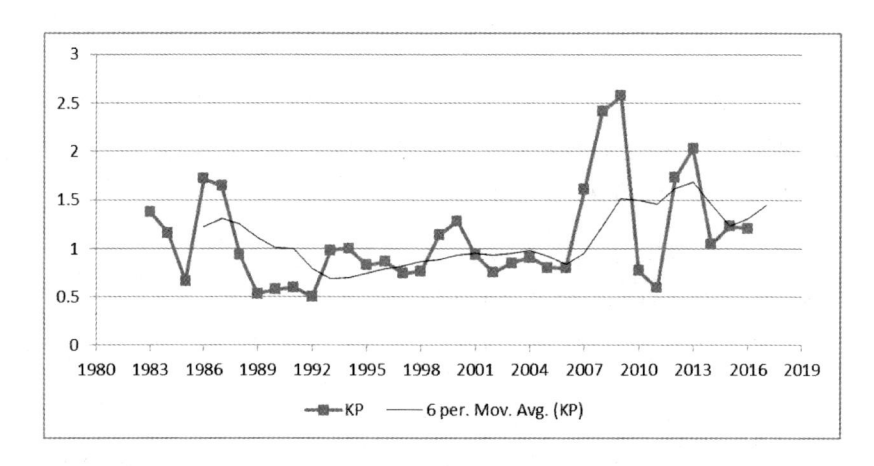

图 2－55 匈牙利税收累进性 KP 指数

数据来源：由《帕尔格雷夫世界历史统计：欧洲卷》、OECD 数据库和新浪财经数据库整理得到。

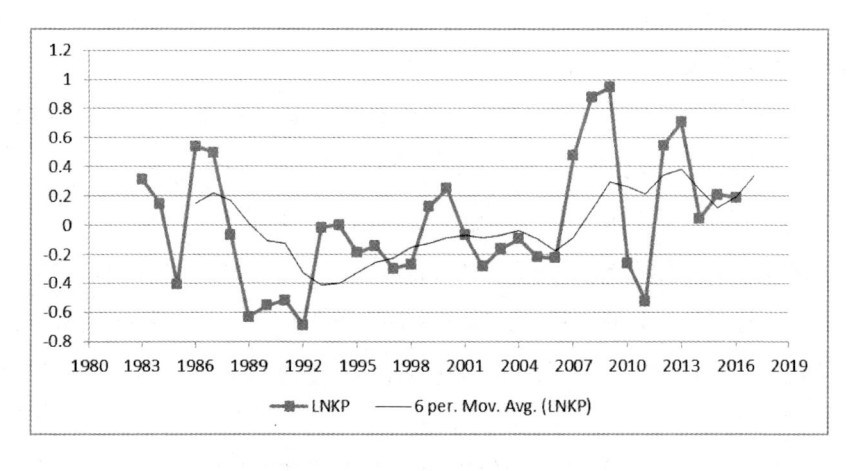

图 2－56 匈牙利 LNKP 指数

数据来源：由《帕尔格雷夫世界历史统计：欧洲卷》、OECD 数据库和新浪财经数据库整理得到。

(1) 1968年至1988年。1968年前,匈牙利政府按照苏联模式建立起高度集权的政治经济体制,忽视了本国国情,导致国民收入下降,国民经济比例失调,国内经济体制改革呼声高涨。1968年,匈牙利全面实行经济体制改革。在税收方面,匈牙利将由生产企业缴纳的周转税改为由商业批发环节缴纳的消费品流通税。随后,匈牙利的普通收入税成为只是对手工业者和私商征收的单项税种。该阶段匈牙利基本形成了以利润税为主体的多种税、多环节征收的复税制。1968年至1988年二十年经济改革,匈牙利在社会主义制度下走向市场经济。

(2) 1988年至1994年。20世纪80年代,匈牙利经济形势日趋严峻,企业亏损增多,财政赤字增加,通货膨胀严重,党和政府从税制改革入手进行经济体制改革,并于1988年开始实施普通流通税法和个人所得税法。此阶段整体税收累退性呈不断下降的趋势,KP值由1988年的0.94下降到1992年的0.5。此次税制改革改善了企业经营环境,使企业的负担大大减轻,提高了企业的生产效益。

(3) 1994年至2008年。匈牙利于1994年开始实施修改后的所得税法、公司税法和纳税法,将公司税率由40%下调至36%,所有经营者都享受免除投资借款利息30%的税率优惠。该阶段,KP数值取值变化较为频繁,但大多数年份的KP值小于1,即税收呈现累退性,且累退性逐渐减弱。其中,KP指数取值在1997、2003、2004年分别为0.74、0.85和0.91。

(4) 2008年至今。2008年,全球金融危机爆发,匈牙利受到明显冲击,同年经济基本没有增长,甚至在2009年还出现负增长。为了尽早摆脱国际金融危机带来的影响,匈牙利政府推出了"危机处理纲领",将应对金融危机与改革税收制度有机结合起来,从2009年起,个人所得税低档税率的课税起点由年收入170万福林提高到190万福林。2010年起,降低个人所得税税率,低档税率为15%~17%,高档税率为33%~35%。在企业方面,政府取消自2006年起征的、旨在降低财政赤字的税率为4%的企业所得"特别税",转而实施统一税率19%的企业所得税,以改善企业经营条件。匈牙利逐渐形成了以所得税为主体的税制。从数据来看,该阶段KP值整体大于1,税收呈现累进性,且变化趋势较为平稳。

17. 土耳其

在建国初期的凯末尔时代,土耳其政府在国民经济民族化和混合所有制结构的框架下,实现了经济发展战略从温和到激进方式的改变。第二次世界大战以后,土耳其经济从国家主义逐渐转变为市场经济为导向的全方位开放的发展道路,政府减少行政干预,逐步实现自由经济,进一步提高了市场化程度,经济、政治领域民主化进步相互促进、协同发展。

自20世纪80年代以来,土耳其经济迅速腾飞,新经济政策的实施成为土耳其经济发展的重要分水岭,外向型和国际化的经济模式逐步替代内向型和进口替代的经济模式。目前,土耳其实施的是一种以私有制为基础的国有经济与私有经济相互关存,对外市场经济与国家干预的相互结合的"混合型经济体制",推行自由市场经济模式,大力发展私营经济,经济实现高速增长。

土耳其属中等偏下收入水平国家,土耳其的主要税种包括:个人所得税、公司所得税、增值税、附加税、银行保险交易税等。近年来,土耳其税制改革中的主要内容包括:(1)将税负水平与国际水平接轨。2005年将公司所得税税率逐步下调至20%,目的在于提高国内企业的竞争力、促进创新。(2)严格税收优惠相关措施,减少逃税、避税的发生。(3)逐步简化税制。主要体现在减少个人所得税的税率级次,从五级税率减少到四级税率,将工资收入和非工资收入的规定统一。简化税制既增加了纳税人的申报的便利性,又减少税收的征管成本。

土耳其税收累进性的计算方法同样采用KP指数法,KP指数计算过程中所需GDP和税收数据选取土耳其1950年至2016年七十年左右的数据,相关数据由《帕尔格雷夫世界历史统计:亚洲卷》和OECD数据库整理得到。其中,土耳其从2005年实行货币改革,原旧里拉停止流通。2009年1月1日,土耳其央行又在全国范围内发行新货币"土耳其新里拉",以取代流通中的"里拉",因此需要将其转化为同一货币标准衡量的数据后再进一步计算KP指数。新里拉和旧里拉的比值为1新里拉=1000000旧里拉,将2010年至2016年的数据由新里拉转换为旧里拉,所有数据都以旧里拉来衡量。

土耳其税收累进性(KP 指数)变化轨迹大致呈现了税收累进性生命周期变化过程(如图 2-57 所示),将 KP 指数取自然对数得到 LNKP 的变化趋势图(如图 2-58 所示)。

土耳其税收累进性变化轨迹在一定程度上呈现了周期性变化的特征,主要分为以下三个阶段:(1) 起飞阶段,KP 值从 1.494875339 下降到 0.835727926,税收的累进性呈下降趋势,甚至出现了累退现象,此时的土耳其经济处于起飞阶段。(2) 成熟阶段。从 1971 年到 1977 年,KP 值逐渐从 1.879415236 上升到了 9.780876414,土耳其经济发展由起步阶段向成熟阶段迈进。(3) 大众消费阶段。从 1977 年到 2016 年,KP 指数从 5.16 到 2.73,旅游业成为土耳其步入大众消费阶段的一个重要标志性产业,如今土耳其旅游业也是土耳其政府财政收入的主要来源,每年贡献约 35 亿美元的税收收入,成为国家的支柱型产业。

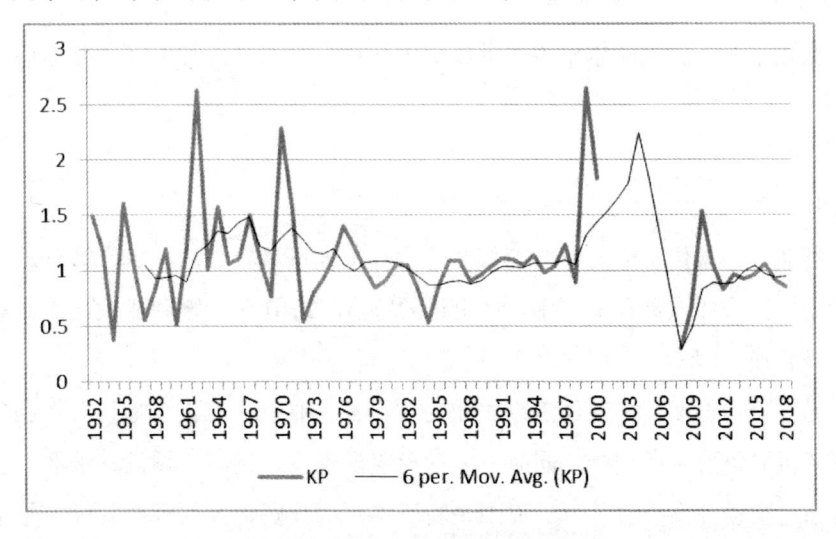

图 2-57　土耳其税收累进性 KP 指数

数据来源:由《帕尔格雷夫世界历史统计:亚洲卷》和 OECD 数据库整理得到。

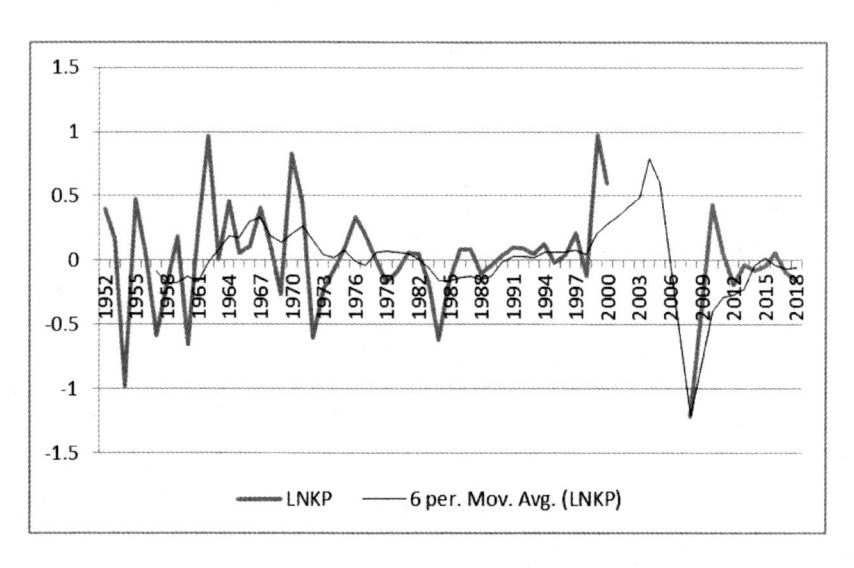

图 2-58　土耳其 LNKP 指数

数据来源：由《帕尔格雷夫世界历史统计：亚洲卷》和 OECD 数据库整理得到。

18. 智利

智利共和国位于南美洲西南部，是世界上地形最狭长的国家，智利政治环境稳定，经济环境具有全球化、自由化的特点。2010 年，智利成为南美洲第一个 OECD 成员国。

殖民统治时期，智利经济以农业为主，畜牧业也占有重要地位。智利独立后成为世界重要的产铜国。同时，大量英美资本投入硝石、铜矿开采业以及铁路。第一次世界大战后，由于美国垄断资本家的投资，智利资产阶级力量也有所增长。第二次世界大战前期，智利保持中立。但是由于美国资本的压力与控制，智利民族工业发展很缓慢，农业发展相对落后，人民生活日益困难，民间革命运动也在不断发展。

智利的重要的经济改革：一是 1974 年至 1982 年，受西方国家兴起的新自由主义经济思想影响，推行以自由化、市场化、私有化为导向的经济改革，但效果欠佳；二是1983年至1989年，实行全方位的对外开放、积极参与经济全球化进程。经济恢复增长。

智利税收包括间接税、直接税和其他税种三大种类。间接税以增值税、关税为主，直接税以企业所得税与个人所得税为主，税制结构以间接税为主。1984年智利税制改革前，智利对企业的课税曾将近50%，当年的税制改革曾经把税率降低到10%。虽然民主化后税率有所上调，但是智利依然处于低税收国家行列。经过长达三十多年的改革，智利2005年的最高累进税率由58%降低到40%，这有力地帮助了企业家和投资者在相对轻松的税负环境中创业。2012年9月27日，智利官方公报发布税制改革方案，拟每年增收约10亿美元税款，提升教育质量，进一步完善税法。2017年，智利的个人所得税率由原本的40%下调为35%。

智利税收累进性的计算方法采用KP指数法，KP指数计算过程中所需GDP和税收数据选取智利1912年至2016年一百年左右的数据，相关数据由《帕尔格雷夫世界历史统计（美洲卷）》以及新浪世界宏观经济数据整理得到。鉴于在考察研究的历史年间的数据单位并不完全一致，需要根据当时的情况进行统一化的调整。选取了2018年4月11日美元兑新比索的汇率1∶600进行单位的转换，最终使得所有单位保持一致。又鉴于历史考察期限较长，无法获得详细的季度数据来计算每年的税收累进性，因此选用年度数据，并以三年为一期，计算该三年期内的平均税收累进性（如1912年的KP指数数据代表1912、1913、1914年三年间的平均税收累进性）。

智利税收累进性KP指数大致如图2-59所示，大致经过了两个周期的变化过程，LNKP大致如图2-60所示，变化趋势体现得更加明显。

1891年至1920年，是智利第一个周期的上升阶段。这个时期，智利经济有所发展。20世纪20年代初期，第一次世界大战后，美国垄断资本家大规模在智利投资，智利的经济呈现下滑趋势，对应的KP指数逐渐下滑。前两届政府曾大力兴办学校，成立"生产开发公司"，发展民族工业，向农民贷款，发展对外贸易，民族经济日益壮大，体现在了20世纪20年代后期至20世纪40年代初期，

税收累进性问题研究 >>>

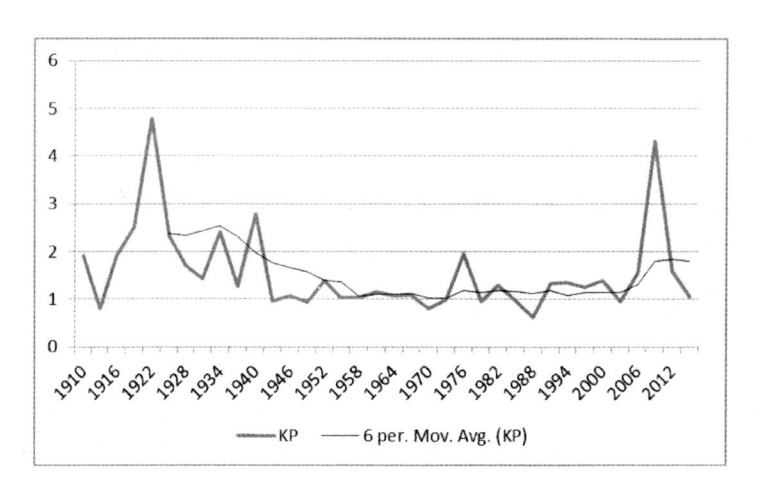

图 2-59 智利税收累进性 KP 指数

数据来源：由《帕尔格雷夫世界历史统计：美洲卷》以及新浪世界宏观经济数据整理得到。

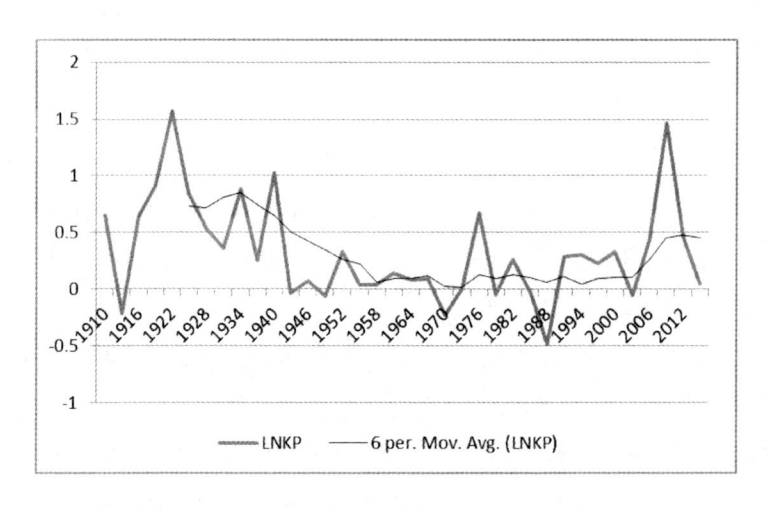

图 2-60 智利 LNKP 指数

数据来源：由《帕尔格雷夫世界历史统计：美洲卷》以及新浪世界宏观经济数据整理得到。

智利的 KP 指数在不断地上升。20 世纪后期，由于政治因素，经济一直处于低迷状态，未取得重大的发展，KP 指数在 1 上下浮动。20 世纪中后期以来，随着文人政府取代军政府上台执政，智利经济改革进入了一个新的阶段，重回国际舞台，经济增长迅速，KP 指数也随之不断升高。由以上智利经济发展史以及 KP 指数变化趋势可见，经济发展程度与税收累进性（KP 指数）之间存在密切的相关关系。

19. 挪威

挪威作为发达国家，在早年历史中却只是一个落后的欧洲国家，直至 1905 年才获得独立。一战结束后，挪威经济萧条达到极端，并持续到二战开始，二战使得挪威经济每况愈下。但是处于经济低谷的挪威并没有一蹶不振，仅用五年时间就使经济恢复至战前水平，于 20 世纪 70 年代通过石油经济拉动发展。挪威在飞速发展经济时，保障其货币的稳定，又避免发生一般石油国家的经济问题，这些使得它在 2004 年超越英美等国成为最富有的国家之一。

挪威实行的是由多种税收组成的复合税制。作为高福利国家，挪威的税制结构比较简单，且实行的是高税收高福利的财政政策。挪威的主要税种包括：个人所得税、公司所得税、增值税、财产税和遗产税等。

1966 年，北海的探矿为挪威的石油资源税成为主要税种奠定了基础。这一时期内，所得税占总收入的比例上升。20 世纪 70 年代中期，所得税收入占总收入比例显著下降，跌至 55% 左右。1977 年，高工资趋势使挪威产业无竞争力，与此同时水产养殖成为沿着海岸的新的赚钱的产业。在此期间，所得税占比略有下降，相对应的商品劳务税有所上升。1981 年，保守党赢得挪威议会选举且执行了庞大的取消管制改革：减税、允许地方私人拥有无线电站等。在此期间，所得税占总收入比例稳步上升，并且企业所得税占比急剧上升，从原来的 4% 左右升至 17%，消费税占总税收收入的比例有所下降。

因为经济危机和银行危机的发生，挪威在 1985 年至 1990 年的所得税收入占比下降明显，其中个人所得税占比达到历史新低，企业所得税也急剧回落，与其相对应的消费税也同时下降。挪威加入欧洲经济区后，所得税收入占比稳定上升,直至 2013 年有所回落,期间,所得税收入达到过 72% 的占比,发挥了巨大的税收功能。1990 年至 2013 年,所得税中个人所得税占比趋向于稳定,企业所得税占比明显提高,商品劳务税占比呈下降趋势,侧面证明了挪威经济的发展迅速,所得税占比日趋增长。2013 年至 2016 年,世界石油危机的爆发使挪威的所得税下降,其中以企业所得税下降最为明显,由原来 25% 下降至 8%。

综上所述,挪威自 1965 年至 2016 年,总体所得税收入占比上升,其中以企业所得税占比上升为主,商品劳务税基本保持与所得税相反的占比趋势。在经历世界性、全国性的经济危机等情况下,保持稳步上升,证明挪威是一个经济发展基础较为稳固的国家,其稳定的经济发展也为税收的发展创造了良好的条件。

挪威税收累进性的计算方法采用 KP 指数法,KP 指数计算过程中所需 GDP 和税收数据选取挪威 1870 年至 2016 年一百五十年左右的数据,相关数据由《帕尔格雷夫世界历史统计:欧洲卷》《国际统计年鉴》以及新浪财经数据库整理得到。将数据转化为同一货币标准衡量以后,鉴于历史考察期限较长,无法获得详细的季度数据来计算每年的税收累进性,因此选用年度数据,并以三年为一期,计算该三年期内的平均税收累进性。

挪威税收累进性（KP 指数）变化轨迹大致呈现了税收累进性生命周期变化过程（如图 2-61 所示）,将 KP 指数取自然对数得到 LNKP 的变化趋势图（如图 2-62 所示）,不同阶段的变化趋势体现得更加明显。

对挪威的 KP 及 LNKP 图进行分析后,按照生命周期进行税制发展阶段划分,大致如下:

第一阶段为 1860 年至 1909 年。该阶段 KP 指数整体呈现浮动上升趋势,且 KP 指数在 1882、1891、1894 年分别达到 2.72、3.16、2.74,税收累进性平稳上升,反映经济稳步发展。在 1909 年,挪威税收收入总额达到一个顶峰,较前后几年都更为高。该阶段为大众高消费阶段,由于工业革命的推动,挪威的科技迅速发展,经济也得到了腾飞,而这种经济腾飞必然带来居民生活水平和购买力的提升,产品大量涌现,税收的累进性大幅上升。可见在经济水平大幅提高,国家经济飞速发展的阶段,借助日益上升的消费可以让税收收入大幅上升,筹备更多的政府资金。

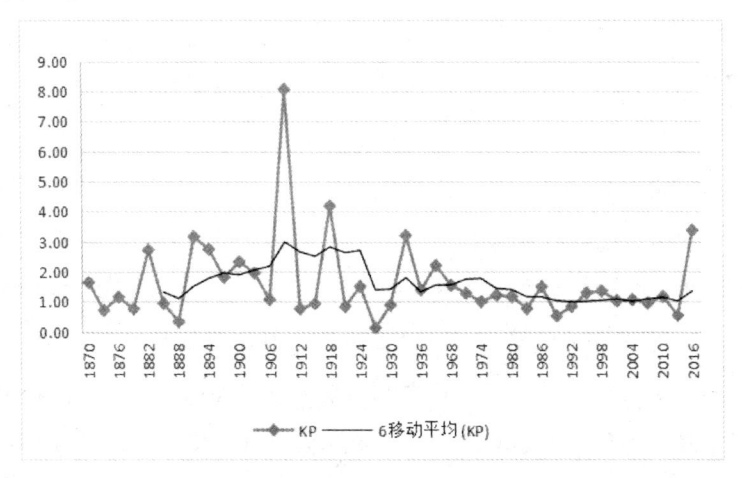

图 2-61 挪威税收收入累进性 KP 指数图

数据来源：由《帕尔格雷夫世界历史统计：欧洲卷》《国际统计年鉴》以及新浪财经数据库整理得到。

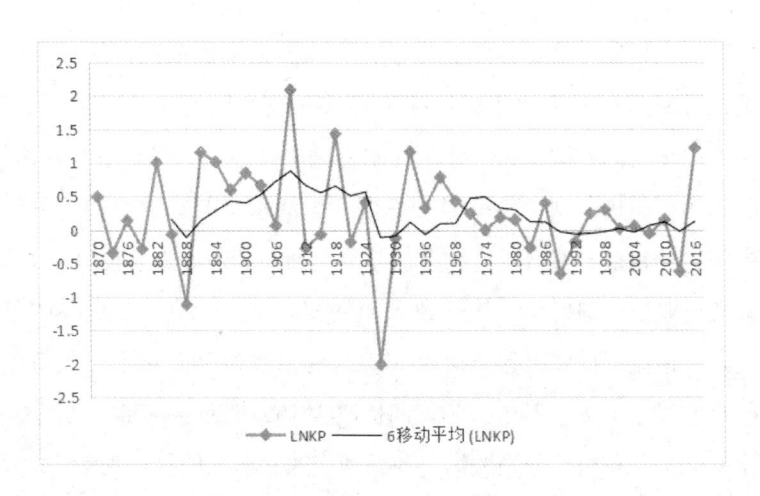

图 2-62 挪威 LNKP 指数图

数据来源：由《帕尔格雷夫世界历史统计：欧洲卷》《国际统计年鉴》以

及新浪财经数据库整理得到。

第二阶段为1909年至1950年。该阶段为超越大众高消费阶段。该阶段挪威经济受战乱影响，陷入较为困难的阶段，但是税收累进性并未有太大跌幅，而是维持在一个相对较高的水平并有所提升。

第三阶段为1951年至2018年。该阶段为经济发展阶段。该阶段挪威逐渐从战争中恢复过来，战后经济建设也逐渐步入正轨。随着经济发展的加速，挪威开始更多地考虑社会福利和税负减免的相关问题，所以在该阶段，挪威的税收累进性有所下降并趋于稳定，居民税收负担逐渐降低，税收占比也有所下降。该阶段，KP指数大部分大于1，较之前两个阶段更加稳定，没有出现突然大幅度上升或下降的现象，可见税收累进性维持在较低的水平，通过提高效率刺激经济发展。由以上挪威经济发展史以及KP指数变化趋势可见，经济发展程度与税收累进性（KP指数）之间存在密切的相关关系。

20. 斯洛文尼亚

斯洛文尼亚于1991年独立，2004年加入欧盟，同年加入汇率兑换机制，2007年加入欧元区。斯洛文尼亚独立后改革税制，制定了本国的新税法改革的主要方向：简化税制、统一并降低税率、逐步扩大纳税范围，尽可能取消税收优惠政策；对商品和劳务的课税将逐步降低并改为增值税，同时开征消费税，使税收制度逐步与西方国家相一致，税制遵循中性原则，尽量不干扰市场运行；对个人收入实行累进税制，尽可能考虑个人生活水平与家庭负担。目前斯洛文尼亚的主要税种包括：所得税、社会保障税、商品和劳务流通税以及关税。

斯洛文尼亚现今的税制结构与建国初期相差不大，但主要税种的税率有所变化。例如，企业所得税由建国初期30%的税率改为19%；个人所得税累进税率由之前的12%、22%、25%、30%四档改为16%、27%、34%、39%、50%；社会保障税由企业和职工分别缴纳，建国初企业和职工的税率均为24.97%，现在则为企业缴纳16.1%，职工缴纳22.1%；建国初的商品和劳务流通税改为增值税，现行增值税一般税率为22%，优惠税率为9.5%；而从1994年开征的消费税一直实行定额税率制；斯洛文尼亚关税税率始终为0—25%，但平均税率由建国初的12%降为现今的10%。斯洛文尼亚主要以增值税、消费税等间接税为主。

税收累进性的计算采用KP指数法，KP指数计算过程中所需GDP和税收数据选取1994年至2016年二十二年左右的数据，相关数据由世界银行数据库、OECD数据库和新浪财经数据库整理得到。其中，鉴于在考察研究的历史年间货币经历了一次变更，变更为由托拉尔转为使用欧元，因此获得的历史数据中衡量货币不相同，需要将其转化为同一货币标准衡量的数据后再进一步计算KP指数。数据的具体转换过程由OECD数据库精确处理。

税收累进性（KP指数）变化轨迹大致呈现了税收累进性生命周期变化过程的成熟阶段（如图2-63所示），将KP指数取自然对数得到LNKP的变化趋势图（如图2-64所示），两个阶段的变化趋势体现得更加明显。

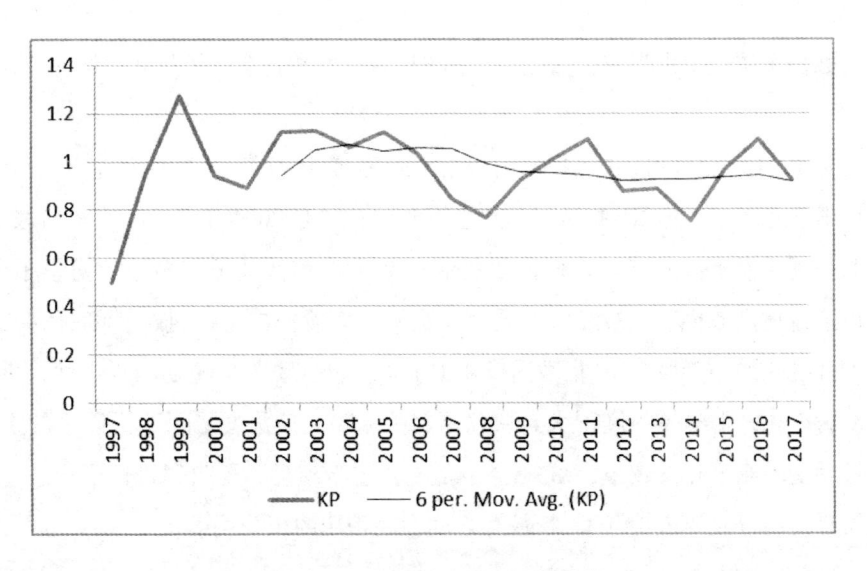

图2-63 斯洛文尼亚KP指数图

数据来源：由世界银行数据库、OECD数据库和新浪财经数据库整理得到。

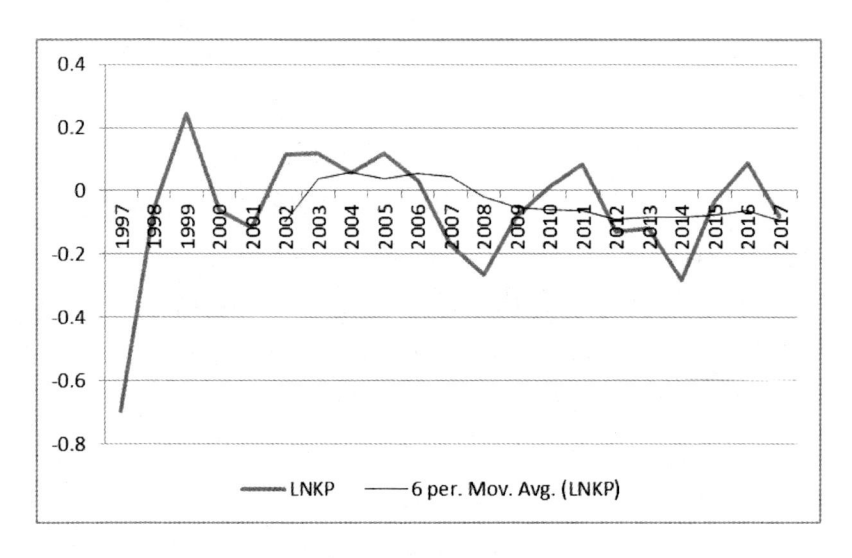

图 2-64　斯洛文尼亚 LNKP 图

数据来源：由世界银行数据库、OECD 数据库和新浪财经数据库整理得到。

从 1994 年至今可以归纳为两个大阶段：一是 1997 年至 2004 年左右，KP 指数取值变化频繁，但 KP 指数呈缓慢上升趋势；二是 2004 年至今，在该阶段 KP 指数呈现缓慢下降趋势，在此阶段税制的累进性较低甚至有多数年份呈累退，可以通过提高效率，刺激经济发展。在这两个大阶段内可以进一步细分为几个周期性变化的小阶段：KP 指数图像在 1 上下浮动，税收呈短期的累进性、累退性交替变化，但总体幅度不大。从整体趋势来说，斯洛文尼亚建国以来的税收累进性变动幅度相对较小，KP 指数取值在 1 上下浮动，税收累进性平稳。经济发展程度与税收累进性（KP 指数）之间存在密切的相关关系。

21. 卢森堡

卢森堡面积只有 2586 平方公里，人口仅 46 万，但经济高度发达。多年来，卢森堡的人均国内生产总值居世界之首，钢铁业、金融业和广电通讯业是其三大经济支柱。

卢森堡的经济崛起，首先得益于开发铁矿。从 19 世纪中叶开始，钢铁业在国民经济中占主导地位。1974年至1975年，全球性钢铁危机使其经济受挫，政府投入巨额资金量扶持。20世纪90年代初，由于世界范围内钢铁产品供大于求，卢森堡经济再次陷入萧条。

卢森堡的税制结构属于日耳曼型，以直接税和间接税为"双主体"，是所得税和流转税为"双主体"的复合税制。2017年4月21日，卢森堡政府宣布税改计划，主要内容中一项是按照欧盟的标准并适当考虑自身因素，承诺实施BEPS相关措施。由卢森堡的税制改革可以看出，卢森堡税改的趋势是降低所得税税率，增强居民购买力和企业竞争力，刺激本国经济发展。

卢森堡税收累进性的计算方法同样采用KP指数法，KP指数计算过程中所需GDP和税收数据选取卢森堡1965年至2016年五十年左右的数据，相关数据由WDI官网数据库和OECD数据库整理得到。数据转化为同一货币标准衡量以后，又鉴于历史考察期限较长，无法获得详细的季度数据来计算每年的税收累进性，因此选用年度数据，并以三年为一期，计算该三年期内的平均税收累进性（如1874年的KP指数数据代表1874、1875、1876年三年间的平均税收累进性）。

卢森堡税收累进性（KP指数）变化轨迹大致呈现了税收累进性生命周期变化过程的前两个阶段：经济起飞阶段与成熟阶段（如图2-65所示），将KP指数取自然对数得到LNKP的变化趋势图（如图2-66所示），两个阶段的变化趋势体现得更加明显。

两次较大波动分别发生在1974年与1983年，在这两次波动中，KP指数都由原本的低于或者接近于1一跃变成明显高于1，表明卢森堡税收由累退性或是较低的累进性转为了较高的累进性。1992年至1998年，卢森堡的KP指数都由原本接近于0上升至维持于2左右，这一期间卢森堡向视听通讯产业发展，使经济登上了一个新的台阶。并且1992年以来，欧洲共同体整体有所回升，多数国家出现投资兴盛的景象，在这种经济激烈的竞争环境中，卢森堡制定出新的经济、金融政策，促进其经济发展。

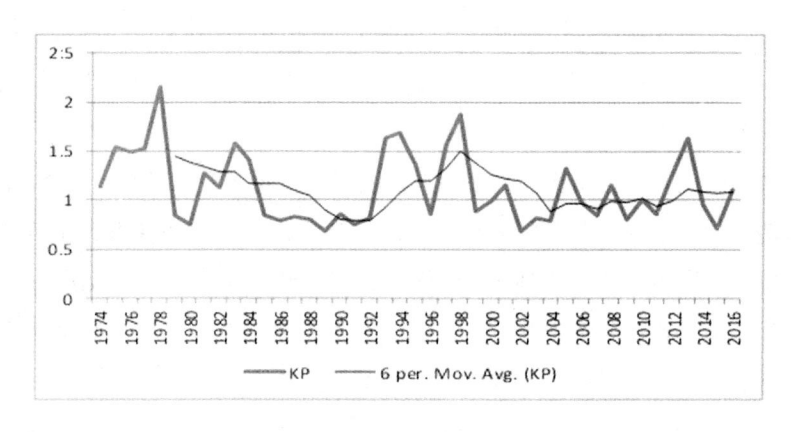

图 2–65　卢森堡 KP 指数

数据来源：由 WDI 官网数据库和 OECD 数据库整理得到。

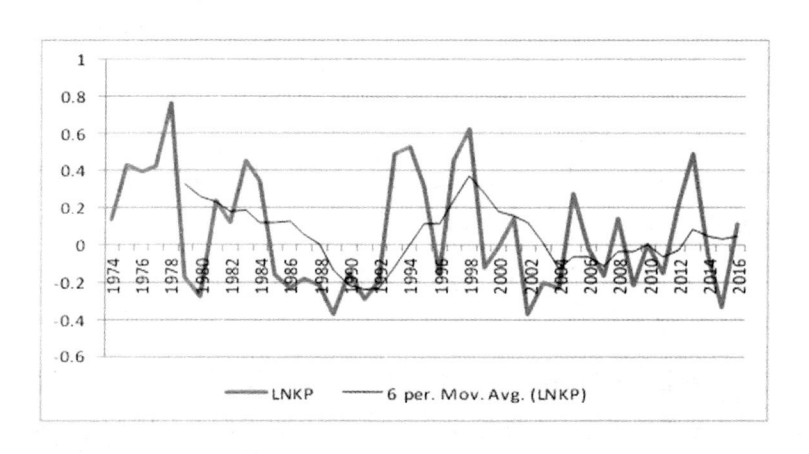

图 2–66　卢森堡 LNKP 指数

数据来源：由 WDI 官网数据库和 OECD 数据库整理得到。

22. 拉脱维亚

拉脱维亚，作为波罗的海三国，在苏联时期有着强大的轻工业基础，苏联解体后拉脱维亚建立起西欧式的资本主义市场经济，转型成了西方资本主义国家。虽然相比其他西方资本主义国家,尤其是发达西方资本主义国家,拉脱维亚起步晚、发展慢,但总体发展平稳。如今拉脱维亚是一个发达的资本主义国家。2004年5月1日,拉脱维亚正式加入欧盟。2004年3月29日成为北约的成员国,2007年12月21日成为申根公约成员国。2014年1月1日,拉脱维亚正式成为欧元区第18个成员国。

根据《税务研究》相关文章,以人均国民收入标准(GNI)为划分标准,拉脱维亚属于高收入国家(年人均国民收入12746美元以上)。尽管拉脱维亚在苏联时期相对富裕,但拉脱维亚从苏联脱离之初,经济一度低迷,GDP年增长率在1992年更是低至-32.12%。之所以出现这种情况,一方面是因为苏联时期的计划经济导致其市场配置功能难以发挥,另一方面是处于拉脱维亚僵化的经济发展体制以及不合理的税收制度背景下。但在1994年之后,除2009年至2010年难以避免地受到世界经济危机的影响以及2014年至2015年回落以外,拉脱维亚总体上实现了长期稳定同时相对高速的GDP增长,其速度超过欧盟平均水平。国民生活水平也得到了进一步的提高。究其根本,拉脱维亚的发展进步与其经济体制改革以及税收体制的进一步完善密不可分。旺盛的国内需求、大量投资的涌入和出口的扩大,为拉脱维亚经济的高速增长奠定了基础。通过提高工资和增加就业机会,人们的可支配收入不断增长,私人消费以及投资受到刺激。

拉脱维亚的现行税制,是以所得税为主体税种,多种税种并存的税制体系。目前开征的主要税种包括:企业所得税、个人所得税、增值税以及财产税、小微企业税等。拉脱维亚在税种结构上表现出发达国家的主体税种选择趋向单一性的特点,尽管拉脱维亚政府几经更迭,但其主体税种及其所占税收入总额的比例始终保持较为稳定的态势。

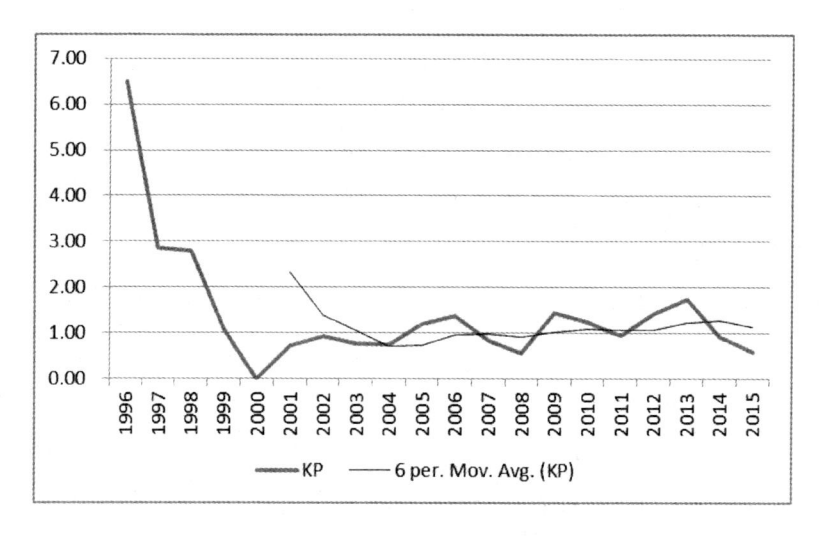

图 2-67 拉脱维亚 KP 指数

数据来源：由 OECD Statistics、新浪财经数据库整理得到。

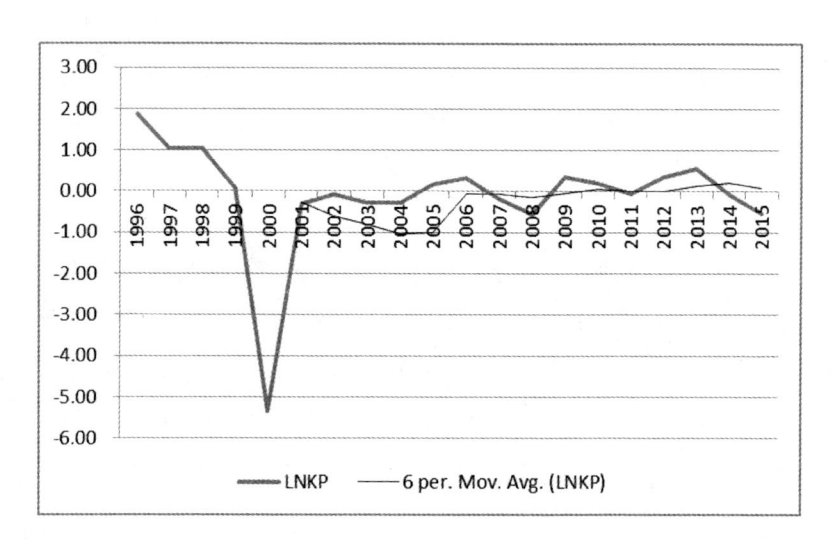

图 2-68 拉脱维亚 LNKP 图

数据来源：由 OECD Statistics、新浪财经数据库整理得到。

拉脱维亚在计算税收累进性时采用KP指数法，KP指数计算过程中所需GDP和税收数据选取1994年至2013年十九年左右的数据，相关数据由OECD Statistics以及新浪财经数据库整理得到。除1994年至1996年拉脱维亚的KP指数明显大于1即呈现税率累进的特点，以及1998年KP指数接近于0表现出明显的税率累退特点外，拉脱维亚的KP指数一直在1左右波动，即虽然拉脱维亚已实行单一税的税率，但其税率在总体表现上仍然具有小幅度的累进或累退的特点。拉脱维亚于2004年加入欧盟，并由此表现出KP指数在1左右相对稳定的趋势。而2008年的经济危机的到来，从一定程度上影响了拉脱维亚的税源，从而也不可避免地使拉脱维亚总体的税收结构和平均税率发生变化，反映在KP指数上的是较为大的波动和一定程度的累进趋势。之后的拉脱维亚在实行单一税并有所改革的前提下，KP指数也随经济形势的好转逐渐恢复正常的状态，但仍存在一定的波动。

23. 斯洛伐克

1989年发生剧变后，斯洛伐克按照联邦政府提出的"休克疗法"进行经济改革，但导致了经济大衰退。1993年独立后，推行市场经济一直，优化产业结构，加强宏观调控。斯洛伐克经济为以汽车、电子产业为支柱产业，出口为导向的外向型市场经济。2009年经济受国际金融危机影响出现下滑，2010年逐渐恢复增长，2011年起增长速度减缓。

斯洛伐克于2004年建立了符合欧盟要求的税收体系，无双重征税和股息税，税率在欧盟成员国中较低。斯洛伐克的税收税种主要有：关税、企业所得税、个人所得税、增值税、房地产交易税、房地产税、消费税、车辆道路税等。自2011年以来，斯洛伐克实现了关税和国内税征收的统一。2013年至2014年，斯洛伐克向雇用长期失业者、年轻失业者等处于劳动力市场边缘人群的雇主提供税收优惠。自从欧盟建议各国拓展VAT税基以来，14个成员国提高了VAT基本税率，9个国家提高了VAT低档税率，3个国家（另有一国计划）引入了新的低档税率，只有斯洛伐克一国取消了低档税率。

税收累进性的计算方法采用KP指数法，KP指数计算过程中所需GDP和税收数据选取 1998 年至 2016 年十八年左右的数据，数据由新浪财经数据库整理得到。其中，鉴于在考察研究的历史年间货币经历了一次变更，第一次变革从克朗（1993 年 2 月 8 日到 2008 年 12 月 31 日，辅币单位哈莱士，1 克朗 = 100 哈莱士）转为使用欧元（2009 年 1 月 1 日起），因此获得的历史数据中衡量货币不同，需要将其转化为同一货币标准衡量的数据后再进一步计算 KP 指数。数据的具体转换过程：首先，找到斯洛伐克本国的货币计量的数据，其次将本国数据货币计量单位分别乘当年的与欧元的平均汇率，全部换算成现在的货币欧元，（该数据可直接从新浪财经下载，已经换算成现行欧元）。税收累进性（KP 指数）变化大致呈现两个阶段：1998 年至 2002 年的经济发展阶段，2003 年至今的经济成熟阶段（如图 2 - 69 所示）将 KP 指数取自然对数得到 LNKP 的变化趋势图（如图 2 - 70 所示），两个阶段的变化更加明显。

第一个阶段为 1998 年至 2002 年，在该阶段内整体税收累进性呈现不断下降的变化趋势，所有年份的 KP 指数小于 1 即税收呈现累退性。在此阶段，税制的累进性较低甚至累退可以通过提高效率，刺激经济发展。在这个大阶段内可以进一步细分为二个小的阶段：一是 1998 年至 1999 年，KP 指数取值变化先上升（1999 年加征进口附加税）后下降，但整体下降到最低点 2001 年的 0.28；二是 2001 年至 2003 年，KP 指数骤然回升。

第二个阶段为 2003 年至 2007 年，该阶段 KP 指数取值大致呈现下降趋势，由 2003 年的 1.15 下降至 2008 年的 0.71。

第三个阶段为 2008 年至 2010 年，税收累进性呈现较为明显的上升趋势。

第四个阶段为 2010 年至 2013 年，KP 指数大幅下降。

第五个阶段为 2014 年至 2015 年，指数瞬间攀升，幅度历史最大。自 2015 年至今，KP 指数又陡然下降。

KP 指数在 2010 年、2014 年的指数分别为 1.92、3.88，经济发展程度与税收累进性（KP 指数）之间存在着密切的相关关系。

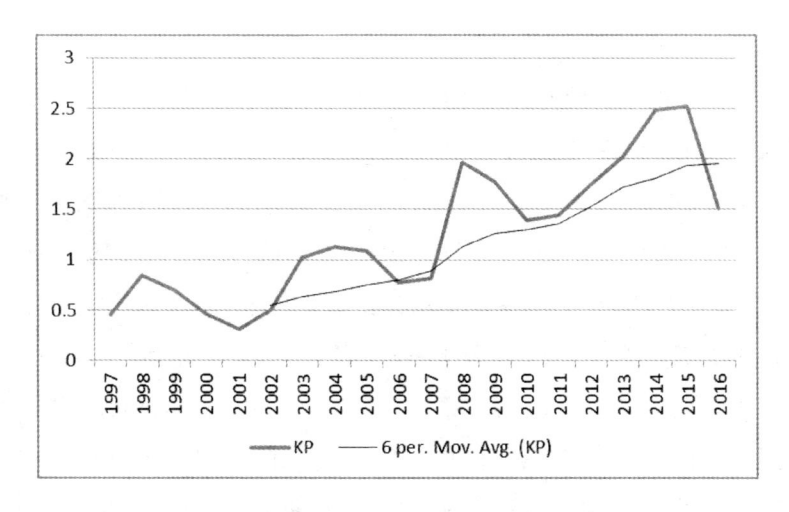

图 2-69 斯洛伐克税收累进性 KP 指数

数据来源：由《帕尔格雷夫世界历史统计：欧洲卷》《国际统计年鉴》和新浪财经数据库整理得到。

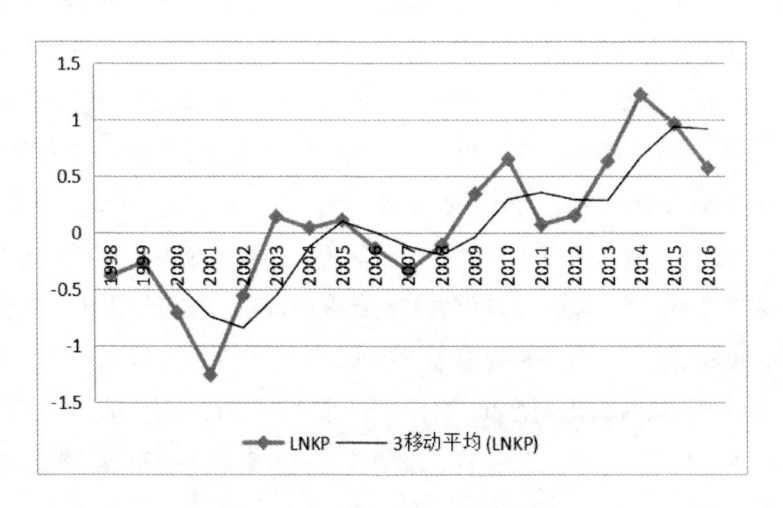

图 2-70 斯洛伐克 LNKP 指数

数据来源：由《帕尔格雷夫世界历史统计：欧洲卷》《国际统计年鉴》和新浪财经数据库整理得到。

24. 新西兰

1856年，新西兰成为英国的自治殖民地。1907年，英国被迫同意新西兰成为自治领土，成为英联邦成员，但是其政治、经济、外交等各方面仍受英国影响。1891年至1912年，新西兰政府进行土地改革，实行农场主永久租用国家土地的制度。第一次世界大战时，新西兰随英国参战，由于出口市场有保证，工业有所发展，一度出现经济繁荣。战后，新西兰参加了巴黎和会，成为一个主权国家。1935年，新西兰政府进行了一系列的社会改革，包括每周40小时工作制和国家拨款的卫生、福利制度。第二次世界大战以后，国际市场农产品需求增加，新西兰的农业得到发展。20世纪50年代，全国就业率迅速增长，工业空前繁荣，但新西兰经济仍然是以农牧业为主，是世界畜产品主要的出口国之一。1973年，英国加入欧洲经济共同体，停止了对新西兰产品的进口特惠关税，新西兰产品的出口贸易减少。1974年后，新西兰的经济又受到石油危机和资本主义世界经济危机的冲击，对外贸易一直逆差，直至1977年后对外贸易才逐渐转为顺差。1980年至1990年，新西兰进行了一系列经济改革。自1984年以来，政府实行从紧的货币政策并着力减少政府预算赤字，通货膨胀率和失业率均逐渐下降。21世纪以来，全球经济增速均放缓，尤其是美国经济出现经济大滑坡，新西兰采取了良好的货币政策，出口和国内生产总值持续上升，劳动就业市场出现较大需求，目前新西兰经济平稳发展。

新西兰的现代税务征管系统借鉴了英国传统税务系统，在此基础之上进行了一些渐进式的改革。新西兰有中央和地区两级政府，实行中央集权型税收管理体制，税收立法、征收管理权都集于中央政府。新西兰是以直接税为主的国家，直接税与间接税的比例是67.2：32.8。新西兰现行的主要税种主要包括：个人所得税、公司所得税、增值税、附加福利税、关税、消费税、特别退休金缴款、赠与税等。

新西兰1986年的增值税制度改革引发全球关注。此前，新西兰税制存在税基过窄、名义税率偏高、减免优惠泛滥、逃避税现象严重、税负不公平、收入功能弱化等问题。针对上述问题，新西兰遵循健全税制所需的税收基本原则，引入了宽税基、低税率、严征管的增值税制度。新西兰政府在设计其增值税制度时，避免传统增值税模式的复杂问题，创建一个简单有效的增值税税制，其优点在于征税范围广泛、税率档级少，使用单一税率，较好地解决了重复征税与价格扭曲的问题，保证了增值税抵扣链条的完整，也遵守了简单和效率的原则，是现代型增值税制度的起源。

新西兰税收累进性的计算方法采用 KP 指数法，KP 指数计算过程中所需 GDP 选取 1841 年至 2016 年一百七十年左右的数据，税收数据选取 1954 年至 2016 年六十年左右的数据，相关数据由《帕尔格雷夫世界历史统计：大洋洲卷》、世界银行数据库和新浪财经数据库整理得到。其中，笔者参考的历史年间发生了一次货币变更。在 1840 年之前，新西兰市场流通的货币主要是英国的硬币，此外还有法国、荷兰等国的硬币。1840 年，新西兰成为英国殖民地，英镑作为主要流通货币。1934 年，新西兰建立了储备银行，行使中央银行职责，开始发行统一的钞票，新西兰元由 1967 年开始发行，并与英镑挂钩。1971 年，美元实行浮动汇率后，新西兰元改盯美元。1973 年，当美元再次贬值时，新西兰政府宣布放弃新西兰元与美元的联系，实行有管理的自由浮动，其有效汇率值由该国主要贸易伙伴的一揽子货币决定。但由于新西兰元使用范围较为狭小，所以，新西兰仍采用美元作为进行 GDP 数据的统计单位。数据转化为同一货币标准衡量以后，又鉴于历史考察期限较长，无法获得详细的季度数据来计算每年的税收累进性，因此选用年度数据，并以三年为一期，计算该三年期内的平均税收累进性（如 1954 年的 KP 指数数据代表 1954、1955、1956 年三年间的平均税收累进性）。

新西兰税收累进性（KP 指数）变化轨迹大致呈现了税收累进性生命周期变化过程（如图 2-71 所示），将 KP 指数取自然对数得到 LNKP 的变化趋势图（如图 2-72 所示）。

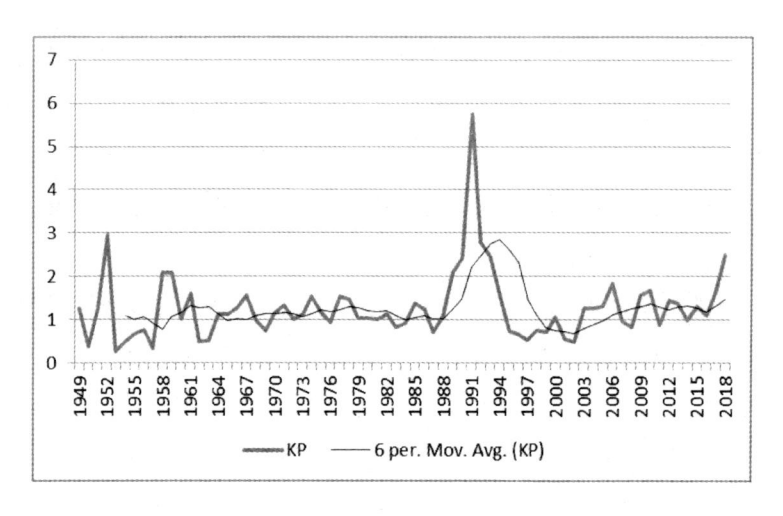

图 2–71　新西兰税收累进性 KP 指数

数据来源：由《帕尔格雷夫世界历史统计：大洋洲卷》、世界银行数据库以及新浪财经数据库整理得到。

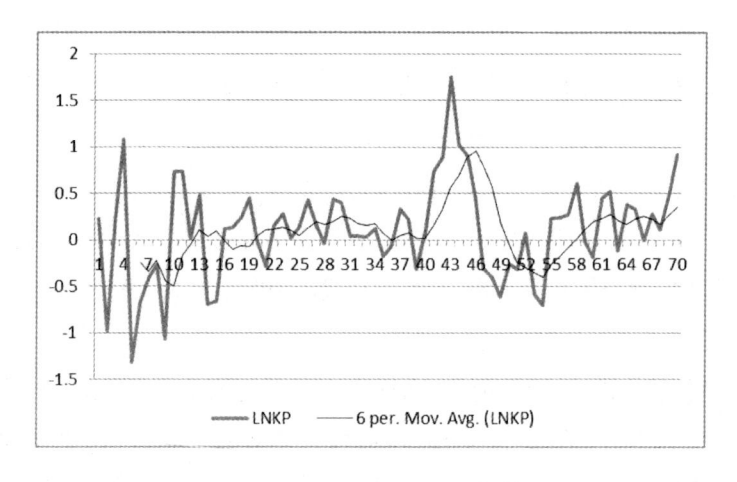

图 2–72　新西兰 LNKP 指数

数据来源：由《帕尔格雷夫世界历史统计：大洋洲卷》、世界银行数据库以及新浪财经数据库整理得到。

新西兰税收累进性（KP 指数）变化轨迹大致分为三个阶段，第一阶段为 1956 年至 1973 年，整体呈下降趋势，由最高值 1965 年的 4.19 下降到 1968 年的 0.63，部分年间的 KP 指数小于 1 即呈现累退性。在此阶段新西兰税收的累进性较低，甚至部分年间出现累退性，以此刺激经济的增长。第二阶段为 20 世纪 70 年代至 80 年代。1974 年后，受石油危机和资本主义世界经济危机的冲击，新西兰经济开始下滑，在此阶段，KP 指数出现上升现象，特别是 1987 年至 1990 年，KP 指数达到 5.504，累进程度较大。第三阶段为 20 世纪 90 年代至今，KP 指数大幅度下降，呈现累退的趋势，工党政府开始进行新的货币政策，进行大量经济改革。从此，经济开始逐渐好转，失业人数开始下降。

25. 瑞典

瑞典的军事实力和经济实力一度居于欧洲前列。19 世纪之后，随着资本主义经济的成长，加上瑞典一直在世界政治上保持中立，避免了一些争端，其经济发展逐渐加速。20 世纪中叶瑞典已成为一个工业发达的资本主义国家。20 世纪 70 年代开始，瑞典实施了新的产业调整战略，进一步加大科研的力度和投入，积极发展现代高新技术产业，成为现代化福利社会。20 世纪 90 年代初受世界性经济危机影响经济出现衰退，1994 年经济开始回升。2008 年以来，瑞典经济受到国际金融危机影响，出现经济下滑、市场信心持续疲弱、企业倒闭增多、失业率上升等消极局面。2009 年起，经济平稳回升，第三产业产值占瑞典国内生产总值一半以上。2010 年以来，农业占经济比重在 1.5%—1.8% 之间，其中 80% 以上的收入来自畜牧业。工业发达，产值占国民生产总值的 30%，其中工业产品占出口产品的 82%。瑞典服务业非常发达，约占国民生产总值的 56%。瑞典是经济高度外向型的国家，对外贸易依存度为 80% 左右，出口利润占 GDP 的 45% 左右。瑞典的经济特征是高工资、高税收、高福利，同时发达的私营工商业与比较完善的国营公共服务部门相结合。

瑞典的现行税制是从 1932 年社会民主党连续执政 44 年，特别是从第二次世界大战后推选的"收入均等化"政策中发展起来的，大致分为四个阶段：（1）向不同的阶级征收原始的赋税，主要税种是按不动产价值征收的土地税。

(2) 随着商品经济的发展，除了征收土地税外，对商业贸易征收的间接税也逐步发展起来，包括关税、消费税、城市手工业税、风车税等。(3) 取消土地税，关税占比逐渐增加，直接税累进所得税逐渐发展起来。(4) 随着经济的发展，税收收入不断增长，直接税得以显著发展。因此，瑞典税制属于多种税、多次征，直接税与间接税并存的税制模式。

瑞典实行中央和地方两级课税制度，税系结构是直接税和间接税并重的复合税收制度。瑞典税制以所得税、财产税、流转税三类税为主，所得税是瑞典地方税的主体税种。个人所得税是第一大税种，占税收收入比重的35%。1913年开征的社会保障税发展迅速，是除个人所得税之外的第二大税种，占税收收入比重约28%。间接税中1969年首次开征的增值税也是主体税种之一，代替了零售环节征收的单一阶段营业税，增值税税法在1994年至1997年间经历四次修改，拓宽了税基，监管更加严密，较好体现了税收中性。

瑞典税收累进性的计算方法采用KP指数法，KP指数计算过程中所需GDP和税收数据选取瑞典1881年至2015年130年左右的数据，相关数据由《帕尔格雷夫世界历史统计：欧洲卷》《国际统计年鉴》和新浪财经数据库整理得到。鉴于历史考察期限较长，无法获得详细的季度数据来计算每年的税收累进性，因此选用年度数据，并以三年为一期，计算该三年期内的平均税收累进性（如1884年的KP指数数据代表1882、1883、1884年三年间的平均税收累进性）。由于在这期间税收统计口径经历了多次调整，某些时期的准确性有待考证，但总体趋势和近五十年的发展过程较为准确。通过瑞典税收累进性总体趋势与税收累进性生命周期的比较，发现瑞典税收累进性变化轨迹大致呈现了税收累进性生命周期变化过程的两个阶段：成熟阶段、大众高消费阶段与经济发展阶段（如图2-73所示），将KP指数取自然对数得到LNKP的变化趋势图（如图2-74所示），两个阶段的变化趋势体现得更加明显。

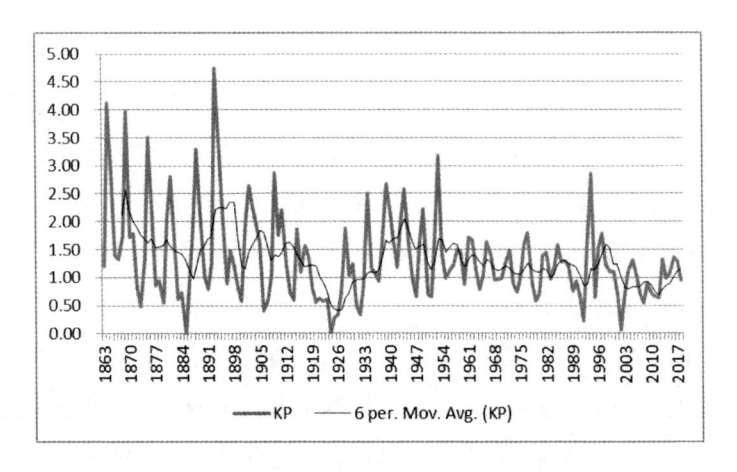

<<< 第二章 税收累进性问题研究的理论依据

图 2-73 瑞典税收累进性 KP 指数

数据来源：由《帕尔格雷夫世界历史统计：欧洲卷》《国际统计年鉴》以及新浪财经数据库整理得到。

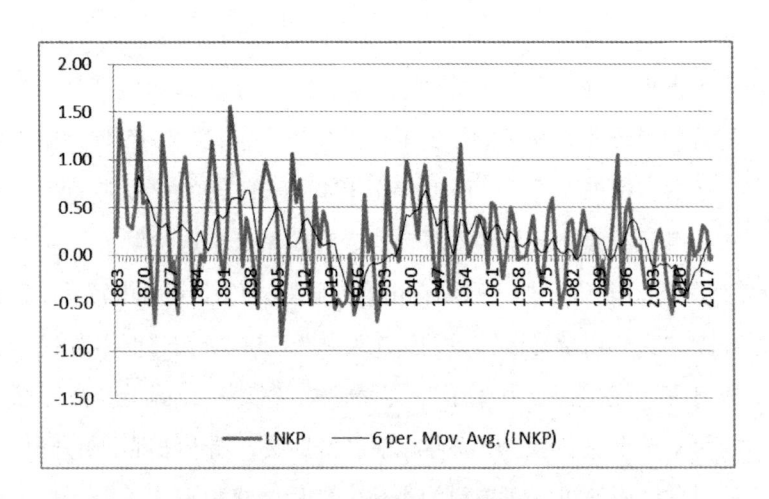

图 2-74 瑞典 LNKP 指数

数据来源：由《帕尔格雷夫世界历史统计：欧洲卷》《国际统计年鉴》以及新浪财经数据库整理得到。

147

瑞典税收累进性 KP 指数、LNKP 指数变化大体上分为三个阶段：（一）1899 年至 1944 年。19 世纪末至 20 世纪初，经济迅猛发展，1894 年开征对遗产征收的累进税。1902 年引入累进性所得税制，之后几年其税率上升。一战期间，瑞典和交战双方同时进行交易，经济迅速发展，1915 年引入国防税，累进性加强。（二）1945 年至 1980 年。二战后瑞典经济出现有效、协调的增长，在这一阶段，税收制度也不断改革，到 1980 年，税收累进性明显下降，达到累退。（三）1981 年至 2016 年。20 世纪 80 年代，瑞典经济陷入危机，政府采取降低一些税收的措施。这期间税收累进程度持续下降，出现税收累退性且累退程度较高。1991 年，瑞典税制改革，使劳动所得的税收负担向消费和个人资本收入转移。税收累进程度上升。到 1995 年，瑞典加入欧盟，拓宽增值税税基，取消部分免税项目；降低所得税税率，税率划分简化为两档，税收累进程度降低；1998 年以来，治理通货膨胀颇有成效，国民经济回转，税收累进程度也趋于平稳。

26. 瑞士

瑞士作为世界上首个永久中立国家，躲过了历史上最为混乱的一、二战时期，其经济得到了较好的发展，发生了一系列历史事件。1916 年，瑞士开始征收所得税和净财富税等直接税。1930 年至 1940 年第二次世界大战期间，瑞士保持中立。1945 年后，瑞士经济经历了前所未有的繁荣，这种繁荣一直持续到 20 世纪 70 年代。1960 年瑞士加入欧洲自由贸易联盟。1972 年自由贸易联盟与欧共体签订了建立"大自由贸易区"条约，决定从 1973 年 4 月 1 日开始完全取消相互关税。1973 年，发达国家发生了一次大规模"滞胀"，瑞士经济开始进入调整阶段，经历了严重的衰退。1977 年以后经济回暖，瑞士法郎不断升值。

瑞士的税制结构起初以间接税为主体，然后间接税占比下降，直接税占比上升，逐渐发展为以间接税和直接税为"双主体"。2016 年所得税占税收总额比重 40% 以上，关税和一般消费税占税收总额的比重也大致为 40% 左右。

瑞士的征税体制比较简单，分税制主要分为三个层次：联邦、州及地方。联邦、各州和地方政府对企业的利润和资本、个人收入和财产净值征收直接税，

<<< 第二章 税收累进性问题研究的理论依据

这些税种在各级政府之间重复征收。消费税和关税等间接税仅由联邦政府征收。

税收累进性的计算方法同样采用 KP 指数法，KP 指数计算过程中所需 GDP 和税收数据选取 1929 年至 2017 年八十八年的数据，相关数据由《帕尔格雷夫世界历史统计：欧洲卷》、OECD 官网和新浪财经数据库整理得到。其中，鉴于考察研究的历史年间在不同的数据库得到的数据货币单位不同，从 1929 年至 1969 年的数据采用的货币单位是百万法郎，自 1970 年起的数据采用的货币单位是百万美元。因此，为了数据的统一，按 1∶0.9972 的汇率将 1970 年至 2017 年的数据转换成以法郎为单位计量。计算 KP 指数时，以三年为一期，计算该三年期内的平均税收累进性 KP 值（如图 2-75 所示），取自然对数后得到 LNKP 值（如图 2-76 所示）。

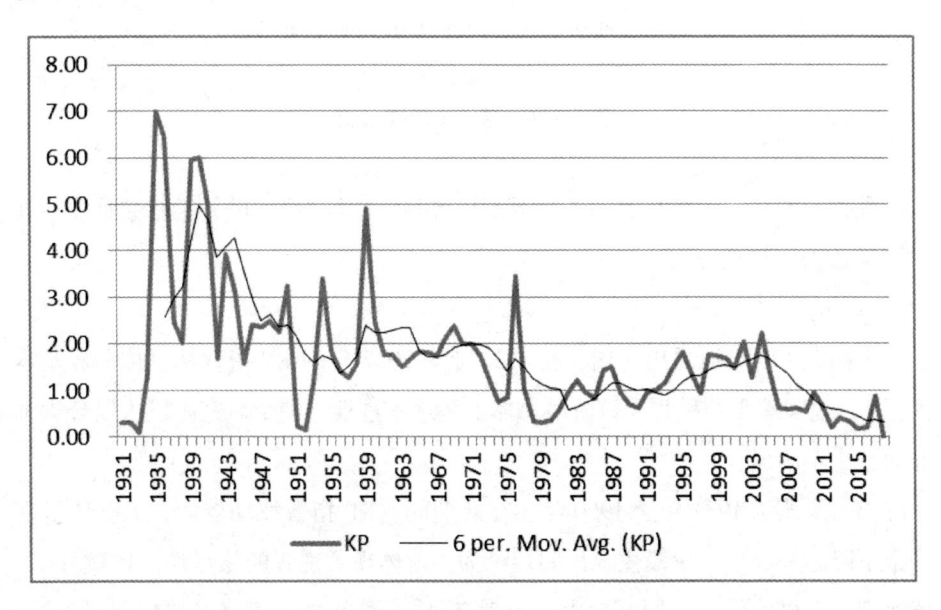

图 2-75 瑞士税收累进性 KP 指数

数据来源：由《帕尔格雷夫世界历史统计：欧洲卷》、世界银行数据库、新浪财经数据库整理得到。

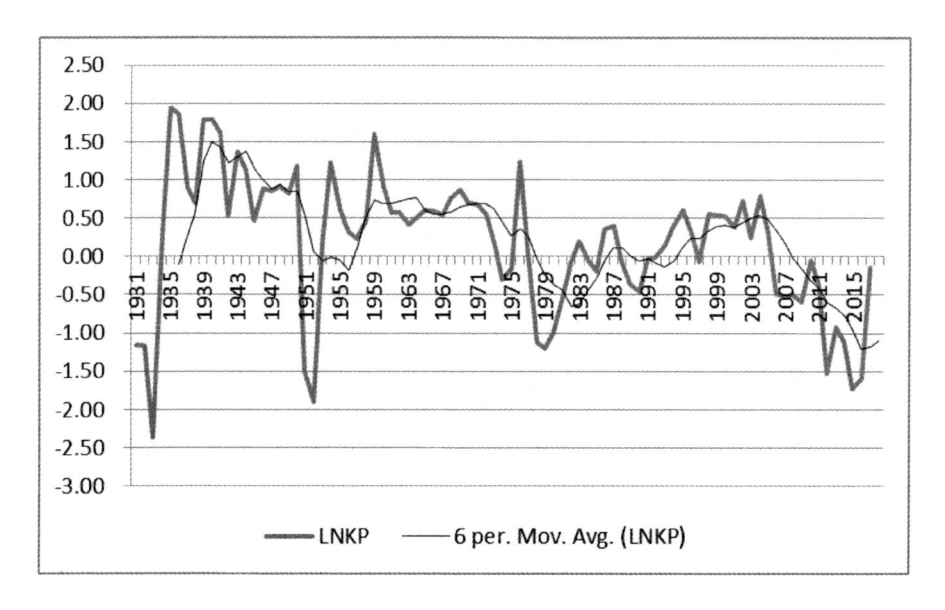

图 2-76 瑞士 LNKP 指数

数据来源：由《帕尔格雷夫世界历史统计：欧洲卷》、世界银行数据库、新浪财经数据库整理得到。

由图 2-75 可以看出，瑞士在 1931 年至 2017 年的 KP 指数从总体上看基本大于 1，说明瑞士的税收在该阶段总体上呈现累进性。整个研究阶段可以分为细分为三个小阶段：

第一阶段为 1931 年至 1960 年。在此期间，KP 指数波动较大，但整体呈现一个下降趋势。这一阶段主要以间接税为主，体现了税收的累退性。1935 年 KP 值达到一个最大值，这主要是由于 1934 年瑞士联邦制定了严格的银行保密法，促进了金融业与瑞士国民经济的飞速发展。1960 年 KP 值低至 2.49，由于瑞士与其他六国形成欧洲自由贸易联盟，导致瑞士的关税收入减少，直接对国家的税收收入造成较大的影响。其中，1952 年税收 KP 值达到最小值 0.15。

第二阶段为 1960 年至 1976 年。在这一阶段，KP 值大致呈平稳状态，整体数值在 1—2 之间波动。在这个阶段，瑞士为实现自由贸易，国家关税收入继续下降，从 1973 年开始完全取消自由贸易联盟国之间的相互关税，从而导致直接税的地位渐重。

第三阶段为 1976 年至今。在这一阶段，KP 值呈平稳且渐涨的趋势。由于 1973 年的经济"滞涨"，瑞士经济在 1977 年才有所回转。于是随着 1977 年的外商投资的增加，瑞士关税进一步减少，最终形成间接税和直接税并重的结构。且 KP 值基本大于 1，可以推测出瑞士税制未来的走向可能是以直接税为主体的税收结构。

27. 以色列

以色列作为创新型国家，是全球创业密度最高的国家之一，人均投资也很高。近年来以色列经历两次大飞跃，第一次是 1948 年至 1970 年，这一阶段主要是政府主导的粗放型的发展；第二次是 1985 年至今，民营经济成为经济发展的主力军，属于创新型的增长。两次飞跃期间的 1970 年至 1985 年，通货膨胀严重，经济发展停滞。在 IMF 和美国的帮助下，以色列大量减少政府债务，采取紧缩政策，通货膨胀逐渐得到缓解。

以色列建国前期主要发展传统工艺，自 1967 年起，集中力量于高增值制成品，开发基于本国科学技术和技术革新的产品，既满足了国内生产生活需要，又创造了出口创汇效益。政府很重视土地资源的开发和利用，采取一系列措施以提高土地利用率。同时，以色列利用科学进步发展农业，不仅出口农产品，还通过出口农业技术获得收益。以色列的第三产业也很发达，进入 20 世纪 90 年代，第三产业所用劳动力达全国总劳动力的一半，其产值约占国内净产值的 60%。由此可见，以色列的科学技术与经济极其发达。

在过去几十年中，以色列进行了多次税制改革。其中，2003 年以色列税改主要集中在两方面，一是对资本市场征税，即对储蓄和资本利得征税，根据新税收，股票市场将征收交易税，2003 年上半年税率为 0.5%，下半年为 1%；二是减少劳动者税务负担，将把削减收入税时间从五年缩至两年或不超过三年，收入税最高征收率从 63% 减少到 49%。这也是以色列历史上第一次对各种形式的投资征收收益税。目前，以色列实行中央和地方两级课税制度，税收立法权和征管权主要集中在中央。在以色列的税收收入中，直接税占50%左右，间接税占40%左右。以色列实行属地税法和属人税法相结合的征税制度，其税收制度的基本原则与大多数西方国家相似。以色列现行的主要税种包括：企业所得税、个人所得税、增值税、土地税、消费税、社会保障税、关税等。

计算以色列税收累进性时，采用KP指数法。鉴于以色列于建国1948年，选取1952年至2017年六十三年左右的数据进行分析，得到以色列税收累进KP指数以及以色列LNKP指数。相关数据由《帕尔格雷夫世界历史统计：亚洲、非洲和大洋洲卷》、新浪财经全球宏观经济数据等整理得到。考察的历史年间货币发生了两次变更，第一次变更是从以色列磅转变为谢克尔，第二次变更是从谢克尔转变为新谢克尔。为了分析的准确性，在数据分析时已经把单位统一为新谢克尔。

根据以色列KP指数（如图2-77所示）以及LNKP指数（如图2-78所示）的变化趋势，大致可以把税收累进性变化过程分为三个大阶段。首先，第一个大阶段为1952年至1976年，这一大阶段税收累进性呈现波动状态，KP取值变化波动很大，最高可达3.1，最低低至0.6，但大多数年份的KP值大于1，整体上呈现累进性，可是累进性的趋势却是在下降的。将这一大阶段分为三个小阶段：第一个小阶段是1952年至1964年，其间税收呈累进性且累进性的趋势正在下滑，可能是由于建国初期大量以色列民回国并且又处于与周边邻国摩擦不断的时期，为了促进经济的增长以及保障国家财政收入，以色列逐渐降低税收累进性以促进效率，刺激经济发展。第二个小阶段是1965年至1970年，在此期间，KP指数始终大于1且累进性趋势不断上升，可能是由于经济的增长再加上货币的第一次变更，国家开始注重公平分配以减少超额负担。第三个小阶段是1971年至1976年，短短六年，或许是因为与周边国家的摩擦不断减少，国内外经济环境不断稳定，以色列开始兼顾公平与效率，税收累进性趋势不断下降趋于税收中性，KP值不断趋向于1。

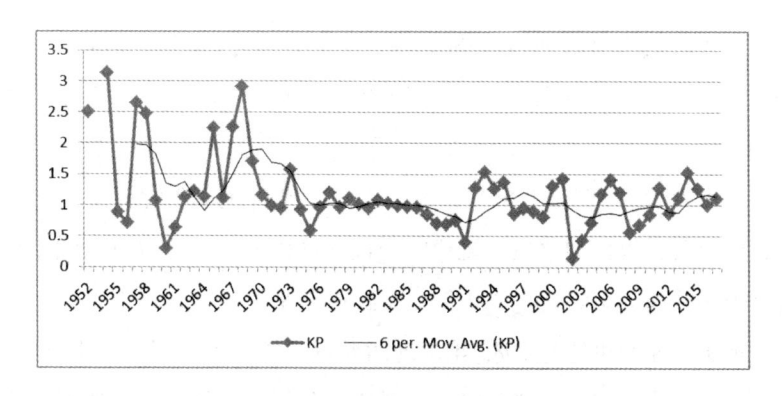

<<< 第二章 税收累进性问题研究的理论依据

图 2-77 以色列税收累进性 KP 指数

数据来源：由《帕尔格雷夫世界历史统计—亚洲、非洲和大洋洲卷》与 OECD 数据库整理得到。

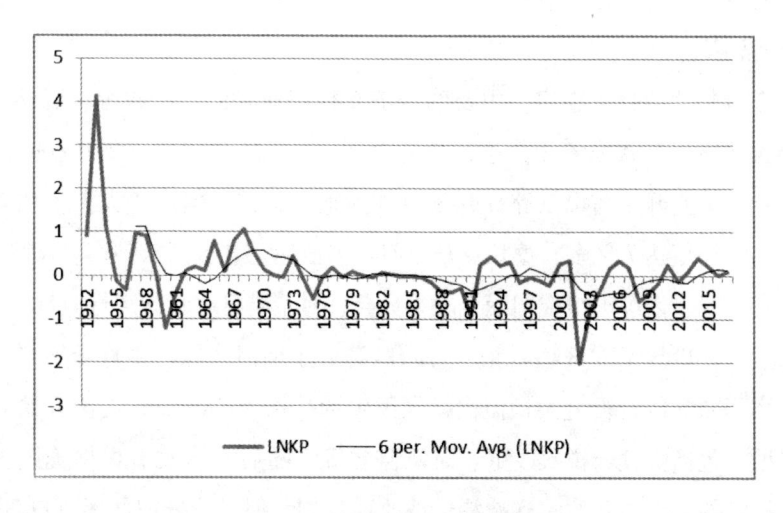

图 2-78 以色列 LNKP 指数

数据来源：由《帕尔格雷夫世界历史统计—亚洲、非洲和大洋洲卷》与 OECD 数据库整理得到。

153

第二个大阶段为 1977 年至 1986，在此期间，KP 值近乎稳定在 1 并且 LNKP 也几乎为 0，说明在这一阶段，以色列的税收显示中性，几乎不会产生超额负担。

第三个大阶段为 1987 年至今，这个大阶段整体的 KP 值围绕 1 上下波动，说明从整体上看，以色列比较重视税收中性。这个大阶段可以分为四个小阶段：首先第一个小阶段为 1987 至 1990 年，税收逐渐呈累退性，最低低至 0.4 左右，造成这一现象的原因可能是 1985 年出现的通货膨胀导致购买力的下降，但为了刺激消费，国家实行累退的税收可以刺激经济的增长。第二个小阶段为 1991 年至 1998 年，在此期间，KP 值稍微有所上升但最高也只有 1.5，而在第三阶段也就是 1999 年到 2004 年，KP 值开始降低，在 2002 年时甚至降到 0.013。第四阶段是 2005 年至今，从整体上看，KP 值在 1 上下浮动并且上下的幅度渐渐变小，这说明税收的累进性逐渐平稳。

28. 希腊

现今希腊社会趋于稳定，主要的经济支柱产业是海运、旅游、贸易、农业和新能源。1897 年爆发希土战争，希腊战败，向土耳其赔款 400 万里拉。19 世纪下半叶，希腊开始铺设铁路，开掘科林斯地峡运河。但由于大量借债和进口轻工业品，外债达 7 亿多，德拉克马政府无力偿还，宣告国家破产。1898 年英、法、奥匈、德、俄等国组成国际金融委员会，对希腊财政收支实行监督。

二战后，冷战氛围日趋紧张，希腊经济处于崩溃边缘，预算赤字严重，通货膨胀率不断高涨，资金大量流失，人民生活拮据。1946 年，美国开始对希腊进行援助，包括贷款、税收改革、财政监督等，随后希腊政府根据美国国务院替希腊拟定的草案，开始实施波特经济改革计划，但经济依旧低迷。自 20 世纪 50、60 年代，二战之后希腊政府为了鼓励就业，助力海运业，为航运公司制订低税制，以提高就业率，一直延续至今。希腊旅游业十分发达，同时希腊地多人少，畜牧业也很发达，渔业也能自足自给。希腊是海洋大国，在地理、文化和语言的优势下从事贸易的企业数达 20 多万家。近年来受到互联网快速发展的冲击，贸易量有所下降。新能源产业也是希腊近十年发展起来的新兴产业，推动了希腊经济的发展。

2009年10月初，希腊政府财政状况显著恶化，发生债务危机。随着主权信用评级被降低，希腊政府的借贷成本大幅提高，经济发展雪上加霜。直至2012年2月，希腊仍在依靠德法等国的救援贷款度日。希腊在劳动力市场、部门放松管制和商业环境方面的结构性改革取得进展，提高了消费者购买力以及公司效率。此外，2017年3月以来，希腊采取了一系列措施，制定了旨在推动经济可持续发展的"国家发展战略—希腊2021"五年行动计划。希腊通过建立希腊开发银行、加快投资和吸引外国生产性投资以实现长期经济复苏。

希腊的税制改革大致可分为两个阶段，第一阶段是增加了来自某些财产所有权的估计所得，并对间接税进行了一些较小的改革。第二阶段则是采用了涉及所得税、偷税、税收会计和税收机构的新税法。

税收累进性的计算采用KP指数法，KP指数计算过程中所需GDP和税收数据选取1946年至2017年七十年左右的数据，相关数据由《帕尔格雷夫世界历史统计：欧洲卷》《国际统计年鉴》和新浪财经数据库整理得到。其中，鉴于在考察研究的历史年间货币经历了两次变更，第一次变更为1954年旧德拉克马转为使用新德拉克马，第二次变更为2001年加入欧盟由德拉克马转为使用欧元，因此获得的历史数据中衡量货币不相同，需要将其转化为同一货币标准衡量的数据后再进一步计算KP指数。数据的具体转换过程：首先，按1∶1000的比例缩小。其次，按1∶340.75的比例转化为欧元单位。

税收累进性（KP指数）变化轨迹大致呈现了税收累进性生命周期变化过程的前两个阶段：经济起飞阶段与成熟阶段（如图2-79所示），将KP指数取自然对数得到LNKP的变化趋势图（如图2-80所示），两个阶段的变化趋势体现得更加明显。

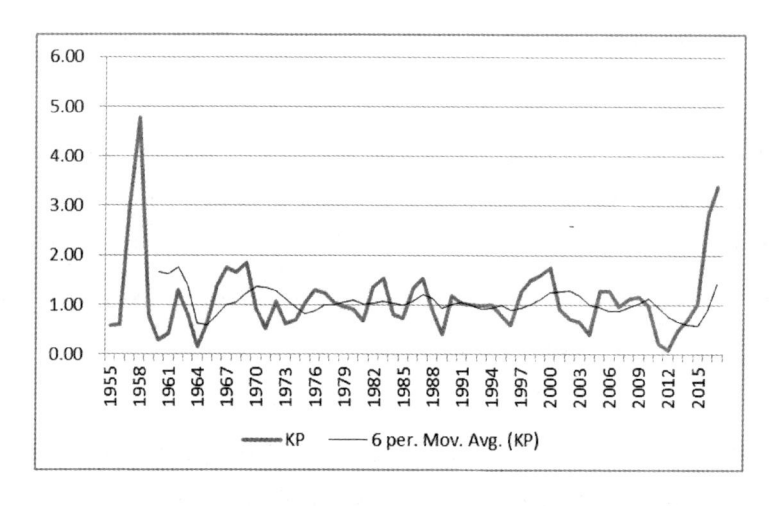

图 2－79　希腊税收累进性 KP 指数

数据来源：由《帕尔格雷夫世界历史统计：欧洲卷》《国际统计年鉴》和新浪财经数据库整理得到。

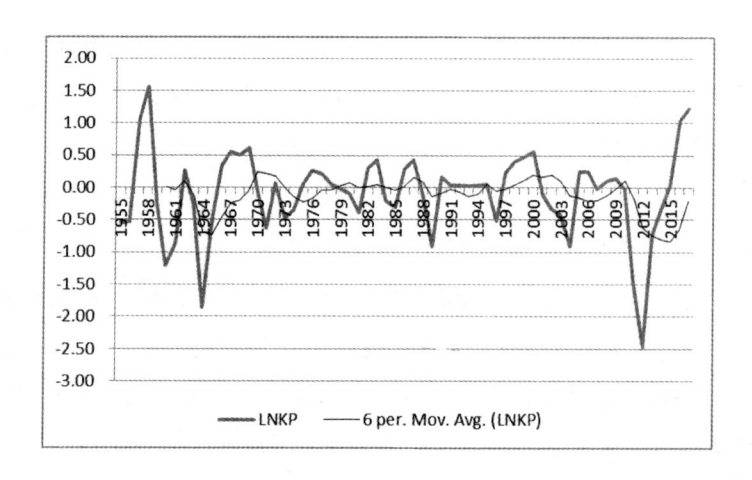

图 2－80　希腊 LNKP 指数

数据来源：由《帕尔格雷夫世界历史统计：欧洲卷》《国际统计年鉴》和新浪财经数据库整理得到。

第一个阶段为1948年至1975年，在该阶段内，整体税收累进性呈现不断上升的变化趋势，由1948年的0.00上升至1975年的1.06，且大多数年份的KP指数大于1即税收呈现累进性。在此阶段，税制的累进性较高。1954年至1966年希腊军队发动政变之前，KP指数取值变化频繁，但整体趋势不断上升。第二个阶段为1975年后至今，该阶段KP指数取值大致呈现平稳趋势，趋近于1，税收累进性平稳。第二个大的阶段可以细分为三个小的阶段：一是1975至21世纪初，该阶段税收累进性KP指数呈现幅度较小的下降趋势；二是21世纪初至2011年，该阶段税收累进性变动幅度相对较小，KP指数取值小于1，体现税收累退性。三是2011至今，税收累进性呈现较为明显的上升趋势，KP指数取值在2011、2014、2017年分别为0.23、0.71、3.40。经济发展程度与税收累进性（KP指数）之间存在密切的相关关系。

29. 西班牙

西班牙，一个高度发达的资本主义国家，是西欧最大的国家，是欧盟和北约的成员国，同时是欧元区第四大经济体，也是世界上最大的汽车生产国之一。1898年，爆发的美西战争以西班牙的失败而告终，西班牙丧失了所有海外殖民地，国际大国地位不复存在，并在第一次世界大战中保持中立。1931年，西班牙王朝被推翻，第二共和国建立，通过了新的《宪法》，新政府着手进行农业、教育、区域自治等方面的改革和立法。

1936年7月17日，佛朗哥发动叛乱，引发三年的西班牙内战，对其经济产生巨大破坏。佛朗哥政府推行闭关自守、自给自足的经济政策，因此被排除在马歇尔援助计划之外，通货膨胀几乎失去控制，外贸赤字严重。20世纪60年代，在国际经济环境的影响下，西政府实行对外开放，逐步向市场经济转化。1958年，西班牙加入了"经济合作与发展组织"及"国际货币基金组织"，次年6月，西政府实施"经济稳定计划"。自1960年起，西政府逐步放宽以至取消对外资的限制，与此同时，西班牙积极引进国外先进技术，使濒于窒息的西班牙对外贸易重新活跃起来。1960年至1973年，西班牙经济平均以每年7%的速度递增，由一个落后的农业国跨入了中等发达的工业国行列。

1975年11月20日，胡安·卡洛斯一世登基，恢复君主立宪制。1976年7月1日开始向西方议会民主政治过渡。上台伊始，就实行较前政府更为严厉的紧缩政策，对经济做了重大的结构性调整，更进一步对外开放经济。1982年加入北约，1986年加入欧共体，西班牙的经济开始腾飞，经济增速在欧共体12个成员国中居于首位。1999年，西班牙以欧元创始国的身份加入了欧元货币体系，但是并没有得到渴望的高技术和经济繁荣。随着金融危机的爆发，西班牙房地产泡沫破灭，引发了银行业危机，同时经济增长速度下降，失业率和通胀率大幅上升，政府财政赤字和公共债务增加，居民收入下降，西班牙经济自身存在的结构性矛盾和弊端显露出来。但自从2014年开始，制造业逐渐复兴，高附加值产品出口增加，为西班牙经济复苏提供了主要动力，债务规模和就业市场都逐渐恢复活力。

西班牙现行税收制度规定，中央和地方之间划分税种，税收立法权基本在中央，地区有一定的立法权，市镇没有立法权，中央允许市镇自行征收职业税、建筑税、汽车牌照税等小税种。西班牙是以直接税为主的国家，现行的主要税种包括：公司所得税、个人所得税、增值税、社会保障税、财富税等。中央税主要包括：增值税、个人所得税、公司所得税等大税种；2013年税收改革后中央政府下放部分税权，地方开始征收地方个人所得税。2013年，中央税税收收入占总税收收入比重高达95%以上。

2018年7月5日，西班牙财政大臣公开宣布正式开启西班牙全国税制改革。一是将公司税税基提高到15%；二是开征一些新的税种，其中包括技术税、银行税、环境税。这次税制改革的主要目的是实现税务平等，筹集更多的财政收入。

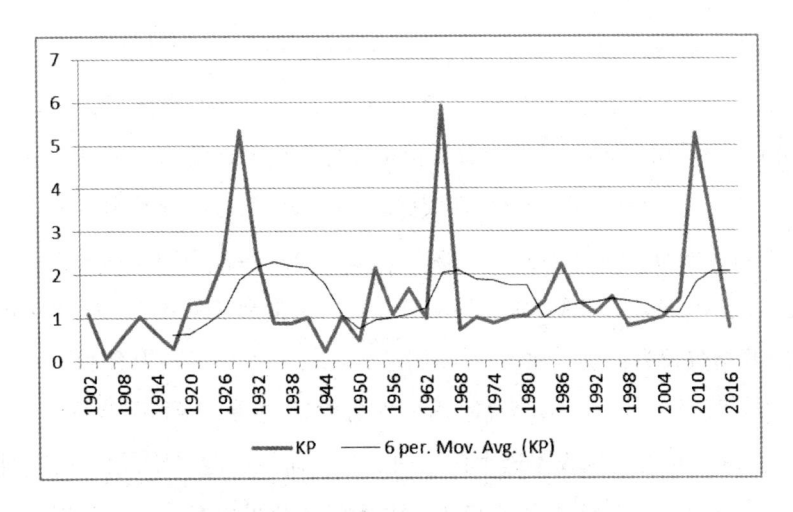

图2-81　西班牙税收累进性 KP 指数

数据来源：由 OECD 数据库、世界银行以及新浪财经宏观数据库整理得到

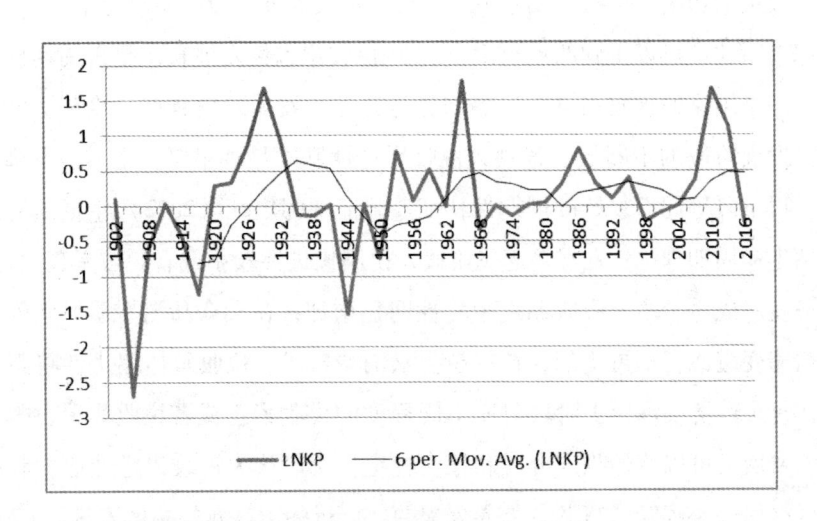

图2-82　西班牙 LNKP 指数

数据来源：由 OECD 数据库、世界银行以及新浪财经宏观数据库整理得到。

西班牙税收累进性的计算方法采用 KP 指数法，KP 指数计算过程中所需 GDP 和税收数据选取西班牙 1966 年至 2016 年共五十年的数据（由于之前的西班牙 GDP 数据非常不连贯，统计分析很难进行，故仅对 50 年数据进行分析以确保分析的质量），相关数据由 OECD 数据库、世界银行以及新浪财经数据库整理得到，西班牙的货币在 1999 年之前为比塞塔，有近两百年的使用历史，后逐步被欧元替代，比塞塔在 2002 年之后彻底退出历史舞台。从图 2-82 可看出，西班牙的 KP 指数较为稳定，除 2008 年附近，无特别大幅度的上升和下降。根据上面介绍的西班牙历史，结合税收累进生命周期理论，将其分为两个大阶段，1966 年至 1995 年对应税收累进生命周期的第一阶段：起飞阶段，在该阶段内，整体税收累进性呈现逐渐下降的趋势；1995 年至今可以看作是生命周期的第二阶段即经济成熟阶段的一部分，该阶段 KP 指数取值大致呈现上升趋势。由西班牙经济发展史以及 KP 指数变化趋势可见，税收累进性（KP 指数）在短期内受到相关政策的影响，但从长期来说，其符合税收累进生命周期的规律。

综上所述，可以得到两点启示：(1) 税收累进性发展轨迹呈现周期性变化特征。一个国家的税收累进性发展趋势与其经济发展阶段具有高度相关性，随着经济发展阶段的不断演变发展，税收累进性基本呈现下降—上升—下降—再上升—再下降等周而复始的周期性特征。验证了郭庆旺（2012）年提出的税收累进性生命周期理论：在经济起飞阶段，税制累进性较小或者税收呈现累退性；在经济发展成熟阶段，税收制度累进性明显增加；在大众高消费阶段，税收累进性增速变缓或者不再增加；在超越大众消费阶段，税收整体累进性将不断下降。在每个经济发展历史阶段对应不同程度的税收累进或者税收累退，既有助于经济发展又可以兼顾收入分配和社会稳定，所以认为税收累进性适度制度安排是可以促进经济发展与调节收入分配的、可行的、有效的制度安排。(2) 下降—上升—下降周期性变换两个拐点之间的时间间隔大致在 50—60 年左右。(3) 税收累进性随历史发展呈现周期特征，但是社会历史发展规律有别于自然规律，社会历史发展规律往往受到自然灾害、战争、政治原因等人为因素的影响而发生曲折改变，在研究社会历史规律时应适时摒弃突发因素的影响，透过

<<< 第二章 税收累进性问题研究的理论依据

现象抓住本质，找到社会历史发展规律的主要脉络，因此需要进行下文的经验分析之二——G7国家税收累进性与经济增长率关系考察。

（二）经验分析二：G7国家税收累进性与经济增长率①关系考察

税收累进性的生命周期主要包含经济起飞阶段、经济发展成熟阶段、大众消费阶段、超越大众消费阶段等阶段，一般而言，指标数值会随着年份的推移、经济的发展而不断增加，但由于社会历史发展规律往往受到自然灾害、战争、政治原因等人为因素的影响而发生曲折改变，因此指标选取考虑比率数值。比率数值特征受人为因素较小，考虑经济增长率与人均经济增长率两个指标。由于人口数据的不完整，因此经验分析二主要考察G7国家（由于德国历史上出现过分裂，因此排除）税收累进性和经济增长率（GDPZ）相关关系，寻找拐点处的比率特征，而非数值特征。采用临近点加权拟合法和峰-谷拐点的方法验证税收累进性生命周期理论并分析拐点处指标取值的比率特征。

通常参数估计的方法要求密度函数形式既定，不论是线性或是非线性的形式，都必须在确定被解释变量及解释变量关系的前提下建立正确的模型，并估计参数。由于变量间关系的设置具有较强主观性，因此最终模型需根据统计检验及经济意义等综合因素，在尝试多种形式模型后择优而定。非参数模型不需要确定变量之间的关系，仅对回归函数本身进行模拟，可以准确描述自变量和因变量之间的实际关系，故研究税收累进性与GDPZ之间的关系采用非参数回归模型进行估计。

假设被解释变量用随机变量Y表示，解释变量用X表示，X为实际影响随机变量Y的重要因素。在指定样本观测值$(Y, X), (Y, X), \cdots (Y, X), (Y, X)$后，假设$\{Y\}$独立同分布，则可以建立非参数模型：

$$Y_I = m(X_i) + u_i \quad i = 1, 2, \cdots, n.$$

---

① 由于KP指数是以三年为基准计算得到，为保持年份和数据的一致性，GDP增长率（GDPZ）是以连续四年为考察期，用最后一年数据减去第一年数据再除以第一年数据得到。

其中，上述模型中的 $m(\cdot)$ 为未知函数，u 为随机误差。对应上述模型有多种非参数估计方法，如：邻近加权拟合估计法，核估计法及局部线性估计法。

主要采用邻近点加权拟合估计法，该方法是以最邻近点之间的距离作为带宽进行局部归回，针对样本中每一点 X，均拟合出一条局部的、加权回归线。局部是指用样本数据的距离进行一步一步地回归，点的距离越远所加权数则越小，非参数回归模型邻近点拟合估计：

$$\sum_{i=1}^{N} W_i(y_i - a - x_i b_i - x_i^2 b_2 - \cdots - x_i^k b_k)$$

其中三次方权数：

$$W_i = \begin{cases} (1-|d_i/d[aN])|^3)^3 \\ 0 \end{cases}$$

除 $|d_i/d[aN])|$，其他情况下 W_i 取值为 0。$d=|x-x_i|$，取值范围为 [0,1]，a 则是带宽控制拟合线的平滑程度，a 数值越大则拟合线越平滑，[aN] 为总样本个数的 100a% 再取整；$d[aN]$ 则是距离样本 X 最近的 aN 个样本数据点中的最远距离。因此，距离 X 最近的 [aN] 个样本在进行局部回归的过程中依据相距 X 的远近均被赋予了不同的权重，其他样本点权重视为 0。选择用非参数计量方法中的邻近点加权拟合方法[1]来描绘税收累进性 KP 指数和 GDPZ[2] 之间的关系，结果如图 2-83 所示：

---

[1] 《非参数计量经济学》，叶阿忠，天津：南开大学出版社，2003 年版。
[2] 鉴于历史考察期限较长，无法获得详细的季度数据计算每年的税收累进性，因此选用年度数据，并以三年为一期，计算该三年期内的平均税收累进性，如1874 年的 KP 指数数据代表 1874、1875、1876 三年间的平均税收累进性。
为保持年份和数据的一致性，GDP 增长率（GDPZ）是以连续四年为考察期，用最后一年数据减去第一年数据再除以第一年数据得到。

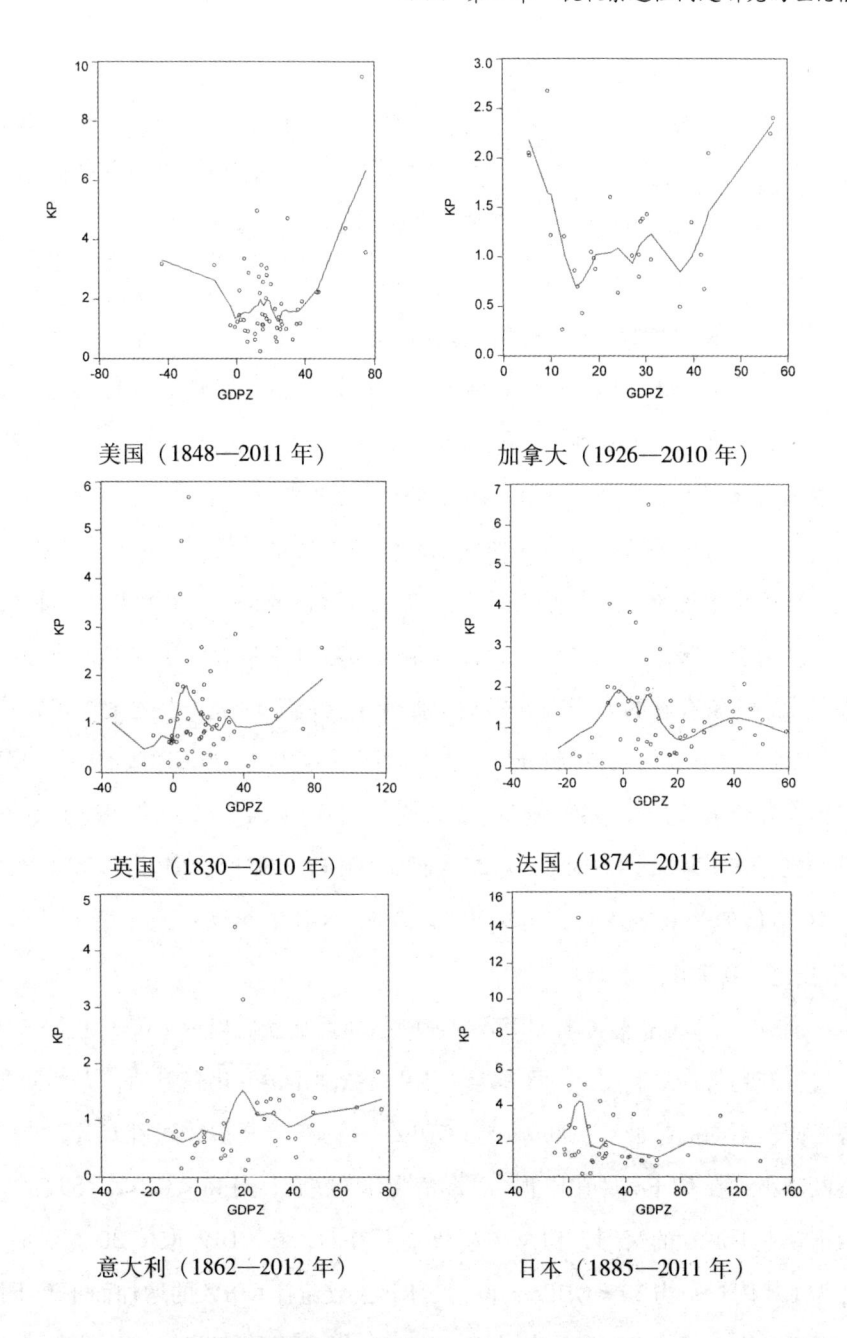

<<< 第二章 税收累进性问题研究的理论依据

美国（1848—2011年） 加拿大（1926—2010年）

英国（1830—2010年） 法国（1874—2011年）

意大利（1862—2012年） 日本（1885—2011年）

图2-83：G7国家税收累进性KP指数和GDP增长率邻近点加权拟合结果

163

数据来源：KP指数由《帕尔格雷夫世界统计》《国际统计年鉴》、新浪财经数据库以及各国政府官网数据整理计算得到；由于KP指数是以三年为基准计算得到，为保持年份和数据的一致性，GDP增长率（GDPZ）是以连续四年为考察期，用最后一年数据减去第一年数据再除以第一年数据得到。

1. 美国，KP指数随着GDPZ数值变化呈现先下降—上升—下降—再上升的趋势，对照图2-83美国KP指数随年份变化趋势图，恰好两者变化趋势相类似。变化趋势类似主要是因为，随着历史年份的发展，美国经济实力不断增强，并未因为自然灾害、战争、政治原因等人为因素的影响而发生较大的曲折改变。当然，并不是每个国家都存在这种变化趋势基本类似的情况，出现部分阶段趋势不一样是正常现象，主要原因是以上人为因素造成GDPZ和年份并未同方向变化。从历史发展的角度来看，一百多年间大趋势应是大同小异的，排除社会发展过程中正常存在的人为因素影响，抓住主要趋势即可，上述论述也适用于以下几个国家的两种趋势对照分析，因此后面不再赘述。当GDPZ<0时，KP指数呈现下降趋势，且KP最低值在1.5左右；当0<GDPZ<20时，KP指数逐渐上升，当GDPZ为20左右时KP为2；当20<GDPZ<30时，KP指数呈现下降趋势，KP最低值为0.7左右；当GDPZ>30时，GDPZ再次进入不断上升阶段，KP指数也由0.7逐渐上升。

2. 加拿大，KP指数随着GDPZ数值的不断增加先后出现下降—上升—再下降—再上升趋势，对照图2-83加拿大KP指数随年份变化趋势图，大部分变化趋势相同，不同的是最后一部分。当GDPZ<15时，KP指数随着GDPZ的增加而不断减小，在GDPZ取值15时KP取值为0.7左右；当15<GDPZ<30时，KP指数出现上下波动的情形，但总体趋势是上升的，在GDPZ取值30左右时KP指数为1.3附近；当30<GDPZ<40时，KP指数随着GDPZ的增加而不断下降，在GDPZ取值40左右时KP取值为0.8左右；当GDPZ>40时，KP呈现不断上升的趋势，KP指数取值不断增加。

3. 英国，KP指数随着GDPZ数值的不断增加先后也同样出现下降—上升—再下降—再上升趋势，对照图2-83英国KP指数随年份变化趋势图，大部分变化趋势大致相似。当GDPZ<10时，KP指数呈现不断下降趋势，最低值为0.7左右；当10<GDPZ<20时，KP指数呈现不断上升趋势，最高值为1.7左右；当20<GDPZ<30时，KP指数呈现不断下降趋势，最低值为1左右；当GDPZ>30时，KP指数虽有小幅波动但整体呈现不断上升趋势，KP指数取值不断增加。

4. 法国，KP指数随着GDPZ数值的不断增加先后出现上升—下降—再上升—再下降的趋势，可见法国税收累进性下降—上升之间变化的规律是存在的，生命周期特征存在，只是表现形式不同而已。法国变化趋势不是从下降开始的，并不意味着法国的税收累进性周期变化不是从下降阶段开始的，可能因为法国受战争等因素影响较大出现不同的表现形式，但是这并不是研究的重点，重点在于法国税收累进性下降—上升之间变化的规律是存在的，生命周期特征存在，因此对于法国税收累进性生命周期理论是成立的。当GDPZ<0时，KP指数随着GDPZ的增加而不断增加，在GDPZ取值为0左右时KP取值为2左右；当0<GDPZ<20时，KP指数出现上下波动的情形，但总体趋势是下降的，在GDPZ取值20附近时KP指数为0.7附近；当20<GDPZ<40时，KP指数随着GDPZ的增加而不断上升，在GDPZ取值40左右时KP取值为1.3左右；当GDPZ>40时，KP呈现不断下降的趋势，KP指数取值不断减小。

5. 意大利，KP指数随着GDPZ数值的不断增加先后出现下降—上升—再下降—再上升趋势，对照图2-83意大利KP指数随年份变化趋势图，大部分变化趋势大致相似。当GDPZ<0时，KP指数呈现不断下降的趋势，最低值为0.7左右；当0<GDPZ<20时，KP指数呈现不断上升的趋势，最高值为1.5左右；当20<GDPZ<40时，KP指数呈现不断下降的趋势，最低值为1左右；当GDPZ>40时，KP指数整体呈现不断上升的趋势，KP指数取值不断增加。

6. 日本，KP指数随着GDPZ数值的不断增加先后出现上升—下降—再上升的趋势，日本 KP 指数随着 GDPZ 数值变化表现形式和法国类似，同样日本税收累进性下降——上升之间变化的规律是存在的，生命周期特征存在，只是表现形式不同而已，税收累进性生命周期理论成立。日本变化趋势不是从下降开始的，并不意味着日本的税收累进性周期变化不是从下降阶段开始的，可能因为日本受战争、石油危机、自然灾害等因素影响较大出现不同的表现形式，但是这并不是研究的重点，重点在于日本税收累进性下降——上升之间变化的规律是存在的，生命周期特征存在，税收累进性生命周期理论成立。当 GDPZ < 10 时，KP 指数随着 GDPZ 的增加而不断增加，在 GDPZ 取值为 10 左右时 KP 取值为 4 左右；当 10 < GDPZ < 20 时，KP 指数出现下降趋势，在 GDPZ 取值 20 附近时 KP 指数为 1.8 附近；当 20 < GDPZ < 30 时，KP 指数随着 GDPZ 的增加短暂上升，在 GDPZ 取值 30 左右时 KP 取值为 2 左右；当 30 < GDPZ < 60 时，KP 再次呈现不断下降的趋势，KP 指数取值不断减小，当 GDPZ > 60 时，KP 指数逐渐增加。

通过对以上六个国家情况的分析，结合峰-谷拐点的方法可得到以下两点启示：（1）发达国家 KP 指数和 GDPZ 之间存在密切的相关性，且两者之间关系呈现规律性变化，基本呈现出下降——上升——下降——上升不断循环的趋势。（2）存在适度税收累进性，KP 指数随着 GDPZ 变化而变化，存在拐点。拐点处的指标特征大致范围为，拐点一：当 GDPZ ∈ [0, 20]，KP ∈ [0.7, 1.5] 时，KP 指数应随着 GDPZ 的不断增加而由下降转为上升趋势；拐点二：当 GDPZ ∈ [20, 30]，KP ∈ [1.3, 4] 时，KP 指数应随着 GDPZ 的不断增加而逐渐转为下降趋势；拐点三：当 GDPZ ∈ [30, 40]，KP ∈ [0.7, 1.5] 时，KP 指数应随着 GDPZ 的不断增加而逐渐转为上升趋势。拐点处指标特征的大致范围如此，具体数值情况因国家不同而异。GDPZ 的取值又随着经济发展阶段变化具有周期性规律，因此结合前文经验分析一、二可知，两者表达的内涵是相同的，表达方式不同而已。

三、发展后的税收累进性生命周期理论内容

综上所述，运用经验分析方法验证并发展了税收累进性生命周期理论，各个国家大致趋势相同，表现形式和进度略有差异，正如 Hausmann 与 Klinger 在 2006 年提出的社会和经济发展过程，不同于自然规律发展过程，不是一个同质等速的发展过程，而是一个不断从量变向质变转化，不同阶段具备不同阶段性的过程。发展后的税收累进性生命周期理论主要结论包括以下几点：

结论一①：税收累进性历史发展规律呈现下降—上升—下降等的周期性特征。可以总结为在经济起飞阶段，税制累进性很小或者呈现累退性；在经济发展成熟阶段，税收制度累进性增速较快；进入大众高消费阶段，税收制度累进性增速减缓或者不再增加；在超越大众消费阶段，税收累进性将不断减少。

结论二：下降—上升—下降这一周期过程，两拐点之间的时间间隔大致在 50—60 年左右。

结论三：税收累进性（KP 指数）和经济增长比率（GDPZ）之间存在密切的相关性，且两者之间关系呈现周期性变化，基本呈现下降—上升—下降趋势。

结论四：存在适度税收累进性。一方面，每个经济发展历史阶段适用不同程度的税收累进或者累退，既可以促进经济发展又可以兼顾收入分配、社会稳定，因此可以认为税收累进性适度是可以促进经济发展和调节收入分配的、可行的、有效的制度安排；另一方面，KP 指数随着 GDPZ 变化而发生变化，两者之间是双向因果关系。由于 GDPZ 的取值是随着经济发展周期具有周期性规律，因此结合经验分析一、二所得结论可见，两者表达的内涵相同，表达方式不同而已。

---

① 郭庆旺. 有关税收公平收入分配的几个深层次问题 [J]. 财贸经济. 2012 年第 8 期.

结论五：存在拐点。拐点处的指标特征大致范围为，拐点一：当 GDPZ ∈ [0，20]，KP ∈ [0.8，1.5] 时，KP 指数应随着 GDPZ 的不断增加而由下降转为上升趋势；拐点二：当 GDPZ ∈ [20，30]，KP ∈ [30，40] 时，KP 指数应随着 GDPZ 的不断增加而逐渐转为下降趋势；拐点三：当 GDPZ ∈ [30，40] KP ∈ [0.7，1.5] 时，KP 指数应随着 GDPZ 的不断增加而逐渐转为上升趋势。拐点处指标特征的大致范围如此，具体数值情况因国家不同而异。

第三章

中国税收累进性的理论验证和现实验证

本章的研究重点是分别基于发展后的税收累进性生命周期理论和 DEA 效率模型对中国税收累进性进行理论验证和现实验证。将中国的税收累进性与发展后的生命周期理论进行拟合的主要目的是考察中国目前的税收累进性特征和未来中国税收累进性改革方向。将中国税收累进性进行现实验证，主要目的在于从技术效率和技术进步两方面分析综合运行效率提高的动力和阻力。

第一节 中国税收累进性的理论验证

由第二章可知，发展后的税收累进性生命周期理论包括五个结论，将中国的税收累进性情况与之相拟合，以考察中国的税收累进性特征。

利用前文同样的方法并采用 1952 年至 2011 年的数据理算整理得到中国税收累进性历史发展轨迹图如图 3-1、3-2 所示，可见中国 KP 指数和 LNKP 指标在将近六十年间趋势波动平稳，KP 指数基本在 0.5 至 2 之间变动，LNKP 则基本在 -1 至 1 之间变动，整体波动均匀，相对较为明显的变化有两处：一是 1980 年附近，1980 年之前税收累进性略有上升趋势，1980 年之后略有下降趋势，究其原因应该是中国的改革开放政策，1978 年之前强调平均主义因此税收累进性略有回升，改革开放之后一部分人先富起来再带动其他人富起来的政策，鼓励经济发展因此税收累进性略有下降。二是1993年附近，1993年之后税收累进性略有回升，究其原因应该和1994年的分税制改革有关。由于中国选取的研究年限范围相对于G7国家而言较小，研究范围缩小之后会模糊整体特征而凸显局部特征，因此更加需要对税收累进性和经济增长率（GDPZ）相关关系进行考察。

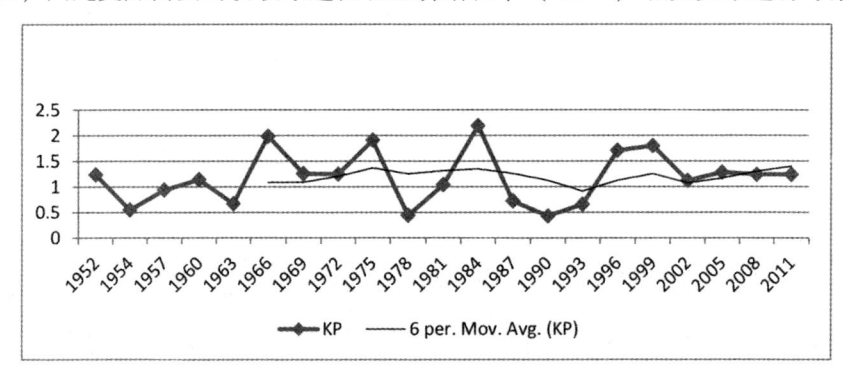

图3-1 中国KP指数

数据来源：国家统计局网站。

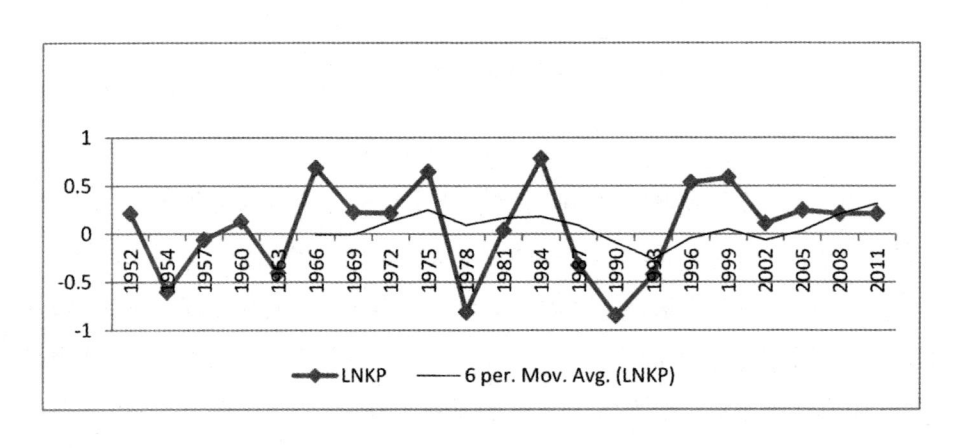

图3-2 中国LNKP指数

数据来源：国家统计局网站。

由中国税收累进性和经济增长率（GDPZ）相关关系考察税收累进性整体特征，结合历史轨迹的变化更加确切地判断中国所处税收累进性生命周期理论的阶段。此处仍采用临近点加权拟合法和峰－谷拐点的方法，采用1954年至2011年的数据整理得到 KP 指数和 GDPZ 指数的关系图如图3－3所示（数据来源于国家统计局网站）。可见虽然中国税收累进性随经济增长率变化有所波动，但是整体趋势是下降的，即随着 GDPZ 的不断增加，KP 一直呈现整体下降趋势。

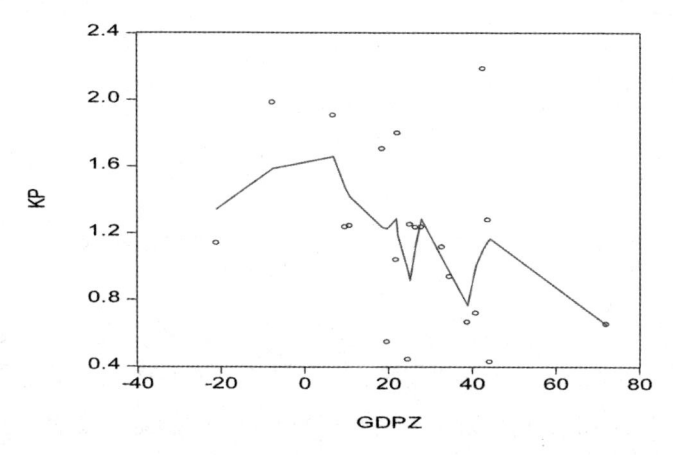

图3－3 中国（1954—2011）

基于发展后的税收累进性生命周期理论的相关结论对中国税收累进性进行拟合。首先，依据发展后的税收累进性生命周期理论的结论一和结论二，中国应该是处于经济起飞阶段和成熟阶段之间；新中国成立六十多年左右，符合发展后的税收累进性生命周期两拐点之间时间间隔大致在50—60年左右的结论。其次，考虑中国近年来的 GDPZ 数值（如表3－1所示）。依据结论五分析，2005年至2011年中国 GDPZ 指标取值大致在27.9至43.7之间，而 KP 取值基本在1.2附近，大致符合结论五拐点三的特征，当在此拐点处 KP 指数应随着 GDPZ 的不断增加而逐渐转为上升趋势。近年来中国 GDP 增长速度相对其他国家较快，KP 指数却一直徘徊在1.2左右，虽然按照此 KP 指数的定义计算中国税收整体略微呈现累进性，但是累进性仍然较弱，无法适应经济社会发展需要，将进一步加剧收入分配不公。中国现在正处于拐点附近，下一步改革的方向应是逐步提高整体税收累进性。

表3-1 中国近年来税收累进性和经济增长率

年份	KP	GDPZ
2005	1.278584	32.86355
2008	1.235666	43.72988
2011	1.236548	27.85183

第二节 中国税收累进性的现实验证

前文基于税收累进性生命周期理论，从理论方面验证了中国应提高整体税收累进性。中国税收累进性发挥的实际作用如何，是否是有效率的，是否应提高整体税收累进性需要进一步现实验证，因此本章基于 DEA 效率测算模型对中国税收累进性影响公平（即调节收入分配，缩小收入差距）和效率（即促进经济增长）的 DEA 效率进行测算与分解。通过分析、分解综合运行效率，验证中国应该提高税收累进性。为确保中国税收累进性的提高适度，并可以兼顾公平与效率，需要从技术效率和技术进步两方面进行考虑，分析综合运行效率提高的动力和阻力所在。

一、中国税收累进性现实验证——DEA 模型效率测算与分解方法[①]

经典的计量经济模型通常需要依据经济理论和样本数据事先设定模型的函数关系,进而估计模型函数关系中的参数并检验所设定的经济关系。如果所设定的模型和参数的某些假定未必成立,则将产生测算误差,研究中国税收累进性影响公平与效率的效果如何,若采用经典计量经济模型估计,首先影响过程是个"黑箱",无法事先设定函数关系。非参数 DEA 数据包络分析方法可以解决上述问题,DEA 方法是一种"面向数据"的核算方法,该方法不需要事先设立解释变量和被解释变量之间的函数关系,对解释变量个数也不做限制,仅仅针对数据进行核算,采用线性规划的方法刻画出生产的前沿面。该边界表示一组要素投入量所产生的最大生产能力,通过与这一前沿面相比较可以判断出实际生产活动和生产前沿的距离,进而识别出低效率决策单元和其相对效率,判断出影响效率的大小,因此测算中国税收累进性影响公平与效率的 DEA 相对效率,可以将税收累进性指标作为投入指标,公平、效率的指标分别作为产出指标,忽略具体影响函数关系式,依据数据判断决策单元的相对效率。DEA 方法近年来应用广泛,对具有多种输入变量与多种输出变量决策单元的相对效率进行测算及评价。效率静态测算的方法主要包括 DEA – C^2R 模型和 DEA – BC^2 模型两种,其中 DEA – C^2R 模型是 A. Charnes 和 W. Cooper 等学者在 1978 年创立建立在规模报酬不变假定的基础上;DEA – BC^2 模型是 Banker、Charnes 和 Cooper 在 1984 年提出,建立在规模报酬可变假定基础上。动态测算方法主要是 DEA – Malmquist 方法,适用于多个研究对象之间的面板数据分析,可以进行动态效率

[①] 关于选用 DEA 方法测算税收累进性影响公平、效率的 DEA 效率是否妥当做以下说明:DEA 方法常用于对具有多种输入变量与多种输出变量决策单元的相对效率的测算及评价。原有的 DEA 理论是以工程效率和生产函数理论为基础逐渐发展起来的,对输入输出变量要求具有投入和产出关系;近年来 DEA 理论不断发展,研究发现可以应用偏序集理论解释 DEA 的有效性,对 DEA 有效给出了不同于 Charnes 等的原始解释,赋予 DEA 有效性更广泛的含义,输入输出指标之间不再要求必须具有投入和产出关系。因此用 DEA 方法测算税收累进性影响公平、效率的 DEA 效率妥当。

173

分析。

静态效率测算方法无法观察全国及各省税收累进性影响公平、效率的变化情况，随着税制的不断调整等，影响的情况会不断发生变化。此处主要采用产出角度的 Malmquist 生产率变化指数，适用于多个决策单元的面板数据分析。

Malmquist 生产率变化指数是在距离函数的基础上定义①，假设存在多个时期，(x^s, y^s) 和 (x^{t+1}, y^{t+1}) 分别表示第 t 期和第 $t+1$ 期的投入变量和产出变量。以 q^s 为所有 x^s 生产 y^s 的生产可能性集合，表示为

$$q^t = \{(x^s, y^s)\}$$

进一步定义任意一个决策单元在第 t 期产出的距离函数：

$$d^t(x^s, y^s) = \inf\{\theta \in R : (x^t, y^s/\theta) \in q^t\} = (\sup\{\theta \in R : (x^t, \theta y^t) \in q^t\}) = 1$$

DEA – Malmquist 指数的测算仍需要定义另外两个距离函数，一是测算在第 t 期的技术条件下要素组合 (x^{t+1}, y^{t+1}) 所能达到的最大比例的变化，定义为

$$d^t(x^{t+1}, y^{t+1}) = \inf\{\theta \in R : (x^{t+1}, y^{t+1}/\theta) \in q^t\}$$

二是测算在第 $t+1$ 期的技术条件下要素组合 (x_1^t, y_1^4) 所能达到的最大比例的变化，定义为

$$d^{t+1}(x^t, y^t) = \inf\{\theta \in R : (x^t, y^t/\theta) \in q^{t+1}\}$$

在这些基本概念基础上，定义 DEA – Malmquist 生产率指数分两步：首先以第 t 期的技术条件为参照，基于产出角度的 DEA – Malmquist 生产率指数定义为

$$m_0^t(x^{t+1}, y^{t+1}, x^t, y^t) = \frac{d_0^t(x^{t+1}, y^{t+1})}{d_0^t(x^t, y^t)}$$

$m_0^t(x^{t+1}, y^{t+1}, x^t, y^t)$ 测度了在第 t 期的技术条件下，从第 t 期到第 $t+1$ 期的效率变化。其次，以第 $t+1$ 期的技术条件为参照，基于产出角度的 DEA – Malmquist 生产率指数定义为

---

① 本部分理论参考文献：刘伟. 基于 Bootstrap—Malmquist 指数的高新技术产业技术创新效率分析 [J]. 经济学动态. 2013 年第 3 期 P43.

$$m_0^{t+1}(x^{t+1},y^{t+1},x^t,y^t) = \frac{d_0^{t+1}(x^{t+1},y^{t+1})}{d_0^{t+1}(x^t,y^t)}$$

为避免基准的混淆以及不同时期选择的随意性可能导致的差异，取 m_0^t $(x^{t+1}, y^{t+1}, x^t, y^t)$ 和 $m^{t+1}(x^{t+1}, y^{t+1}, x^t, y^t)$ 的几何平均数，作为衡量第 t 期到第 $t+1$ 期生产率变化的 DEA – Malmquist 指数，即：

$$m_0(x^{t+1},y^{t+1},x^t,y^t) = \left[\frac{d_0^t(x^{t+1},y^{t+1})}{d_0^t(x^t,y^t)} \times \frac{d_0^{t+1}(x^{t+1},y^{t+1})}{d_0^{t+1}(x^t,y^t)}\right]^{1/2}$$

若该 DEA – Malmquist 指数大于 1，则表示从第 t 期到第 $t+1$ 期综合效率变化指数 TFPCH 是增长的；若该 DEA – Malmquist 指数小于 1，则表示从第 t 期到第 $t+1$ 期综合效率变化指数 TFPCH 是减小的。在规模报酬不变的假设前提下，DEA – Malmquist 指数可以进一步分解为技术效率变化指数（EFFCH）和技术进步指数（TECHCH）两项，即

$$m_0(x^{t+1},y^{t+1},x^t,y^t) = \underbrace{\frac{d_0^{t+1}(x^{t+1},y^{t+1})}{d_0^t(x^t,y^t)}}_{\text{EFFCH}} \times \underbrace{\left[\frac{d_0^t(x^{t+1},y^{t+1})}{d_0^{t+1}(x^{t+1},y^{t+1})} \times \frac{d_0^t(x^t,y^t)}{d_0^{t+1}(x^t,y^t)}\right]^{1/2}}_{\text{TECHCH}}$$

EFFCH 指数测度了从第 t 期到第 $t+1$ 期各个决策单元对生产可能性边界的追赶程度；TECHCH 指数测度了第 t 期到第 $t+1$ 期的技术边界移动情况。若指数数值大于 1，表示其是生产率提高的源泉；若指数数值小于 1，表示其是生产率降低的源泉。

为了运用 DEA 方法测算 Malmquist 指数，假定有 $k = 1, \cdots, K$ 个决策单元，在 $t = 1, \cdots, T$ 中的每一个时期，投入 $n = 1, \cdots, N$ 种要素，于是有 $x_{k,n}^t$，得到 $m = 1, \cdots, M$ 种产出 x^{k,t_m}。在 DEA 模型中，每一个时期在不变规模报酬（C）和投入要素自由处置（S）条件下的参考技术被定义为

$$L^t(y^t \mid C,S) = \begin{cases} (x_1^t,\cdots,x_N^t): y_{k,m}^t \leq \sum_{k=1}^K z_k^t y_{k,m}^t, m = 1,\cdots, \\ M \sum_{k=1}^K z_k^t x_{k,m}^t, \leq x_{k,n}^t, n = 1,\cdots,N; z_k^t \geq 0, k = 1,\cdots,K \end{cases}$$

其中，z 代表每一个横截面观测值的权重。为估算 k 决策单元在第 t 期到第 $t+1$ 期之间的生产率，需解四个不同的线性规划：$d_0^t(x^t, y^t)$、$d_0^{t+1}(x^{t+1}, y^{t+1})$、$d_0^t(x^{t+1}, y^{t+1})$、$d_0^{t+1}(x^t, y^t)$。对于每个 $k = 1, \cdots, K$ 的决策单元，有

$$(d_0^t(x_k^t, y_k^t))^{-1} = \max\theta^k$$

$$\theta^k y_{k,m}^t \leqslant \sum_{k=1}^K z_k^t y_{k,m}^t, m = 1, \cdots, M$$

$$\sum_{k=1}^K z_k^t y_{k,n}^t \leqslant x_{k,n}^t \quad n = 1, \cdots, N$$

$$z_k^t \geqslant 0 \quad k = 1, \cdots, K$$

若将上述模型的 t 时期改写为 t+1 时期，则可以得到 $d_0^{t+1}(x_k^{t+1}, y^{t+1})$ 的线性规划模型。同理可以得到，$d_0^t(x_k^{t+1}, y^{t+1})$ 和 $d_0^{t+1}(x^t, y^t)$ 的线性规划模型。

运用到中国税收累进性影响公平、效率的 DEA – Malmquist 指数测算式中

$$m_0(x^{t+1}, y^{t+1}, x^t, y^t) = \left[\frac{d_0^t(x^{t+1}, y^{t+1})}{d_0^t(x^t, y^t)} \times \frac{d_0^{t+1}(x^{t+1}, y^{t+1})}{d_0^{t+1}(x^t, y^t)}\right]^{1/2}$$

$d_0^t(x^t, y^t)$ 与 $d_0^t(x^{t+1}, y^{t+1})$ 分别表示中国以第 t 期技术为参照前沿面的第 t 期和第 $t+1$ 期税收累进性影响公平、效率的相对效率距离函数。$d_0^{t+1}(x^t, y^t)$ 与 $d_0^{t+1}(x^t, y^t)$ 分别表示中国以第 $t+1$ 期技术为参照的第 t 期与第 $t+1$ 期税收累进性影响公平、效率的相对效率距离函数。以上这一公式代表中国第 t 期税收累进性运行情况相对于第 $t+1$ 期税收累进性运行情况的综合效率值。该效率值以 1 为临界值，当效率值大于 1 时，表示中国税收累进性运行效率的改善；反之，则代表中国税收累进性运行效率的降低。因为采用的是多个研究时期多个研究对象的面板数据，因此上述计算得出的综合效率指数是产出角度的 Malmquist 综合效率变化指数的几何平均值。前者以第 t 期技术为参照，后者则以第 t+1 期为参照。

在规模报酬不变的假设前提下，DEA – Malmquist 方法的综合效率变化指数 TFPCH 可以分解为技术效率变化与技术进步变化两项的乘积，即

$$m_0(x^{t+1},y^{t+1},x^t,y^t) = \underbrace{\frac{d_0^{t+1}(x^{t+1},y^{t+1})}{d_0^t(x^t,y^t)}}_{\text{EFFCH}} \times \underbrace{\left[\frac{d_0^t(x^{t+1},y^{t+1})}{d_0^{t+1}(x^{t+1},y^{t+1})} \times \frac{d_0^t(x^t,y^t)}{d_0^{t+1}(x^t,y^t)}\right]^{1/2}}_{\text{TECHCH}}$$

上式中的 EFFCH 是在以本期的生产前沿面为标准, 即以第 t 期最优前沿面为基准的前提下, 第 t 期和第 t+1 期的距离函数之比, 衡量第 t 期到第 t+1 期每一个决策单元 (DMU) 对凸性生产前沿边界的追赶程度, 它的含义是在中国税收累进性规模报酬不变的条件下相对技术效率的变化情况, 定义为技术效率的变化。TECHCH 是在以中国税收累进性不同时期的最佳前沿面为基准, 同一期税收累进性有效运行效率的距离函数之比的几何平均, 测度的是技术前沿面从第 t 期到第 t+1 期的变化, 即第 t 期到第 t+1 期的技术边界移动情况, 定义为技术进步变化。如果其中一项数值 >1, 则说明该项为 DEA 效率增加的源泉, 如果其中一项数值 <1, 则说明该项为 DEA 效率降低的源泉。EFFCH 和 TECHCH 分别刻画效率发挥的两种渠道: 整合优化要素配置和促进技术创新。以上三者的关系可以用公式表示为

TFPCH（综合生产率）＝EFFCH（技术效率）×TECHCH（技术进步）

即在本文中的含义是税收累进性影响公平与效率的综合生产率等于技术效率（即各种要素整合的配置效率）和技术进步（即税收累进性自身制度技术创新）两者之间的乘积。税收累进性影响公平、效率两方面的 DEA 动态效率测算输入变量设定为中国税收累进性（KP 指数）, 输出变量分别设定为经济增长率（当年 GDP 增长率）、城乡收入差距。本文 DEA – Malmquist 模型测算过程借助于 deap2.1 软件实现。

二、中国税收累进性影响公平的 DEA 效率测算与解释

（一）指标选取和数据来源

将中国 31 个省、市以及自治区作为不同的决策单元, 采用中国 2000 年和 2012 年的面板数据测算中国税收累进性影响公平的 DEA 相对效率。公平问题选

取城乡收入差距这一指标衡量收入差距,城乡收入差距指标定义为城镇家庭人均可支配收入除以农村家庭人均纯收入的数值。世界银行的研究报告认为,城乡收入差距指标可以解释居民收入差距的75%左右①。税收累进性仍采用KP指数为衡量指标,因此中国税收累进性影响公平方面的DEA相对效率测算,以KP指数为投入指标,城乡收入差距为产出指标。需要说明KP指数②的测算,DEA动态效率测算部分需采用31个省、市、自治区的面板数据,税收收入数据缺乏完整的面板季度数据,因此KP指数计算涉及的税收收入数据均采用年度数据,进而年度KP指数的计算涉及的税收收入、GDP的均值与标准差均由相邻两年年度数据计算得到,如2012年KP指数由2011年、2012年两年的税收收入均值与标准差、GDP均值与标准差计算近似计算,得到的KP指数实际上是2011年至2012年两年间的税收累进性,以此数据近似替代2012年的税收累进性,各年度的KP指数数据以此类推。相关原始数据来源为中经网、国研网、各个地区的统计年鉴以及国泰安经济金融研究数据库。

(二) DEA – Malmquist 效率测算与解释

本部分运用DEA – Malmquist测算方法,基于产出的角度测算税收累进性影响公平的DEA效率的变化情况,使用的计量软件为deap2.1。

1.13年间各地区税收累进性影响公平(城乡收入差距)的DEA效率变化情况分析

各地区税收累进性影响公平的DEA效率变化平均值及效率分解情况见下表3-2:

---

① Tamar Manuelyan Atinc, Sharing Rising Incomes: Disparities in China, Washington, D.c.: World Bank, 1997.

② 如前文所述,KP指数计算公式为 $KP = \dfrac{\gamma_{T,y}}{\gamma_{y,t}}$,其中,$\gamma_{T,y}$是指第t期内税收收入的标准差除以税收收入的均值的比值;$\gamma_{Y,y}$是指第t期内国民收入的标准差除以国民收入的均值的比值。

表 3-2　2000—2012 年各地区税收累进性影响公平的 DEA 效率变化

	EFFCH	TECHCH	TFPCH
北京市	1.035	0.972	1.006
天津市	1.082	0.972	1.051
河北省	0.967	0.972	0.94
山西省	0.945	0.972	0.919
内蒙古自治区	1.053	0.972	1.023
辽宁省	1.005	0.972	0.977
吉林省	0.966	0.972	0.939
黑龙江省	1.007	0.972	0.978
上海市	1.002	0.972	0.973
江苏省	1.101	0.972	1.07
浙江省	1.108	0.972	1.077
安徽省	1.036	0.972	1.007
福建省	1.084	0.972	1.054
江西省	0.998	0.972	0.97
山东省	1.039	0.972	1.009
河南省	1.007	0.972	0.979
湖北省	1.022	0.972	0.993
湖南省	0.986	0.972	0.958
广东省	1.016	0.972	0.988
广西壮族自治区	1.063	0.972	1.033
海南省	0.999	0.972	0.97
重庆市	1.124	0.972	1.092
四川省	1.035	0.972	1.006
贵州省	1.05	0.972	1.02
云南省	1.048	0.972	1.018
西藏自治区	0.931	0.972	0.905

续表

	EFFCH	TECHCH	TFPCH
陕西省	1.014	0.972	0.985
甘肃省	0.948	0.972	0.922
青海省	1.035	0.972	1.005
宁夏回族自治区	1.043	0.972	1.013
新疆维吾尔自治区	1.024	0.972	0.967
均值	1.023	0.972	0.994

注：EFFCHCH 为技术效率变化，TECHCH 为技术进步变化，TFPCH 为综合生产率变化。

数据来源：由中经网、国研网、各个地区的统计年鉴以及国泰安经济金融研究数据库数据整理。

其中技术效率的变化表示在目前税收累进性设置技术不变、影响税收累进性调节作用各要素投入不变的情况下，影响税收累进性调节公平各要素配置效率的变化；技术进步表示税收累进性设置技术的变化。

(1) 各地区税收累进性影响公平的综合运行效率总体分析

2000 年至 2012 年 13 年间，随着各地区经济的不断发展，税收累进性影响公平的综合运行效率略微下降，平均下降 0.6 个百分点，其中技术效率增加 2.3 个百分点，技术进步则下降了 2.8 个百分点。由此可见，综合效率的下降，主要是由技术进步的下降造成的，但是技术效率和技术进步变化差别不是很明显，因此综合效率的下降幅度不大。

进一步观察，各个地区 13 年间技术进步的变化情况相同，均是技术进步下降了 2.8% 个百分点，变化情况一样主要是因为中国各个地区没有税收自主权，税收累进性设置技术都是全国统一的，技术进步下降则说明 13 年间全国税收累进性设置技术在税收累进性调节公平方面是不优的，存在改进空间。因此下文各地区综合效率下降的动力分析和阻力分析主要围绕技术效率的变化值，技术进步变化均是造成综合效率下降的原因，不再赘述。

（2）各地区税收累进性影响公平的综合运行效率提高的动力分析

造成13年间综合运行效率改进的推动力主要是 TFPCH 大于1的19个省、市、自治区。综合运行效率增加（TFPCH 大于1）的有19个地区，其中东部地区占6个，中部地区占1个，西部地区占12个。这19个地区技术进步均下降2.8个百分点，综合效率的提高动力均来自技术效率的提高，技术效率提高作用大于技术进步下降作用。

（3）各地区税收累进性影响公平的综合运行效率提高的阻力分析

造成13年间综合运行效率下降的主要是 TFPCH 小于1的12个省、市、自治区。综合运行效率的下降，其中东部地区占5个，中部地区占7个，西部地区为0个①。东部地区中，河北、海南综合运行效率分别下降了6%、3%，主要是因为技术效率（即配置效率）分别下降了3.3%、0.1%；辽宁、上海、广东综合运行效率分别下降了2.3%、2.7%、1.2%，这三个地区技术效率虽然分别提升了0.5%、0.2%、1.6%，但由于技术进步下降作用较大，使得综合效率下降。中部地区中，山西、吉林、江西、湖南综合运行效率分别下降了8.1%、6.1%、3%、4.2%，主要是因为技术效率（即配置效率）分别下降了5.5%、3.4%、0.2%、1.4%；黑龙江、河南、湖北综合运行效率分别下降了2.2%、2.1%、0.7%，这三个地区技术效率虽然分别提升了0.7%、0.7%、2.2%，但由于技术进步下降作用较大，使得综合效率下降。

由以上分析可知，各地区税收累进性影响公平的综合运行效率13年间平均下降了0.6%，技术进步变化情况各地区相同，均是不优的，平均下降2.8%，技术效率平均提高2.3%。东部地区中成为综合运行效率提高阻力的5个地区中，技术效率提升了的有3个，中部地区中成为综合运行效率提高阻力的7个

---

① 依据国家统计局的地区分类，东部地区包括北京、上海、天津、浙江、广东、江苏、山东、福建、辽宁、河北、海南11个省市；西部地区包括四川、重庆、云南、贵州、陕西、甘肃、青海、宁夏、内蒙古、广西、新疆、西藏12个升值自治区；中部地区包括湖北、湖南、安徽、江西、河南、山西、吉林、黑龙江8个省份。

地区中，技术效率提升了的仅有 3 个，可见成为综合运行效率提高阻力的地区主要是中部地区，中部地区技术进步不优且大部分技术效率下降；综合运行效率提高阻力的分解原因主要是技术进步不优（TECHCH 小于 1）。综合运行效率提高动力的地区主要是东、西部地区，分解原因主要是技术效率的提高。

2. 中国税收累进性影响公平（城乡收入差距）的 DEA 效率年度变化分析

表 3-3　2006—2012 年中国税收累进性影响公平的平均效率年度变化

	EFFCH	TECHCH	TFPCH
2006	0.654	1.495	0.978
2007	1.789	0.508	0.908
2008	0.91	1.333	1.213
2009	0.987	0.772	0.762
2010	0.95	1.17	1.111
2011	1.013	0.915	0.927
2012	0.85	1.086	0.922
均值	0.979	0.986	0.965

数据来源：由中经网、国研网、各个地区的统计年鉴以及国泰安经济金融研究数据库数据整理。

由上表 3-3 可知，整体上中国税收累进性影响公平的综合运行效率 2006 年至 2012 年间平均下降了 3.5 个百分点，其中技术效率下降 2.1 个百分点，技术进步下降 1.4 个百分点。可见综合运行效率的下降是技术效率和技术进步同时下降的结果，技术效率下降为主要原因。各个年份表现也不相同，2008 年和 2010 年综合运行效率有所提升，主要原因在于这两年技术进步的增加，具体考虑 2008 年和 2010 年涉及的税制改革是技术进步有效的，如 2008 年税制改革主要是增值税由生产型增值税转向消费型增值税试点在全国推行等，2010 年税制改革包括资源税由"从量计征"改为"从价计征"等，这些改革均促进了技术进步的提升。

综上所述，可以得到以下结论：(1) 2000 年至 2012 年各地区税收累进性影响公平的综合运行效率小于 1，是不优的，下降幅度不大，平均下降了 0.6 个百分点。这与中国近年来收入差距不断扩大，调节收入分配的政策（税收调节政策是其中的重要组成部分，而税收累进性又是税收调节收入分配的核心工具）有一定的作用，但仍效率不高，收入差距仍在继续扩大的现实情况是吻合的。(2) 技术进步变化情况各地区相同，都是不优的，平均下降 2.8%，说明应该改进税收累进性设置技术，扩展技术前沿面，使得技术进步（TECHCH）值提高。(3) 技术效率平均提高 2.3%，说明税收累进性影响公平的各个要素及其在传导过程各要素配合是有效率的，但是效率增加幅度有限，应该进一步优化各要素及其在传导过程中的相互配合，进一步提高技术效率，最终到达提高综合运行效率目的。(4) 综合运行效率提高阻力，地区方面主要是中部地区，中部地区技术进步不优，主要问题在于技术效率（TFPCH，又称配置效率）下降。这说明中部地区税收累进性影响公平的各个要素及其在传导过程各要素配合效率是下降的，应该优化各要素的配合，并注重疏通中部地区税收累进性影响公平的各个要素调节公平的传导机制。

三、中国税收累进性影响效率的 DEA 效率测算与解释

（一）指标选取和数据来源

将中国 31 个省、市以及自治区作为不同的决策单元，采用中国 2000 年—2012 年的面板数据测算中国税收累进性影响效率的 DEA – Malmquist 动态效率。效率问题选取经济增长率作为衡量指标。因此中国税收累进性影响效率的 DEA – Malmquist 动态效率测算，以 KP 指数为投入指标，经济增长率为产出指标。需要说明：KP 指数计算同静态效率测算部分；经济的增长率定义为当年 GDP 的增长率，数据由 GDP 指数（上年为 100）进一步推算得到。数据来源为中经网、国研网、各个地区的统计年鉴以及国泰安经济金融研究数据库。

（二）DEA – Malmquist 效率测算与解释

本部分依然运用 DEA – Malmquist 测算方法，基于产出的角度测算税收累进

性影响效率的 DEA 相对效率变化情况，使用的计量软件为 deap2.1。

1.13 年间各地区税收累进性影响效率（经济增长率）的 DEA 效率变化情况

各地区税收累进性影响效率方面的 DEA 效率变化的平均值以及效率分解情况见下表 3-4：

表 3-4　2000—2012 年各地区税收累进性影响效率的 DEA 效率变化

	EFFCH	TECHCH	TFPCH
北京市	0.96	1.02	0.979
天津市	1.059	1.02	1.079
河北省	0.915	1.02	0.933
山西省	0.901	1.02	0.919
内蒙古自治区	1.002	1.02	1.021
辽宁省	0.956	1.02	0.975
吉林省	0.943	1.02	0.961
黑龙江省	0.984	1.02	1.004
上海市	0.92	1.02	0.938
江苏省	1.023	1.02	1.043
浙江省	1.021	1.02	1.041
安徽省	1.014	1.02	1.033
福建省	1.032	1.02	1.053
江西省	0.972	1.02	0.991
山东省	0.975	1.02	0.994
河南省	0.956	1.02	0.974
湖北省	0.983	1.02	1.003
湖南省	0.957	1.02	0.976
广东省	0.94	1.02	0.959
广西壮族自治区	1.04	1.02	1.06

续表

	EFFCH	TECHCH	TFPCH
海南省	0.944	1.02	0.963
重庆市	1.12	1.02	1.142
四川省	1.02	1.02	1.04
贵州省	1.034	1.02	1.055
云南省	1.058	1.02	1.079
西藏自治区	0.948	1.02	0.967
陕西省	0.994	1.02	1.014
甘肃省	0.924	1.02	0.942
青海省	1.017	1.02	1.037
宁夏回族自治区	0.998	1.02	1.017
新疆维吾尔自治区	0.996	1.02	1.016
均值	0.986	1.02	1.005

注：EFFCHCH 为技术效率变化，TECHCH 为技术进步变化，TFPCH 为综合生产率变化。

数据来源：中经网、国研网、各个地区的统计年鉴以及国泰安经济金融研究数据库整理。

其中技术效率的变化表示在目前税收累进性设置技术不变、影响税收累进性调节作用各要素投入不变的情况下，影响税收累积性调节效率各要素配置效率的变化；技术进步表示税收累进性设置技术的变化。

(1) 各地区税收累进性影响效率的综合运行效率总体分析

2000年至2012年13年间，随着各地区经济的不断发展，税收累进性影响效率的综合运行效率略微提高，平均提高0.5个百分点，其中技术效率下降1.4个百分点，技术进步则提高2个百分点。由此可见，综合效率提高的主要原因在于技术进步的提高，但是技术效率和技术进步变化幅度差别不大，因此综合效率的提高幅度有限。

进一步观察，各个地区税收累进性影响效率方面的技术进步 13 年间的变化情况相同，均是技术进步提高了 2 个百分点，变化情况相同原因同上文分析，同样是因为中国各个地区没有税收自主权，税收累进性设置技术都是全国统一的。技术进步提高说明 13 年间全国税收累进性设置技术在税收累进性影响效率方面是优的，起到了促进经济增长的作用。下文各地区综合效率下降的动力分析和阻力分析仍主要分析技术效率的变化值，技术进步变化均是造成综合效率提高的动力所在，不再赘述。

（2）各地区税收累进性影响公平的综合运行效率提高的动力分析

造成 13 年间综合运行效率改进的推动力主要是 TFPCH 大于 1 的 17 个省、市、自治区以及技术进步的提高。综合运行效率增加（TFPCH 大于 1）的有 17 个地区，其中东部地区占 4 个，中部地区占 3 个，西部地区占 10 个。这 17 个地区技术进步 13 年间平均提高了 2 个百分点，综合效率的提高动力主要来自技术进步的提高，技术效率的下降则成为综合效率提高的阻力。

（3）各地区税收累进性影响公平的综合运行效率提高的阻力分析

造成 13 年间综合运行效率下降的推动力主要是 TFPCH 小于 1 的 14 个省、市、自治区综合运行效率的下降，以及技术效率的下降。TFPCH 小于 1 的 14 个省、市、自治区中，东部地区占 7 个，中部地区占 5 个，西部地区占 2 个。

由以上分析可知，各地区税收累进性影响效率的综合运行效率 13 年间平均提高 0.5 个百分点，技术进步变化情况各地区相同都是正的、优的，平均提高了 2 个百分点，技术效率平均下降 1.4 个百分点。东、中、西部地区中成为阻力的地区，都是由于技术效率的下降作用超过技术进步的提高作用，进而使得综合运行效率下降，成为阻力的地区主要是东、中部地区。

2. 各地区税收累进性影响效率（经济增长率）的 DEA 效率年度变化分析

表 3-5 2006—2012 年中国税收累进性影响效率方面的平均效率年度变化

	EFFCH	TECHCH	TFPCH
2006	0.648	1.583	1.025
2007	1.413	0.689	0.974
2008	0.956	1.072	1.025
2009	0.853	0.856	0.73
2010	1.18	1.123	1.326
2011	1.197	0.742	0.888
2012	0.57	1.435	0.818
均值	0.93	1.026	0.954

数据来源：由中经网、国研网、各个地区的统计年鉴以及国泰安经济金融研究数据库数据整理得。

由上表 3-5 可知，整体上中国税收累进性影响效率方面的综合运行效率 2006 年至 2012 年平均下降 4.6 个百分点，其中技术效率下降 7 个百分点，技术进步提高 2.6 个百分点。这个结果和上文 2000 年至 2012 年各地区税收累进性影响效率方面的 DEA 效率变化趋势结果并不存在矛盾问题，原因在于：首先，考察的年度区间不同，均值会有所不同；其次，考察的对象不一样，上文考察的是各个地区的税收累进性影响效率的 DEA 平均效率，此处考察的是中国税收累进性影响效率方面的综合运行效率的年度变化趋势。

综合运行效率下降的主要原因是技术效率的下降。各个年份表现也不尽相同，2006 年、2008 年以及 2010 年综合运行效率有所提升，其中 2006 年和 2008 年综合效率提升动力是技术进步的提高作用大于技术效率的下降作用；2010 年综合运行效率的提升动力来自技术效率和技术进步的同时提升。具体考虑，2006 年全面取消农业税等改革以及 2008 年增值税由生产型增值税转向消费型增值税试点在全国推行等改革均是技术进步有效的，但税收累进性影响效率的各因素及其传导是效率下降的。

综上所述，可以得到以下结论：（1）2006年至2012年中国税收累进性影响效率的平均效率年度变化综合运行效率均值小于1，是不优的，下降幅度不大，平均降低了4.8个百分点。这与经济理论是相符合的，税收作为调节手段，干预市场机制产生调节成本造成一定的效率损失，说明中国作为一个整体，2006年至2012年税收累进性影响效率时存在较大调节成本，应该通过提高技术效率来减少调节成本。（2）技术效率平均降低了7%，说明税收累进性影响效率的各个要素，及其在传导过程各要素配合是不优的，传导机制是不通畅的，应该进一步优化各要素及其在传导过程中的相互配合，疏通传导机制，提高技术效率，进而提高综合运行效率。（3）技术进步变化情况各地区相同且都是优的，平均提高2.6个百分点，提高幅度有限，说明应该进一步优化税收累进性设置技术，扩展技术前沿面，促使技术进步值（TECHCH）提高。（4）然而各个地区2000年至2012年税收累进性影响效率的综合效率均值又是大于1的，说明2000年至2012年各个地区税收累进性调节效率，干预市场机制运行的调节成本相对较小，调节带来的效率损失小于调节所带来的经济增长的效率增加，同样符合经济理论，且与前文并不矛盾。综合运行效率提高阻力的地区主要是东、中部地区，主要问题在于技术效率（TFPCH，又称配置效率）的下降，说明东、中部地区税收累进性调节效率的各个要素，及其在传导过程各要素配合效率是下降的，传导机制并不通畅，应该优化各要素的配合，并注重疏通东、中部地区税收累进性影响效率的各个要素促进经济增长的传导过程。

综合运行效率的提高来自技术效率和技术进步之间的相互作用，技术效率和技术进步的提高措施，都是在提高税收累进性，因此，本章基于DEA动态效率分析法对中国税收累进性调节公平与效率两方面的现状分析，现实验证了中国应该整体提高税收累进性。为了使得中国税收累进性的提高是适度的，是可以兼顾公平与效率的，应该优化税收累进性设置，并疏通税收累进性调节公平与效率的传导机制。

第四章

中国税收累进性的影响因素分析

由第三章的理论验证和现实验证可知，中国税收累进性改革方向是提高整体税收累进性，那么在兼顾公平与效率的条件下如何适度提高税收累进性是下一步需要讨论的问题，解决这一问题首先应分析税收累进性的影响因素有哪些，即第四章的主要内容；其次应分析税收累进性调节公平与效率的传导机制是什么，机制是否疏通，即第五章的主要内容。最终得到提高中国税收累进性相应的政策建议，即第六章的主要内容。

由前文文献综述可知，关于税收累进性的影响因素，国外研究成果中提及的影响因素主要包含：累进税率结构与水平、免征额、费用、扣除以及税收抵免；国内学者对税收累进性的影响因素主要集中于对个人所得税累进性影响因素的讨论，主要涉及平均效率、税收征管效率、税率结构、免征额、级距宽窄、税负最终归宿、纳税单位的选择、应纳税所得的来源、纳税应扣除数、初始税率以及边际税率等因素。其中大部分是影响名义税收累进性的影响因素，当然，这些也是影响实际税收累进性的因素，本节关注主要影响实际税收累进性的因素，已有文献讨论较多的是平均税率和税收征管效率两个因素，若平均税率低、税收征管效率低则会减小实际税收累进性；反之亦然。这两个因素影响关系明确便不再讨论，主要考虑其他影响因素。由经验分析可知，财政分权、直接税占比（即税收收入结构）、财政支出结构等会影响税收累进性，这种影响关系是否存在，若存在，是如何影响税收累进性是本章研究的重点，其中由于财政支出统计口径发生过变化，数据受限不做讨论。后文中关于税收累进性影响公平与效率传导机制的分析也在一定程度上为选取这两个影响因素提供依据。

本章的研究主要集中于中国税收收入和税收累进性与财政分权、直接税占比两个影响因素的长期均衡关系和动态变动关系上。本章通过构建中国税收收入—影响因素协整模型和中国税收累进性—影响因素协整模型来研究它们三者之间的长期均衡关系。通过构建中国税收收入—影响因素 VAR 模型和中国税收累进性—影响因素 VAR 模型来研究它们三者之间的动态变动关系。通过长期均衡关系和动态变动关系的考察，以期能够对它们之间的关系有个更全面、更深入的了解。

第一节 中国税收累进性各影响因素的构成与变动趋势分析

一、中国税收收入与税收累进性的发展与变动趋势

（一）中国税收收入的发展和变动趋势

图 4-1 的蓝色曲线显示的是中国 1990 年至 2013 年的税收变化情况。

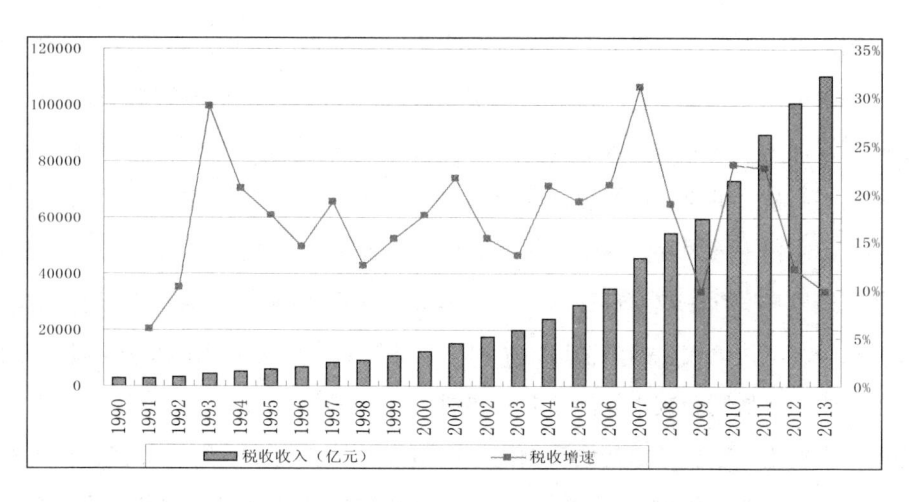

图 4-1　1990—2013 年中国社会税收收入及其变化情况

数据来源：由中经网、国泰安数据库整理计算得到。

<<< 第四章 中国税收累进性的影响因素分析

由上图可知，税收收入总体上呈现不断上升的趋势，逐年均有大幅的提升，税收总额从1990年的2821.86亿元增加到2013年的110497亿元，增加了近40倍，主要得益于中国改革开放以来，经济快速稳定的发展，创造了良好的税收环境。从税收的增长速度上来看，并不是很稳定，但是基本围绕在17%—18%左右波动。其中1993年的增速接近30%，有较快的增长速度，主要受到当年多项税收制度改革的影响，使税收环境得到进一步的优化，社会上的违规操作行为越来越少。历年来增速最快的是在2007年，为31.08%，受美国次级贷款等的国际传递的影响，中国的经济发展空前高涨，税收水平则水涨船高，在2007年实现了最快增长。物极必反，国际金融危机的爆发使得2009年的税收增速骤然降低，增速不到10%，但是在金融危机后期，税收的增速不断趋于稳定。

（二）税收累进性的发展和变动趋势

税收累进性的发展和变动趋势用KP指数来表示。如图4-2所示，KP指数一直处在不稳定的发展变化当中，但是大致呈现两个阶段：第一阶段是1993年

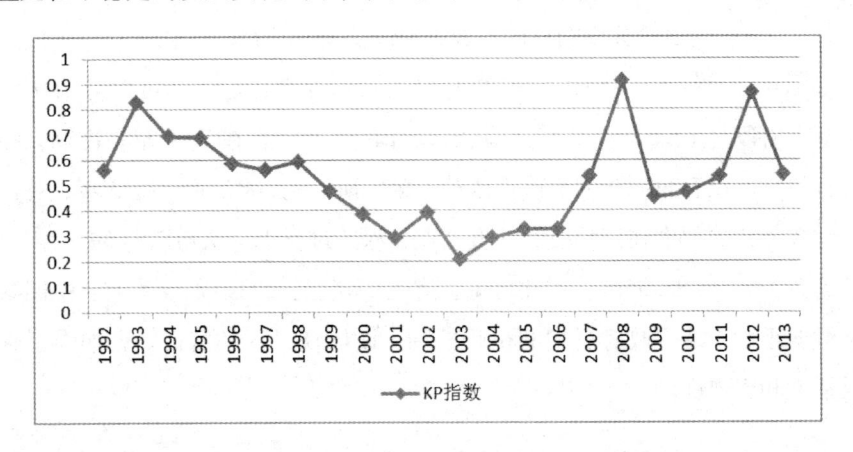

图4-2 1992—2013年中国的KP指数①

数据来源：由中经网、国泰安数据库整理计算得到。

---

① 本章年度KP指数采用税收收入的季度数据计算得到，原因主要是为更加准确的和本章其他数据的年度值一起研究。税收收入的季度数据由各税月度数据加总得到。

191

至2003年，KP指数从0.56逐步下降到0.21，这主要是与中国早期税收制度不健全有很大关系，也体现了改革开放前期社会效率考虑得相对比较多。事实上，进入21世纪之后，KP指数就稳步地开始上升，后来呈现高波动现象，这也就是第二阶段。在该阶段，KP指数整体上呈现上升趋势，表现最明显的是2008年和2012年，KP指数最高，主要体现了全球金融危机影响下，危机前后经济发展的高需求所导致的税收环境和基础的变化。

二、影响因素的构成与变动趋势

（一）财政分权

财政分权在世界范围内的表现已经越来越明显，中国在1994年建立了分税制的财政分权体制，赋予地方适当的管理权是一种发展的趋势。衡量财政分权程度的指标有很多，选取地方财政支出占总财政支出的比例来衡量财政分权程度的变化。

$$财政分权的程度 = 地方财政支出/财政总支出$$

如图4-3所示，中国近年来的财政分权程度变化趋势，可以分为两个阶段：第一阶段是1990年至02年，其财政分权程度一直在70%左右徘徊，在财政分权领域并没有较明显的突破性改革；第二阶段是2003年至2013年，可以看出，财政分权的程度在该阶段是一直处在加深的过程中，从初期的69.90%一直增长到2013年的85.35%，由此可见，进入21世纪后的财税改革上，中国政府更加倾向于赋予地方政府更大的税政权利，以体现民主的特征，也加强了管理的灵活性和客观性。

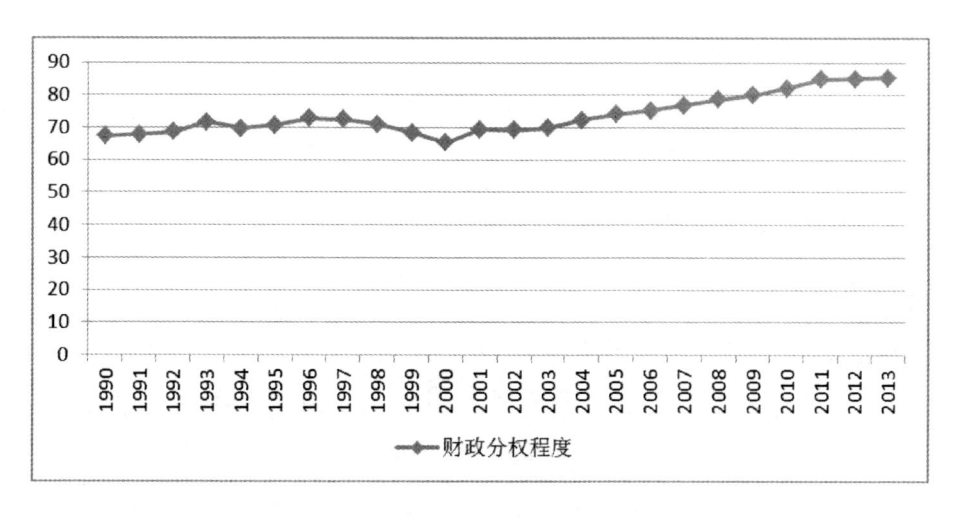

图 4 – 3　1990—2013 年中国财政分权程度变化趋势

数据来源：由中经网、国泰安数据库整理计算得到。

（二）税收收入结构（直接税占比）

税收收入结构用直接税占比体现，所谓直接税，是指税收的税负担任和纳税义务人为同一个人，即负税人和纳税人相同，纳税人也是税收的实际承担者。出于直接税的特征，直接税在总税收中的占比能够调节居民的收入分配差异。公式如下：

直接税占比 = 直接税收/税收总额

如图 4 – 4 所示，很明显，在 1998 年以前，国的直接税在税收总额的占比是呈现逐步下降的趋势，一直持续到 1998 年的 9.99%，究其原因是为体现效率优先的重要举措，同时也是为了满足提高社会总需求的需要，降低直接税所占的比重，提升社会经济活力。从 1998 年开始，国就开始提升直接税在税收总额的占比，尤其是进入 21 世纪后，在加入 WTO 前夕，直接税的占比被突然拉高，体现了中国政府进行税制改革的决心，近年来中国的直接税占比大致在 30% ~ 35% 之间，这也体现了一种阶段性的需要。

图 4-4　1990—2013 年中国直接税占比变动趋势

数据来源：由中经网、国泰安数据库整理计算得到。

第二节　中国税收收入与各影响因素之间的关系分析

本节分析中国税收收入与各影响因素之间的关系，我们从分析其长期均衡关系与动态变动关系两个方面入手。其中长期均衡关系主要依靠建立协整方程进行考察，动态变动关系主要依靠建立 VAR 模型进行考察。具体分析如下：

一、税收收入与各影响因素的长期均衡关系模型

（一）模型的设定与数据来源

本节研究的是中国税收收入与各影响因素之间的长期均衡关系，因此，我们将中国的税收收入作为因变量，税收收入用字母 SSSR 来表示。影响因素依然选取本章第一节中论述的影响因素即财政分权（CZFQ）与直接税占比（ZJSZB），将他们作为自变量。由于财政分权与直接税占比都属于比率性指标，

因此我们将税收收入进行取对数处理,即将中国税收收入的自然对数 LNSSSR 作为因变量。因此,税收收入—影响因素模型设定如下:

$$LNSSSR = c_1 + c_2 CZFQ + c_3 ZJSZB + \partial$$

本部分原始数据来源于国家统计局统计数据库,财政分权与直接税占比是通过原始数据的计算得来。本部分样本区间为1990年至2013年,数据为年度数据,样本长度为24。

(二)模型的估计

由表4-1可知,数据序列税收收入的自然对数(LNSSSR)、财政分权(CZFQ)、直接税占比(ZJSZB)均为一阶单整序列,因此可以直接进行协整检验,无需对模型进行修正。

表4-1 序列的 ADF 检验结果

变量	ADF 统计量	临界值 1%	临界值 5%	临界值 10%	Prob. *
LNSSSR	-3.035314	-4.416345	-3.622033	-3.248592	0.1446
△LNSSSR	-5.392192	-4.467895	-3.644963	-3.261452	0.0015
CZFQ	-1.084785	-4.416345	-3.622033	-3.248592	0.9099
△CZFQ	-4.277485	-4.440739	-3.632896	-3.254671	0.0140
ZJSZB	-3.032233	-4.440739	-3.632896	-3.254671	0.1462
△ZJSZB	-3.501627	-4.440739	-3.632896	-3.254671	0.0640

在模型估计之前,我们首先用 Johansen 最大似然估计法来验证三组时间序列之间是否存在协整关系,验证结果如表4-2所示:

表4-2 Johansen 检验结果

协整秩 H0	迹统计量	5% 临界值	Prob. **
r = 0	44.00871	29.79707	0.0006
r <= 1	14.14051	15.49471	0.0792
r <= 2	1.755335	3.841466	0.1852

续表

协整秩 H0	迹统计量	5%临界值	Prob. * *
协整秩 H0	最大特征值统计量	5%临界值	Prob. * *
r = 0	29.86820	21.13162	0.0023
r < =1	12.35518	14.26460	0.0970
r < =2	1.755335	3.841466	0.1852

由表 4-2 可知，三个时间序列之间存在着协整关系，可以进行模型估计。表 4-3 显示了模型残差进行单位根检验的结果，结果表明，残差不存在单位根，协整方程成立。从而，中国税收收入—影响因素协整模型如下式所示：

$$LNSSSR = -0.960684 + 0.134264CZFQ + 0.034768ZJSZB$$

表 4-3 模型残差的 ADF 检验结果

		t – Statistic	Prob. *
Augmented Dickey – Fuller test statistic		-14.14448	0.0001
Test critical values:	1% level	-2.754993	
	5% level	-1.970978	
	10% level	-1.603693	

从中国税收收入—影响因素模型的结果可知，财政分权、直接税占比与财政收入的波动存在正相关关系。由于自变量的系数小于1，因此财政分权、直接税占比对税收收入的敏感程度要小于税收收入对财政分权和直接税占比的敏感程度。

二、中国税收收入与影响因素的动态变动关系

（一）VAR 模型的设定

对中国税收收入与各影响因素之间的动态变动关系，通过计量手段建立 VAR 模型进行考察。

建立 VAR 模型的时间序列必须是平稳系列。从上部分我们可知，中国税收

收入的自然对数、财政分权、直接税占比三组时间序列均为一阶单整序列,我们将上述三组时间序列进行差分处理,得到三组平稳的时间序列:D(LNSSR)、D(CZFQ)、D(ZJSZB)(三组时间序列的单位根检验结果如表4-1所示)利用这三组时间序列来构建 VAR 模型,因时间序列是年度数据,因此我们选择滞后期为2,模型建立如下:

$$Y_t = C + \beta_1 Y_{t-1} + \beta_2 Y_{t-2} + \varepsilon_t ; \text{其中}, Y_t = \begin{bmatrix} D(\ln SSSR) \\ D(CZFQ) \\ D(ZJSZB) \end{bmatrix}$$

(二) VAR 模型的估计

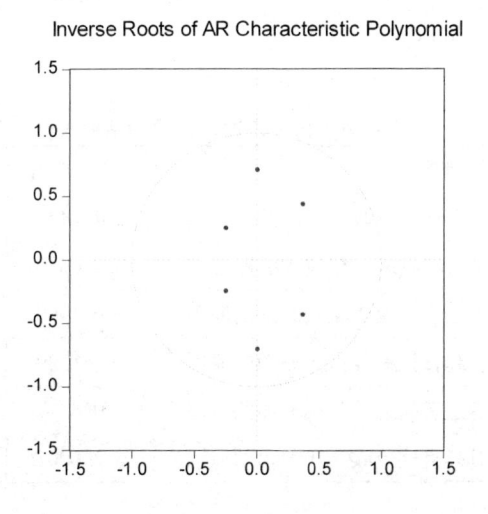

图 4-5 VAR 模型的 AR 特征根倒数的模单位圆

由图4-5可知,中国税收收入、财政分权、直接税占比的6个特征根的倒数的模全在单位圆内,因此,该 VAR 模型是稳定的。

模型估计如下:

$$Y_t = C + \beta_1 Y_{t-1} + \beta_2 Y_{t-2} + \varepsilon_t; 其中, Y_t = \begin{bmatrix} D(\ln SSSR) \\ D(CZFQ) \\ D(ZJSZB) \end{bmatrix}$$

其中：$C = [0.257476 \quad 1.398630 \quad -2.387109]$

$$\beta_1 = \begin{bmatrix} -0.014918 & -0.000665 & 0.000971 \\ -3.163792 & 0.084132 & 0.016348 \\ 20.65536 & -0.905367 & 0.216229 \end{bmatrix}$$

$$\beta_2 = \begin{bmatrix} -0.547042 & 0.003509 & -0.001174 \\ -0.816749 & -0.045777 & 0.076868 \\ 3.376902 & -0.477916 & -0.003610 \end{bmatrix}$$

（三）格兰杰因果检验

表4-4　格兰杰因果检验的结果

假设	卡方统计量	Prob.	结论
财政分权波动不是引起税收收入波动的原因	2.432423	0.2964	不拒绝
税收收入波动不是引起财政分权波动的原因	0.416040	0.8122	不拒绝
直接税收占比波动不是引起税收收入波动的原因	2.0.1960	0.3675	不拒绝
税收收入波动不是引起直接税收占比波动的原因	10.41329	0.0055	拒绝
直接税收占比波动不是引起财政分权波动的原因	5.026777	0.0810	拒绝
财政分权波动不是引起直接税收占比波动的原因	6.236001	0.0442	拒绝

由表4-4可知，财政分权波动与中国税收收入波动均不呈现显著的因果关系，也就是说，财政分权滞后期的波动并不能显著地带来中国税收收入的波动，而中国税收收入的变化同样不能加剧或减弱财政分权的程度，这与经济现实相符。直接税收占比不是中国税收收入的格兰杰原因，但是，税收收入波动却是直接税收占比波动的格兰杰原因。同时，财政分权与直接税收占比互为格兰杰因果。

（四）VAR模型的脉冲响应分析

VAR模型的脉冲响应分析，可以提供中国税收收入、财政分权、直接税占比三个因素之间的动态影响关系，因此，脉冲响应是分析其内容动态关系的主要手段之一。脉冲响应图具体如图4-6所示：

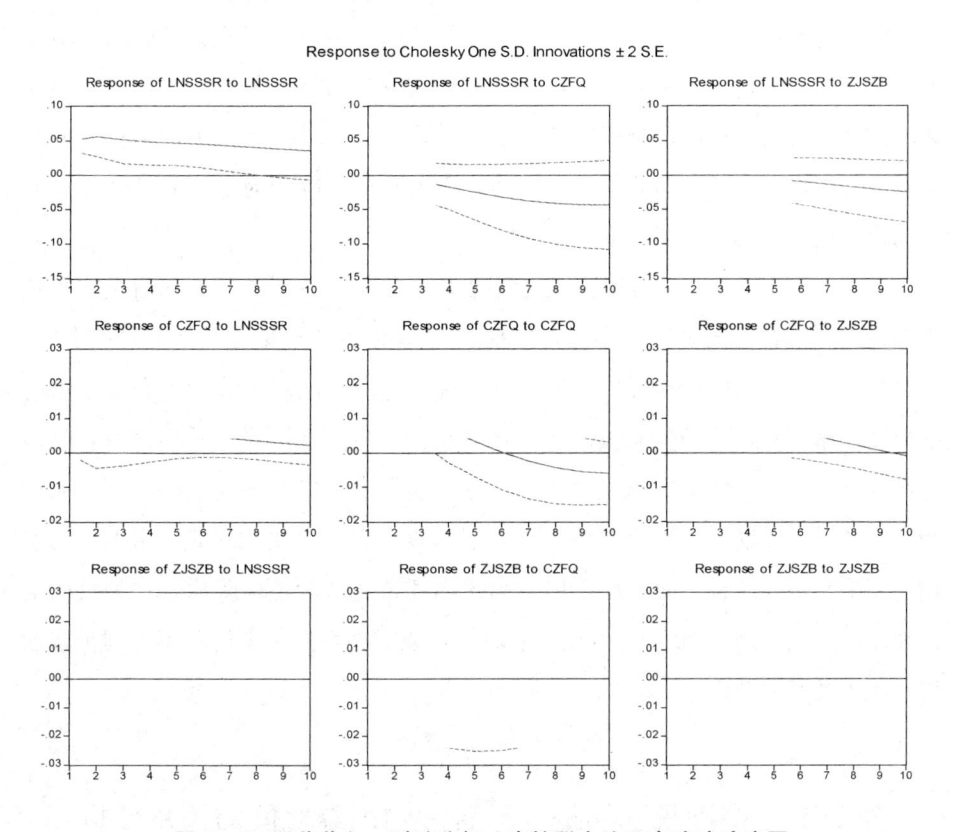

图4-6 税收收入、财政分权、直接税占比三者脉冲响应图

由图4-6我们至少可以得出三个结论：

第一，由左上图我们可知，中国税收收入对自身的影响都是正向的，当期的税收收入受到前期税收收入的一个冲击后，在第一期的效果最明显，之后逐步下降，但下降幅度不大，正向拉动作用均在5%左右。

第二，税收收入与财政分权的动态关系可以由图4-6的上中图和左中图得出。

由上中图可以看出,财政分权的波动向税收收入发出一个冲击后,在滞后一期内效果不明显,这与前文格兰杰因果检验的结果相符,但是这次冲击并非无效,它在第二期开始显现作用,但是这种作用却是负向的,也就是财政分权在一定程度上对税收收入起到阻碍作用,并且这种阻碍作用随着滞后期的增加而加大,在第十期达到最大,阻碍作用在5%左右。由左中图可以看出,税收收入的波动对财政分权的影响都是正向的拉动作用,这种拉动作用在第一期的时候最强,之后随着滞后期的延长,拉动力逐渐减弱,直到为零,但是这种正向拉动作用在最强的第一期也不超过1%。

第三,税收收入与直接税占比之间的动态关系可以由图4-6的右上图和左下图得出。由右上图可以看出,直接税占比向税收收入发出一个正向冲击时,税收收入有一个负向波动反应,说明直接税占比的波动对税收收入有一个负向的拉动作用,并且这种负向拉动是一种持续性。由左下图可以看出,税收收入的波动对直接税占比的影响在第一期是零,这与上文格兰杰因果检验的结果相吻合。经过第一期后,这种影响效果开始显现,有一个正的拉动,并且在第3期达到最大值,这种正向拉动作用在第5期开始逆转为负向阻碍,这种负向阻碍作用一直延续到第10期。可见现阶段一味地提高直接税占比并不有利于增加税收收入及其调节作用。

第三节 中国税收累进性与各影响因素之间的关系分析

本节分析中国税收累进性与各影响因素之间的关系,分析方法与前一节分析方法相同,一样从它们之间的长期均衡关系与动态变动关系两个方面入手。长期均衡关系依然依靠建立协整方程进行考察,动态变动关系同样依靠建立VAR模型进行考察。

一、税收累进性与各影响因素的长期均衡关系模型

（一）模型的设定与数据来源

本节研究的是中国税收累进性与各影响因素之间的长期均衡关系，因此，将中国的税收累进性指标作为因变量，税收累进性指标用字母 KP 表示。影响因素依然选取财政分权（CZFQ）与直接税占比（ZJSZB），将它们作为自变量。因此，税收累进性—影响因素模型设定如下：

$$KP = c_1 + c_2 CZFQ + c_3 ZJSZB + \partial$$

本部分原始数据来源于国家统计局统计数据库，财政分权与直接税占比是通过原始数据的计算得来。本部分样本区间为1992年至2013年，数据为年度数据，样本长度为22。

（二）模型的估计

由表4-5可知，数据序列税收累进性（KP）、财政分权（CZFQ）、直接税占比（ZJSZB）均为一阶单整序列，因此可以直接进行协整检验，无需对模型进行修正。

表4-5 序列的 ADF 检验结果

变量	ADF 统计量	临界值 1%	临界值 5%	临界值 10%	Prob. *
KP	-2.547952	-4.467895	-3.644963	-3.261452	0.3045
△KP	-6.030009	-4.4998307	-3.658446	-3.268973	0.0005
CZFQ	-1.084785	-4.416345	-3.622033	-3.248592	0.9099
△CZFQ	-4.277485	-4.440739	-3.632896	-3.254671	0.0140
ZJSZB	-3.032233	-4.440739	-3.632896	-3.254671	0.1462
△ZJSZB	-3.501627	-4.440739	-3.632896	-3.254671	0.0640

在模型估计之前，我们首先用 Johansen 最大似然估计法来验证三组时间序列之间是否存在协整关系，验证结果如表4-6所示：

表 4-6　Johansen 检验结果

协整秩 H0	迹统计量	5% 临界值	Prob. **
r = 0	41.05897	29.79707	0.0017
r <= 1	13.41417	15.49471	0.1005
r <= 2	0.066698	3.841466	0.7962
协整秩 H0	最大特征值统计量	5% 临界值	Prob. **
r = 0	27.64479	21.13162	0.0053
r <= 1	13.34748	14.26460	0.0694
r <= 2	0.066698	3.841466	0.7962

由表 4-6 可知，三个时间序列之间存在着协整关系，可以进行模型估计。表 4-7 显示了模型残差进行单位根检验的结果，结果表明，残差不存在单位根，协整方程成立。从而中国税收累进性—影响因素协整模型如下式所示：

$$KP = -0.962575 + 0.024056 CZFQ - 0.013215 ZJSZB$$

表 4-7　模型残差的 ADF 检验结果

		t-Statistic	Prob. *
Augmented Dickey-Fuller test statistic		-3.316981	0.0021
Test critical values:	1% level	-2.679735	
	5% level	-1.958088	
	10% level	-1.607830	

从中国税收累进性—影响因素模型公式的结果可知，财政分权与税收累进性存在正相关关系，而直接税占比与中国税收累进性存在负相关关系。由于自变量的系数小于1，因此，财政分权、直接税占比对税收累进性的敏感程度要小于税收累进性对财政分权和直接税占比的敏感程度。

二、中国税收累积性与影响因素的动态变动关系

（一）VAR 模型的设定

对中国税收累进性与各影响因素之间的动态变动关系同样通过计量手段建

立 VAR 模型进行考察。

建立 VAR 模型的时间序列必须是平稳系列。从上部分可知，中国税收累进性指标 KP 指数、财政分权、直接税占比三组时间序列均为一阶单整序列。因此，我们将上述三组时间序列进行差分处理，得到三组平稳的时间序列：D（KP）、D（CZFQ）、D（ZJSZB）（三组时间序列的单位根检验结果如表 4-5 所示）。利用这三组时间序列来构建 VAR 模型，因时间序列是年度数据，因此我们选择滞后期为 2，模型建立如下：

$$Y_t = C + \beta_1 Y_{t-1} + \beta_2 Y_{t-2} + \varepsilon_t; 其中, Y_t = \begin{bmatrix} D(KP) \\ D(CZFQ) \\ D(ZJSZB) \end{bmatrix}$$

（二）VAR 模型的估计

如图 4-7 所示，中国税收累进性、财政分权、直接税占比的 6 个特征根的倒数的模全在单位圆内，因此，该 VAR 模型是稳定的。

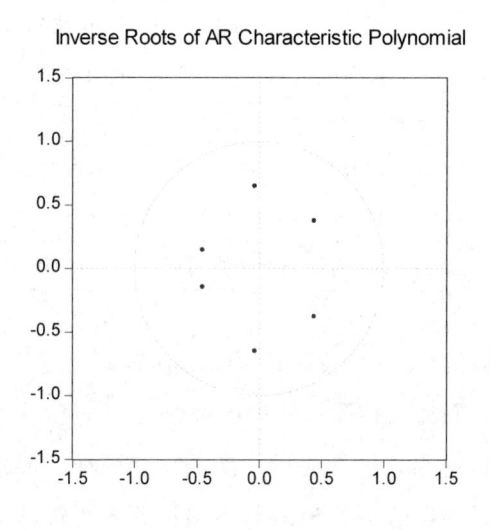

图 4-7　VAR 模型的 AR 特征根倒数的模单位圆

模型估计如下：

$$Y_t = C + \beta_1 Y_{t-1} + \beta_2 Y_{t-2} + \varepsilon_t; 其中, Y_t = \begin{bmatrix} D(KP) \\ D(CZFQ) \\ D(ZJSZB) \end{bmatrix};$$

其中：C = [-0.080967 0.768961 1.730029]

$$\beta_1 = \begin{bmatrix} -0.531970 & 0.014026 & 0.038264 \\ -1.323498 & 0.219820 & -0.097835 \\ -0.152966 & -0.739287 & 0.216625 \end{bmatrix}$$

$$\beta_2 = \begin{bmatrix} -0.275433 & 0.050536 & -0.023524 \\ -0.868107 & -0.077057 & 0.102298 \\ -3.108544 & -0.372347 & -0.063406 \end{bmatrix}$$

（三）格兰杰因果检验

表4-8 格兰杰因果检验的结果

假设	卡方统计量	Prob.	结论
财政分权波动不是引起税收累进性波动的原因	3.562525	0.1684	不拒绝
税收累进性波动不是引起财政分权波动的原因	1.417635	0.4922	不拒绝
直接税收占比波动不是引起税收累进性波动的原因	1.700464	0.4273	不拒绝
税收累进性波动不是引起直接税收占比波动的原因	3.873171	0.1442	不拒绝
直接税收占比波动不是引起财政分权波动的原因	5.898854	0.0524	拒绝
财政分权波动不是引起直接税收占比波动的原因	5.170759	0.0754	拒绝

从表4-8可知，财政分权波动与中国税收累进性波动均不呈现显著的因果关系，也就是说，财政分权滞后一期的波动并不能显著地带来中国税收累进性的波动，而中国税收累进性滞后一期的变化同样不能加剧或减弱财政分权的程度。直接税收占财政分权波动与中国税收累进性波动不呈现显著的因果关系。同时，财政分权与直接税收占比在10左右的置信区间内互为格兰杰因果关系。

(四) VAR 模型的脉冲响应分析

VAR 模型的脉冲响应分析，可以提供中国税收累进性、财政分权、直接税占比三个因素之间的动态影响关系，因此本部分同样采用三者之间的脉冲响应函数来考察他们之间的动态关系。具体如图 4-8 所示：

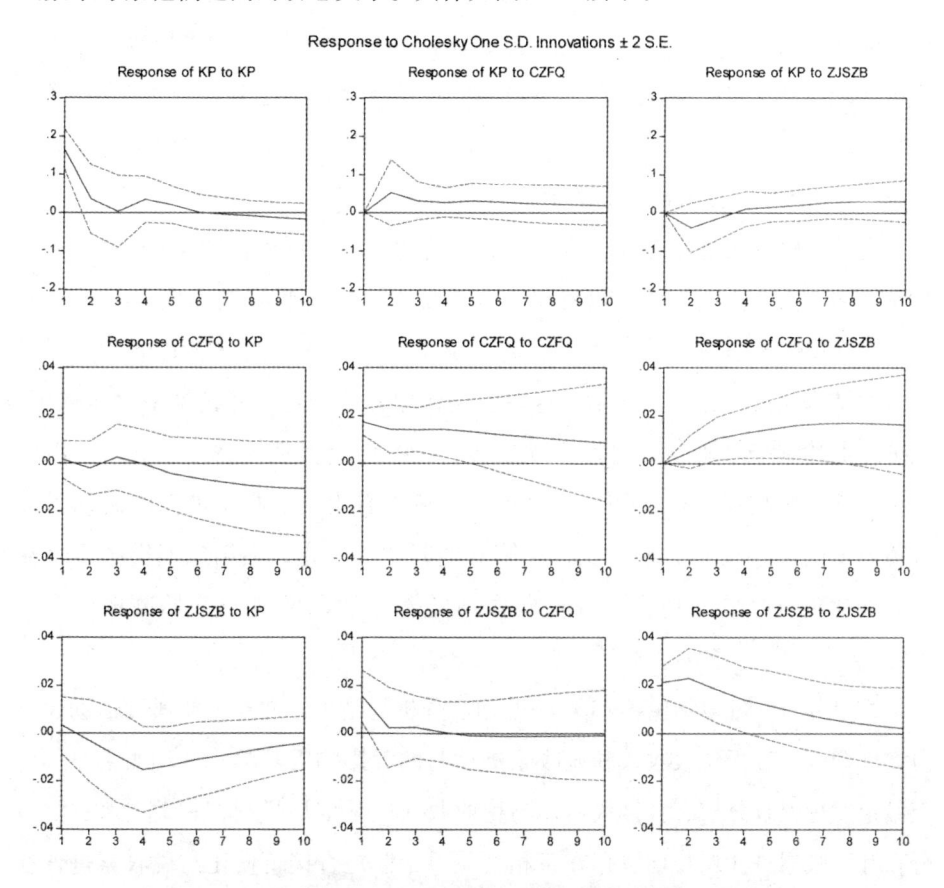

图 4-8 税收收入、财政分权、直接税占比三者脉冲响应图

由图 4-8 我们至少可以得出三个结论：

第一，由左上图我们可知，中国税收累进性对自身的影响在第一期最大，并且是正向最大，之后逐渐转弱，在第 7 期的时候实现反转，成为负向拉动，但负向拉动的作用不明显，在零值左右徘徊。

第二，税收累进性与财政分权的动态关系可以由图4-8的上中图和左中图得出。由上中图可以看出，财政分权的波动向税收累进性发出一个正向冲击后，在滞后一期内效果不明显，这与前边格兰杰因果检验的结果相符，但是这次冲击并非无效，它在第二期开始显现作用，并在第3期达到最大值，之后逐步回归在0.5%左右徘徊，但都是正向拉动作用。由左中图可以看出，税收累进性的波动对财政分权的影响在前四期不明显，只是在第三期达到一个正向小高峰，大概0.5%左右。在第四期影响左右开始显现并且逆转向下，成为负向拉动作用，并且负向作用随着滞后期的延长而增大。

第三，税收累进性与直接税占比之间的动态关系可以由图4-8的右上图和左下图得出。由右上图可以看出，直接税占比向税收累进性发出一个正向冲击时，税收累进性在第一个滞后期内是没有反应的，这与前文格兰杰因果检验的结构相符。第一期之后，这种影响作用开始显现，并且是个负向作用，在第二期达到一个峰值。之后实现逆转，在第四期实现突破，影响作用由负转正，并且影响程度逐步加深。由左下图可以看出，税收累进性的波动对直接税占比的影响在第一期是正，在第二期开始往下走，在第二期突破零，在第四期达到负向最大值，并且负向作用随着滞后期的延长开始减弱，直至为零。

综上分析，可得结论：（1）一般均衡分析的结论，文章主要通过借助建立协整模型进行分析税收收入和税收累进性与两大影响因素的长期均衡关系。研究结果发现财政分权、直接税占比与税收收入在长期均呈现正相关关系；财政分权和税收累进性在长期也存在正相关关系，但是直接税占比与税收累进性在长期呈现负相关关系。并且财政分权、直接税占比对税收收入和税收累进性的敏感程度要小于税收收入、税收累进性对财政分权和直接税占比的敏感程度。（2）动态影响的结论，文章通过建立VAR模型来考察税收收入和税收累进性与两大影响因素的动态变动关系。主要进行格兰杰因果检验来验证它们之间的因果关系、通过脉冲响应的分析来确定它们之间的动态冲击关系。本研究认为，在滞后一期的情况下，税收收入和税收累进性与两大影响因素之间的格兰杰因果关系不明显。但是通过脉冲响应函数来看其长期动态影响时,这种在之后一期不明显的因果关系,并不是在所有滞后期都存在,延长了滞后期后他们的动态影响关系逐渐显现,并呈现扩大趋势,有可能还会发生逆转,这一结论是经济情况相符。

第五章

中国税收累进性影响公平与效率的传导机制

由前文可知，中国税收累进性改革应在兼顾公平与效率的前提下适度提高税收累进性，提高税收累进性影响公平与效率的综合生产效率应从提高技术效率（即各要素整合的配置效率）和技术进步（即税收累进性自身制度技术创新）两方面入手，税收累进性的影响因素也涉及这两方面的内容，本章将结合税收累进性影响因素分析中国税收累进性影响公平与效率的传导机制，传导机制的分析将包含技术效率和技术进步的内容。

本章研究思路：首先，论证结论——适度累进税是同时兼顾公平与效率调节收入分配的重要手段之一，为本章研究的理论基础；其次，分析中国税收累进性影响公平与效率的传导机制；再次，构建中国税收累进性影响公平与效率的宏观经济模型，分析各个税种累进性对公平与效率的影响。最后，分析中国税收累进性影响公平与效率传导机制存在的问题，讨论传导机制是否疏通，若不疏通，原因何在。

第一节 适度累进税是兼顾公平与效率调节收入分配的重要手段之一

论证结论——适度、累进税是同时兼顾公平和效率调节收入分配的重要手段之一。理论推导逻辑如图 5-1 所示：第一，由概念推导可知，广义的公平包括狭义的公平与狭义的效率两部分；第二，分析分配是兼顾狭义公平和效率的共同支点；第三，税收是调节收入差距的重要手段之一；第四，进一步分析税收公平和税收效率理论；第五，适度的累进税是同时兼顾公平和效率调节收入分配的重要手段之一。

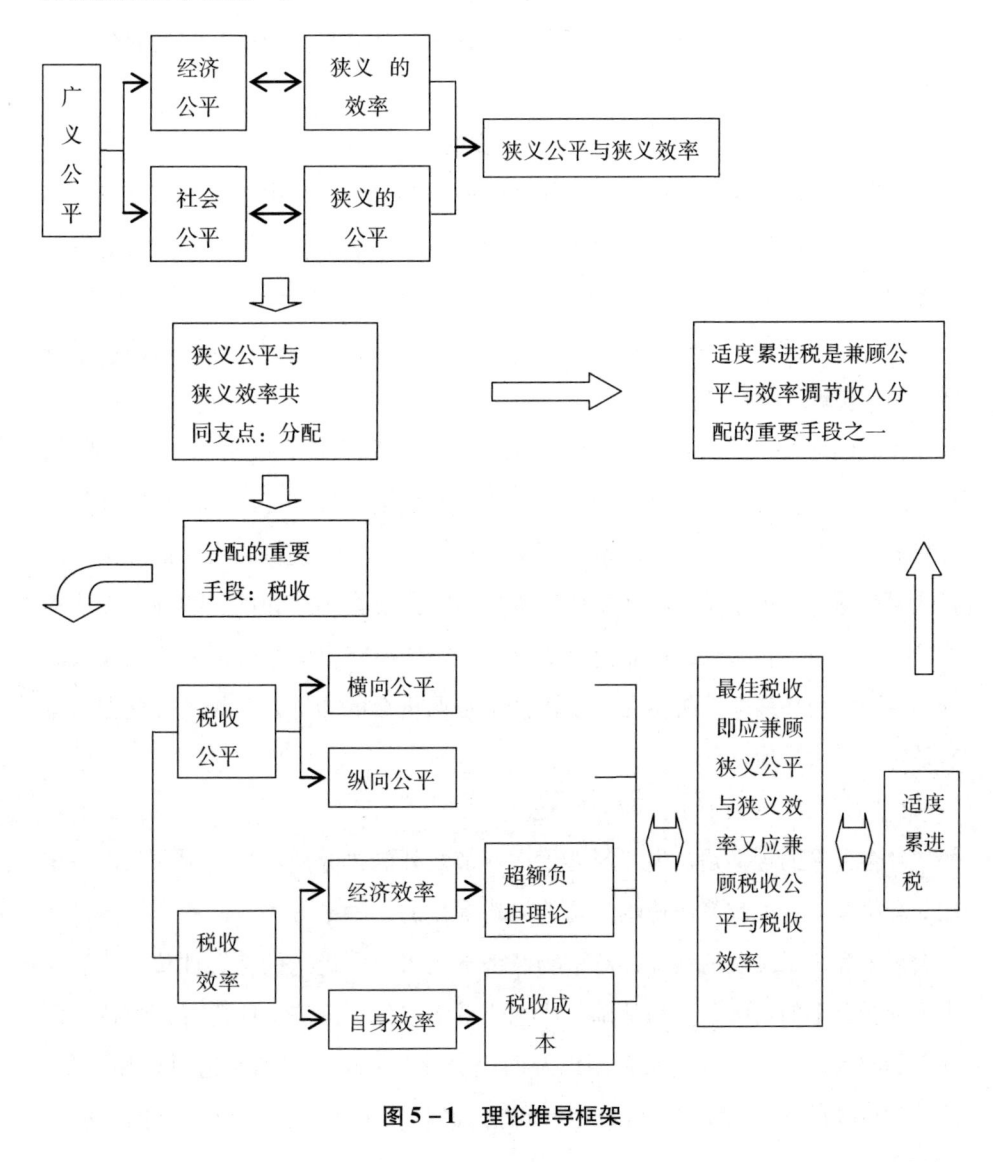

图 5-1 理论推导框架

一、广义的公平包括狭义的公平与狭义的效率两部分

公平与效率两者关系问题的解决，必须从概念根源找到两者的区别和联系，前文已有所论述，这里做更加详细的论述。首先分析公平的概念，古今中外各学术流派不同学者分别对公平有不同的解释和定义，总结起来，广义的公平包括两个层面的内容：

（一）第一个层面的公平为经济学角度的经济公平

经济公平的含义是经济参与主体在生产和再生产过程中的权利与义务、作用与地位、付出与相应回报之间是平等的，经济公平是在微观层面对市场参与主体的收入分配状况进行的评价。经济公平是市场经济健康运行的内在要求，要求经济运行过程中要素的投入应该与其相应收入相互匹配。具体内涵可以解释为：在生产、再生产的初始环节，每个经济个体（企业或者劳动者）都应该具有相同的地位、能力以及机会支配社会资源，都可以平等地参与经济活动；在社会化生产与再生产的过程中，经济竞争的规则对每个经济主体都应该是平等有效的；在生产和再生产的最后环节，每个经济主体获得的收入都应该与其投入量相适应。由于每个经济主体所提供的生产要素不尽相同、各种生产要素稀缺的程度也存在差异，进而使得单个经济主体所获得的相应报酬存在较大差异。从经济公平概念解析可见，经济公平强调机会的均等，在收入分配方面具有一定的马太效应。

（二）第二个层面的公平为社会公平

社会公平的含义是在生产与再生产环节之外的再分配过程当中，采用一定的分配机制与分配政策使得收入均趋向均等化的一种平等关系。社会公平是从社会公平和协调发展的角度，对市场经济下收入分配进行的综合评价。经济公平是社会公平的初级阶段和基础，社会公平要求各个经济主体均可以维持一定水平的收入，进而消除贫富差距以及两极分化。社会公平通常通过使用经济、法律和行政政策手段调节，以实现所有公民收入差距保持在合理范围之内的

目标。

准确区分和理解不同层次的公平,一方面有利于从理论上准确地掌握公平和效率的关系,另一方面有利于采取不同的政策措施以消除两个层面的不公平。由以上分析可知,经济公平的基本原则是保证各个经济主体的机会均等以及公平竞争的顺利进行,体现了市场经济运行的内在效率要求,可见经济公平的本质性含义要求经济效率,即狭义效率,而狭义的公平主要为社会的公平,狭义的公平和狭义的效率两者均包含在广义的公平概念之中。因此,可以得到结论:通常所研究的公平与效率实质上都是为了更好地实现广义的公平,促进社会和谐发展,符合社会福利优化原则,此处研究的公平与效率界定为狭义的公平和狭义的效率。

二、狭义公平与狭义效率的共同支点:分配

需要找到能够兼顾狭义公平和狭义效率目标并和谐发展的共同支点,该支点便是联系生产与消费的中间环节——分配,在分配这一支点作用下,公平和效率达到统一。

马克思主义经济理论认为,社会再生产包括四个环节:生产、分配、交换以及消费。人们的生存与发展正是在这个以生产为起点,以消费为终点循环往复中得到实现。在市场经济机制下,人们进行消费的前提条件是获得一定的经济收入,而经济收入的来源是对所生产成果进行的分配;单独看一个独立的生产过程,分配的对象是生产过程得到的结果,是生产过程的末端环节,然而如果从社会再生产的全过程来看,分配则又是下一轮再生产过程的起点。由此可见,分配是两个再生产过程之间的衔接环节,首先体现在分配环节所分配的是生产环节的结果,分配的结构与形式由生产的结构与形式所决定;另一方面,分配作为两个社会再生产过程的衔接环节,又反作用于生产,对生产具有一定的调节作用。分配问题的研究首先应重点考察对现有生产成果是否做到公平分配。其次体现在重视分配环节对下一轮再生产过程的调节作用。如果分配不公平,高收入集中在少数人群中,由于高收入人群的边际消费倾向是递减的,必然造成消费不足，进而影响下一轮的社会再生产投入。由此可知，税收分配的公平问题不但是公平的问题，同时也是一个有关效率的问题，分配为公平和效率问题的共同支点所在。

三、分配的重要手段：税收

税收是调节收入分配的重要手段之一，可以通过设置不同的税种、税率以及税基来调节收入水平与生成收入的相关要素条件。税制设置不同，一方面决定了政府调节收入分配差距的力度，另一方面决定了市场主体税后的实际收入水平；此外税收也在一定程度上通过影响政府财政支出的资金来源而进一步影响收入分配调节。在国民收入分配的初级分配环节中，发挥收入分配调节作用的税种主要为流转税，包含增值税、关税、消费税与营业税。流转税通常税基比较广泛，不受相关经营成本变化的影响，一般而言，税源相对稳定与充足。在国民收入二次分配过程中主要涉及所得税、社会保障税、财产税以及资源税等。

四、最佳税收既应兼顾狭义公平与狭义效率又应兼顾税收公平与税收效率

最佳税收不仅应兼顾狭义公平和狭义效率，同时应兼顾税收公平和税收效率。

（一）税收公平涵盖横向公平和纵向公平两个方面的含义

税收公平的含义是纳税能力相同的纳税人应缴纳相同税额，纳税能力不同的纳税人应缴纳不相同税额，税收公平包含税收横向公平和税收纵向公平两个方面的含义。税收的横向公平是指对经济能力与纳税能力相同的纳税人应该征收相同税额。税收横向公平主要反映了在市场经济体制中人和人之间最基本的权利是平等的，但是由于税收横向公平的实现是建立在衡量纳税人是否具有相同的纳税能力基础上，该问题的解决非常复杂，实现起来较为困难。税收纵向公平含义是对经济能力与纳税能力不相同的纳税人应该征收不相同税额。所以税收纵向公平与横向公平均以纳税人的经济能力与纳税能力为纳税依据，不同

之处在于，税收纵向公平相对于税收横向公平而言，纵向公平还需进一步衡量不同纳税人的纳税能力。一般而言，纵向公平主要靠税率选择来实现，横向公平则靠税基选择来实现。

（二）税收效率涵盖经济效率和自身效率两个方面的含义

税收效率实质上是帕累托效益理论在税收问题上的应用。当以价格机制作为核心的资源配置方式已经使得资源配置处于最佳配置的状态即帕累托最优状态时，政府征税行为对资源的重新配置必将干扰经济效率的发挥，使得经济运行状态偏离了帕累托最优状态，在此情形下税收应该尽量缩小对经济运行产生的干预程度，进而达到减小对效率损失的目的。反之，当以价格机制作为核心的资源配置方式并没有使得资源配置处于最佳配置的状态即帕累托最优状态时，通过税收改变社会资源的再配置，进而使得部分人受益而另一部分人产生部分损失，但是只要整体上收益部分大于损失部分，则资源配置整体效率得到提高，进而税收效率得到提高。税收效率划分为经济效率和自身效率。

1. 经济效率，主要是将税收放在市场经济运行中考察其对资源配置以及经济运行机制的影响程度；经济效率主要关注税收是否可以通过影响市场价格进而影响市场供给与需求，即关注税收产生的超额负担。税收超额负担可以定义为税收效率的损失，征税给纳税人带来的福利损失比政府获得的税收收入大，便产生了税外的负担，税收效率产生损失。

2. 自身效率，主要是指税收成本的减少。税收成本含义是在征税的过程中产生的各种相关费用开支，包含征税的征收费用和奉行成本。其中税收征收费用主要包括：建造税务机关办公所用场所的费用、税务工作人员工资与津贴、办公用品费用，日常管理所花费的费用支出等，通常征税成本与入库的税收收入之间比值越小，代表税收的行政效率便越高。税收奉行成本是指纳税人依据税法规定在纳税过程中产生的相关费用，主要包括：办理税务登记的相关费用、聘用税务师与会计师的费用等，通常税法越简明，税收奉行成本便越低，反之亦然。降低奉行成本是提高税收行政效率的主要标志。税收成本率是度量税收自身效率的主要指标，税收成本率定义为征税费用与税收收入之间的比值，这一比值越低,则表示税收的征收成本越小,税收自身效率便越高;税收成本比率越高,则代表税收征收的成本越高,税收自身效率便越低。

五、适度累进税是兼顾公平与效率调节收入分配的重要手段之一

(一)大多数经济学派认为累进税是相比比例税、国有化、最低工资与自给自足等其他政策工具而言,所产生的歪曲效应最小的政策工具

税收究竟采用何种税率产生歪曲效应相对较小的争论由来已久。主张比例税制的思想源于配第和李嘉图有关比例税制的制度设想,哈耶克也在《自由宪章》中主张实行比例税,认为比例税优于累进税,累进税带来的收益比其所带来的实际收入的减少额少,实践证明该结论和现实的兼容性比较差。采用累进税制是将收入差距控制在一定可接受范围之内和将经济成果更加公平地进行再分配的重要工具,并且这一工具是相比国有化、最低工资和自给自足等其他政策工具产生歪曲效应最小的政策工具。

(二)适度累进税为遵循公平原则的累进税,同时也是兼顾公平和效率调节收入分配的重要手段之一

适度累进税可以定义为符合公平原则的累进税,一方面符合公平原则,另一方面由于累进自身符合效率原则,因此适度的累进税可以实现税收激励,兼顾公平与效率的同时实现公平收入分配。数学形式定义一个符合公平原则的累进性税收函数应该首先定义严格的累进性税收函数,在此基础之上,再得到符合公平原则的累进税收函数。Mirrlees(1971)定义了家庭收入税的税收函数,认为最优收入税函数应该是累进的,在此基础上定义严格的累进税收函数。假设消费者收入水平为 X,税收函数为 $T(X)$,所以消费者纳税之后的收入应该为 $X-T(X)$,将其记为 $F(X)$,那么累进税收函数的前提假设条件为:

(1) $F(0)=0$,并且对于任意的 $X>0$ 均有 $0<F(X)<X$;

(2) 对于任意的 $X \geq 0$,$0<F'(X)<1$,其中 $F'(X)$ 是函数 $F(X)$ 的导数形式;

(3) 函数 $F(X)/X$ 是收入水平 X 的递减函数。

前提假设条件（1）表示没有任何收入的消费者不用缴纳税收，并且消费者应缴纳的税收不会超过其所有的收入；前提假设条件（2）是税收理论中的一个标准假设，代表税收是随着消费者收入增加而增加的，并且消费者收入税的边际税率应该是小于1。前提假设条件（3）表示平均税率 T（X）/X 是收入水平 X 的增函数。

在上述严格的累进性税收函数定义基础之上，可以得到一个符合公平原则的累进税收函数。一般而言，如果 $a_1 > a_2 > a_3$，则满足以下形式的函数

$$F(x,a) = \begin{cases} a_1 x & 0 \leq x \leq b_1 \\ a_2 x + c_1 & b_1 \leq x \leq b_2 \\ a_3 x + c_2 & b_2 \leq x \end{cases}$$

都是符合公平原则的累进税收函数，其中 b_1，b_2，c_1，c_2 都是常数，a_1，a_2，a_3 为累进税率，累进税率的设置、税基的选择、级距划分等使得税收具有一定的累进性，如果要使得税收具备兼顾公平与效率原则，将扭曲作用减少至最少，以发挥其税收激励的作用，则在符合公平原则的累进税收函数基础上要进一步研究如何缩小范围，以达到适度税收累进性的要求，这也是研究的重点。综上所述，适度的累进税为可以兼顾公平和效率同时调节收入分配。

当然还应该认识到税收手段并不是万能的，其调节收入分配的作用仍具有一定的局限性（如税收调节作用的充分发挥要求对纳税人纳税信息充分了解，这是很难做到的；寻租、不合法收入以及隐性收入的存在减小了税收的调节作用等）适度累进税只能起到减小收入分配差距的作用，但却不能完全消除，并且税收只是调节收入分配的手段之一，还应与其他调节手段（如财政公共支出、公共管制等）相互配合才能会更好地调节收入分配，任何夸大税收调节作用，认为税收调节政策可以实现收入分配完全公平的想法都是错误的。所研究的适度累进税是兼顾公平和效率同时调节收入分配的重要手段之一。

第二节 中国税收累进性影响公平与效率的传导机制

中国税收累进性影响公平与效率的传导机制如图5-2所示。中国税收累进性影响公平与效率传导机制的总体脉络存在相同之处是整个传导机制的前面部分，即对生产投入要素组合形式的影响机制：（1）中国税收累进性表现为各个税种的累进性。（2）税收累进性调节作用两个最直接的影响因素分别为平均税率和征管效率，平均税率越低、征管效率越低则税收累进性作用将被削弱越多。（3）各个税种累进性通过调节国民财富流量和存量分配进而影响生产要素投入组合形式。（4）财政分权、财政支出结构、税收收入结构三个变量和税收累进性之间是相互影响、相互配合的关系。互通之处在于对流量收入的分配以及对教育、医疗、住房、社会保障等社会公共资源的分配。财政分权通过影响财政支出结构进而影响社会公共资源的分配，而社会资源的合理分配一方面会增加税收累进性的调节作用，另一方面通过减小税负痛感而增加提高税收累进性的公众可接受度。税负的可转嫁性以及中国税制仅针对规范性收入进行调节的现状，决定了税收收入结构调节收入分配和财富资源分配的作用。可见，以上四个方面最终影响的是生产投入要素的组合形式。

中国税收累进性影响公平与效率传导机制的总体脉络不同之处在于整个机制的最后部分：（1）中国税收累进性影响公平传导机制是生产投入要素组合形式不同，通过社会化大生产使得生产投入要素的收入分配不同，进而造成收入差距分配，即对公平产生影响。（2）中国税收累进性影响效率传导机制是生产投入要素组合形式不同，通过社会化大生产时，由于社会分工、专业化程度不同（可以用市场垄断程度、产业结构衡量）使得经济总产出规模不同，即对效率（经济增长率）产生影响。

<<< 第五章 中国税收累进性影响公平与效率的传导机制

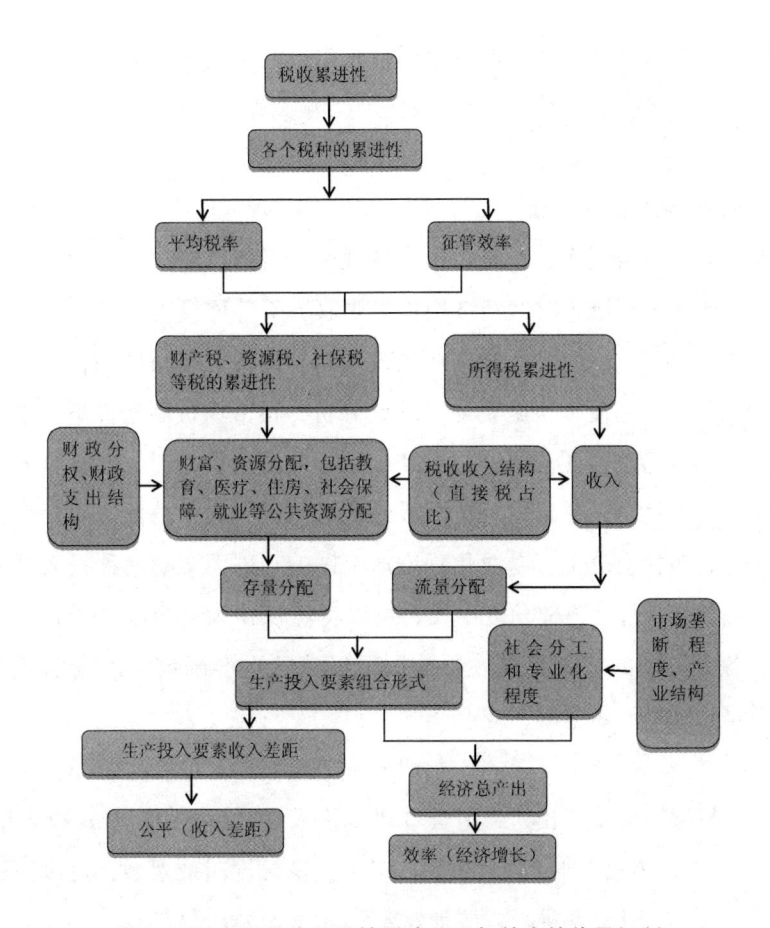

图5-2 中国税收累进性影响公平与效率的传导机制

第三节 中国税收累进性影响公平与效率的宏观经济模型

由前文可知,整体税收累进性是各个税种税收累进性的加权之和,整体税收累进性表现为各个税种的税收累进性,因此,中国税收累进性影响公平与效率问题研究可以转化为各个税种累进性影响公平与效率的问题。公平问题指收入分配,收入分配是对国民财富分配(包括流量和存量分配),并最终采用要素收入分配体现;效率问题指经济增长,通常经济产出规模越大,对经济增长越

217

有利，经济增长率越高。通过构建中国税收累进性影响公平与效率的宏观经济模型，分析各个税种累进性对公平与效率的影响机制。

一、宏观经济模型构建

经济增长从宏观层面分析是指投入各种生产要素，经过社会化大生产得到总产出。当投入要素既定时，经济增长主要取决于各种投入要素（主要是资本和劳动要素）的产出效率，要素的产出效率越高则经济增长越快；要素产出效率越低则经济增长越慢。从微观经济理论分析，在市场机制条件下，当两种投入要素（资本与劳动）量以及社会分工、专业化程度既定时，两种投入要素的产出效率决定了经济总产出以及单个投入要素的微观收入分配；而每个税种的税收累进性将对社会分工、专业化程度产生影响，进而影响两种投入要素的生产效率。因此，从经济整体角度出发，可以将经济视为一个生产单位，依据上述分析，各个税种的税收累进性影响国民经济的生产函数可以表示为如下柯布——道格拉斯生产函数的形式①：

$$Y = K^{\sum_{i=1}^{k} a_i x_i} * L^{\sum_{i=1}^{k} b_i x_i} * e^{\sum_{i=1}^{k} c_i x_i}$$

其中，Y 指经济总产出；K 指资本要素投入量；L 指劳动要素投入量；x_i，$i=1,2,\cdots,k$ 代表第 i 种税种累进性。对上式两端同时取对数，可以得到测量各个税种税收累进性对两种投入要素效率影响的经济计量模型：

$$\log(Y) = \left(\sum_{i=1}^{k} a_i x_i\right)\log(K) + \left(\sum_{i=1}^{k} b_i x_i\right)\log(L) = \left(\sum_{i=1}^{k} c_i x_i\right) + \varepsilon$$

由第二个公式可以看出，a_i 和 b_i，$i=1,2,\cdots,k$ 分别表述第 i 种税种累进性对资本要素以及劳动要素产出弹性产生的影响程度，即各个税种累进性对资本要素以及劳动要素生产效率产生的影响；c_i 是指在资本要素与劳动要素投入量既定时，剔除对资本产出弹性以及劳动产出弹性的影响后，税种累进性 x_i 的变化对经济产出的影响。若这种影响为正，则说明剔除两种投入要素投入的贡

---

① 模型构建思路借鉴自李绍荣、耿莹.中国的税收结构、经济增长与收入分配［J］.经济研究.2005 年第 5 期.

献外，经济的总产出规模扩大了。如果两种生产要素的组合形式发生变化，经济产出总规模越高，说明此时两种生产要素的组合形式越有利于经济总产出规模的扩大，此时两种投入要素的组合形式有利于社会专业化程度的提高和社会分工的优化。如果税种累进性 x_i 的变化对经济产出的影响为负，表示此时两种投入要素的组合形式不利于社会专业化程度的提高和社会分工的优化，减小了经济总产出的规模。

二、变量选取和数据来源

鉴于中国31个省、市以及自治区各个税种面板数据的可获取性，最终选取29个省、市以及自治区8个税种2001年至2010年的面板数据进行实证研究，其中，由于上海、西藏部分数据缺失，将两地排除在外；面板数据相对完整的8个税种分别为：增值税、营业税、企业所得税、个人所得税、资源税、房产税、契税以及城镇土地使用税。

29个省、市以及自治区8个税种2001年至2010年的面板数据主要来自国泰安经济金融研究数据库、国研网和各地统计年鉴，指标主要包括国内生产总值 Y、固定资产形成额 K、就业人员数 L；按照 KP 指数计算方法计算得到29个省市自治区2001年至2010年各个税种 KP 指数的值①。由于税收收入数据缺乏完整的面板季度数据，因此，KP 指数计算涉及的税收收入数据均采用年度数据，进而年度 KP 指数的计算涉及的税收收入、GDP 的均值与标准差均由相邻两年年度数据计算得到，如2010年 KP 指数由2009年、2010年两年的税收收入均值与标准差、GDP 均值与标准差近似计算得到，该 KP 指数实际上是2009年至2010年两年间的税收累进性，以此数据近似替代2012年的税收累进性，各年度的 KP 指数数据以此类推。将要进行的税种累进性对经济增长和收入分配的影响效应分析，是基于平均角度的分析，即综合中国各个地区不同特征的平均影响

---

① KP 指数计算公式为 $KP = \dfrac{\gamma_{T,t}}{\gamma_{Y,t}}$，其中，$\gamma_{T,t}$ 是指第 t 期内税收收入的标准差除以税收收入的均值的比值；$\gamma_{Y,t}$ 是指第 t 期内国民收入的标准差除以国民收入的均值的比值。

分析，通过 29 个省、市以及自治区样本观测值研究各个税种累进性对经济增长与收入分配的影响效应。

三、模型结果分析

面板数据分析主要分为两步，首先，通过检验确定面板模型的形式，面板模型形式包括没有个体影响的不变系数模型、变截距的模型以及变系数的模型三种，一般情况下很少会涉及变系数模型，此处面板数据的 N 值比较大，使得变系数意义不大，因此本文不考虑变系数模型。F 检验是判断适合何种面板模型的主要检验方法，经检验适用的面板数据模型形式为变截距模型。其次，进一步通过检验判断适合何种变截距模型（随机效应模型或者固定效应模型），检验方法主要为 Hausman 检验，经检验适用固定效应模型（FE 模型）。对式（2）表达的模型 1 进行估计，得到模型 1 估计结果如表 5-1 所示，表中所列系数均为 FE 模型估计系数。

表 5-1 各个税种累进性对经济增长与收入分配影响效应的回归结果

解释变量	模型 1	模型 2	模型 3
x_1	0.0240 (0.2844)		
x_2	-0.2613** (-2.2359)	-0.3496*** (-4.4426)	-0.3143*** (-4.2966)
x_3	0.00007 (0.00213)		
x_4	-0.2535*** (-4.1042)	-0.2653*** (-4.9132)	-0.3482*** (-8.0191)
x_5	-0.0395 (-0.9016)		
x_6	-0.0522 (-0.5145)		

续表

解释变量	模型 1	模型 2	模型 3
x_7	-0.0707 * * * (-3.0807)	-0.0681 * * * (-3.2439)	-0.0738 * * * (-3.5879)
x_8	-0.1104 * * (-2.0037)	-0.1055 * * (-2.2294)	-0.1467 * * * (-4.4102)
$x_1 \log K$	0.0461 (1.3856)	0.0391 (1.4176)	
$x_2 \log K$	0.2468 * * * (7.4815)	0.2562 * * * (8.2358)	0.2840 * * * (10.1242)
$x_3 \log K$	0.0093 (0.6739)		
$x_4 \log K$	0.1137 * * * (4.6023)	0.1248 * * * (6.9390)	0.1120 * * * (8.0253)
$x_5 \log K$	0.0437 * * (2.4012)	0.0396 * * (2.3365)	0.0489 * * * (3.0244)
$x_6 \log K$	-0.0918 * * * (-2.8745)	-0.0960 * * * (-3.5603)	-0.1000 * * * (-3.8131)
$x_7 \log K$	0.0159 (1.5949)	0.0212 * * * (3.4624)	0.0234 * * * (3.8885)
$x_8 \log K$	0.0523 * * * (4.0149)	0.0472 * * * (3.8283)	0.0426 * * * (4.2271)
$x_1 \log L$	-0.0767 * (-1.7098)	-0.0613 * * (-2.1044)	-0.0189 * * * (-6.8578)
$x_2 \log L$	-0.1713 * * * (-4.1060)	-0.1537 * * * (-4.2451)	-0.1898 * * * (-6.1697)
$x_3 \log L$	-0.0079 (-0.5480)		

续表

解释变量	模型1	模型2	模型3
$x_4 \log L$	-0.0297 (-1.2423)	-0.0362 * (-1.8762)	
$x_5 \log L$	-0.0302 (-1.5253)	-0.0383 * * (-2.1925)	-0.0482 * * * (-2.8930)
$x_6 \log L$	0.1034 * * * (2.6647)	0.0930 * * * (3.2179)	0.0958 * * * (3.3945)
$x_7 \log L$	0.0068 (0.6687)		
$x_8 \log L$	-0.0203 (-1.0112)	-0.0172 (-0.9743)	
R^2	0.9707	0.9713	0.9700
Adjusted-R^2	0.9642	0.9660	0.9649

注：括号内数值为系数的 t 值，＊＊＊代表在1%的水平下显著，＊＊代表在5%的水平下显著，＊代表在10%的水平下显著。

从定性的角度分析，增值税税收累进性 x_1 的增加将扩大经济总产出、增加投入要素中资本要素的产出弹性、减弱劳动要素的产出弹性；从统计的角度看，增值税累进性对经济总产出以及资本要素产出弹性的估计系数是不显著的，然而对劳动要素产出弹性影响的估计系数在10%的水平下是显著的。营业税 x_2 税收累进性会减小经济的总体规模（估计系数在5%的水平下显著）、提高资本要素的生产弹性、减小劳动要素的产出弹性，对两要素产出弹性影响系数估计均在1%的水平下显著。企业所得税 x_3 税收累进性会将扩大经济总产出、增加投入要素中资本要素的产出弹性、减弱劳动要素的产出弹性；从统计的角度看，企业所得税累进性对经济总产出和资本、劳动要素产出弹性估计系数并不显著。个人所得税 x_4 税收累进性会将减小经济总产出、增加投入要素中资本要素的产出弹性、减弱劳动要素的产出弹性;从统计的角度看,个人所得税累进性对经济总产出以及劳动要素产出弹性的估计系数是不显著的,然而对资本产出要素弹性影响估计系数在1%的水平下是显著的。资源税 x_5 税收累进性会降低经济的总体规模,使得资本要素的生产弹性有所增加,劳动要素的产出弹性缩小;从统计的角度看,资源税累进性对经济总产出以及劳动要素产出弹性估计系数是不显著的,然而对资本产出要素弹性影响估计系数在5%的水平下是显著的。房产税 x_6 税收累进性会减少经济的总产出、同时降低资本要素的生产弹性、增加了劳动要素的产出弹性;从统计的角度看,房产税累进性对资本和劳动要素产出弹性估计系数均在1%的水平下显著,对经济规模的影响不显著。城镇土地使用税 x_7 税收累进性会减少经济的总体规模、提高资本和劳动要素的生产弹性;从统计的角度看,城镇土地使用税累进性对资本和劳动要素产出弹性估计系数均不显著,对经济规模的影响在1%的水平下显著。契税 x_8 税收累进性会减小经济的总产出、同时增加资本要素的生产弹性、减小劳动要素的产出弹性;从统计的角度看,契税的税收累进性对资本要素产出弹性的估计系数在1%的水平下是显著的,对劳动要素产出弹性估计系数均不显著,对经济规模的影响在5%的水平下显著。

将模型1回归结果中参数估计值相应的t值绝对值<1的解释变量排除后再进行回归可以得到模型2,从回归结果可得,增值税、企业所得税、资源税以及房产税四个税种的税收累进性对经济总体规模的影响、企业所得税税收累进性对两种投入要素(资本与劳动)产出弹性的影响、城镇土地使用税的税收累进性对劳动要素产出弹性的影响都未能满足t检验的标准,即t统计量的绝对值 > 2,其他所有参数估计值的t统计量则均通过了t检验。模型2调整后的 R^2 等于0.9660,大于模型1调整后的 R^2 0.9642,由此可见,模型1到模型2的修改是有意义的。

在模型2中剔除t统计量绝对值小于2的变量,再次回归得到模型3,虽然模型3中所有参数估计值的t统计量绝对值都大于2,然而模型3调整后的 R^2 等于0.9649,小于模型2调整后的 R^2 0.9660,表明模型2到模型3的修改,虽然改进了单个变量对因变量的可信度,却减小了整体对因变量的解释度,可见用模型 2 来解释中国税种累进性对经济总量的影响要比模型 3 好,因此选取模型 2 的估计结果作为分析基准。

由模型 2 分析可知,目前增值税税收累进性 x_1 对经济产出总规模不会产生显著影响,增值税税收累进性每增加 1% 将导致资本要素的产出弹性相应增加 0.0391%,同时也将导致劳动要素产出弹性相应地降低 0.0613%,这说明,增值税税收累进性的提高对经济总产出不产生显著影响,却在一定程度上加大了两种投入要素产出效率之间的差异。

营业税 x_2 税收累进性每增加 1% 将使得经济总产出减小为原有产出的 $e^{-0.3496\%}=0.9965$,同时使得资本要素产出弹性相应增加 0.2562%,劳动要素产出弹性相应地下降 0.1536%,以上数据说明营业税税收累进性的提高会减小经济总产出,并在一定程度上加大了两种投入要素产出效率之间的差异。

企业所得税 x_3 税收累进性的变动对经济总产出以及两种投入要素的产出弹性均不会不产生显著的影响。

个人所得税 x_4 税收累进性每增加 1% 会使经济的总体规模降低到原规模的 $e^{-0.2653\%}=0.9974$,并使得资本要素产出弹性增加 0.1248%,劳动要素的产出弹性降低 0.0365%,说明个人所得税税收累进性的提高不会显著改变经济总产出,并在一定程度上加大了两种投入要素产出效率之间的差异。

资源税 x_5 税收累进性对经济的总体规模不会产生显著影响,资源税税收累进性每增加 1% 将使得资本要素产出弹性相应增加 0.0396%,劳动要素产出弹性相应降低 0.0383%,这表明资源税税收累进性的提高不会对经济规模增长具有显著影响,但会扩大资本要素和劳动要素产出效率的差异。

房产税 x_6 税收累进性对经济的总体规模不会产生显著影响,资源税税收累进性每增加 1% 会使资本要素产出弹性降低 0.0960%,劳动要素产出弹性增加 0.0930%,可见房产税可以缩小两种投入要素之间的分配差距。

城镇土地使用税 x_7 税收累进性每增加 1% 会使经济的总体规模降低到原规模的 $e^{-0.0681\%}=0.9993$,并使得资本要素产出弹性增加 0.0212%,对劳动要素产出弹性不产生显著影响。

契税 x_8 税收累进性每增加 1% 会使经济的总体规模降低到原规模的 $e^{-0.1055\%}$ = 0.9989，并使得资本要素产出弹性增加 0.0472%，劳动要素产出弹性减小为 0.0172%，说明契税税收累进性的提高会减小经济总产出，并在一定程度上加大了两种投入要素产出效率之间的差异。

综上所述，可得以下结论：（1）税种累进性增加对经济总体规模减小程度由小到大依次是城镇土地使用税、契税、个人所得税、营业税；对经济总体规模不产生显著影响的税种有增值税、企业所得税、资源税、房产税。（2）税收累进性的增加使得资本要素的产出弹性有所提升，劳动要素产出的弹性有所下降，进而使得两种投入要素产出效率存在差距，契税、增值税、个人所得税、资源税以及营业税等税种的累进性增加使得两种投入要素产出效率的差距不同，差距由小变大。（3）城镇土地使用税税种累进性增加将使得资本要素产出弹性有所提升，劳动要素的产出弹性不发生变化，使得两种投入要素产出效率存在差异。（4）房产税税种累进性增加，减小了资本要素产出弹性，增加了劳动要素的产出弹性，两种投入生产要素产出效率差距扩大。

鉴于以上考虑：1. 对经济总产出不产生显著影响的税种包括：增值税、企业所得税税、资源税以及房产税四种税[1]，为更好发挥其调节收入分配的作用，可以提高其税收累进性，在增加调节收入分配功能的同时并不影响经济总体规模。（1）房产税累进性增加，降低资本要素产出弹性，同时增加劳动要素产出弹性，可见利于改善目前资本要素收入分配过多，而劳动要素收入分配过少的问题，因此，房产税应作为改革的重点，房产税税收累进性的增加既不影响经

---

[1] 需要说明：本章研究的是各个税种累进性对收入分配和经济增长的影响，即结论中涉及的税种，均是指其累进性对收入分配和经济增长的影响；显然各个税种对经济增长的影响不仅仅包括各税种累进性对经济增长的影响，还包括税种其他设置因素（比如税基等）对资源配置产生影响，进而对经济增长产生的影响，该结论仅表示提高这些税种的税收累进性，在调节收入分配功能的同时对经济总体规模并不产生显著的影响，至于这些税种设置的其他因素对经济总规模进而对经济增长是否产生显著影响不做讨论。可见此处结论与加快增值税转型可以加快经济增长、国家结构性减税政策等并不矛盾。以下结论可做同样的解释。

济总体规模，又可以很好地发挥调节收入分配的作用。（2）增值税虽然属于流转税具有一定的累退性，然而增值税具有良好的税收收入筹集功能，可以通过转移支付或者公共支出的手段缩小收入差距，实际上具备累进性功能。合理设计增值税制度，充分发挥其收入筹集功能，并不关注其本身的累进性，而是关注其实际累进性作用即可。（3）企业所得税税收累进性变动对经济的总产出、资本要素产出弹性以及劳动要素产出弹性的影响均是不显著的，因此将不做进一步研究。（4）资源税税收累进性对经济的总产出的影响是不显著的，却使得资本要素产出弹性有所提升、劳动要素产出弹性有所下降。然而资源税目的是通过调节资源使用进而调整收入分配，具有公平收入分配的作用，但实际上却没有发挥其应有的功能，反而使得资本和劳动要素收入差距具有一定程度的扩大，扩大趋势并不显著，究其原因应是现行资源税制存在一些问题，并未实现合理的级差收税，因此可以通过优化资源税税制设计，合理安排税收累进性，提高实际税收累进性以达到调节收入分配的作用。

2. 由于个人所得税、城镇土地使用税以及契税决定的两种投入生产要素组合的形式不利于提高社会专业化水平以及社会分工程度，因此会进一步减小经济总产出规模，这三种税可以通过税制设计优化税收累进性进而优化资本和劳动两要素的组合形式。（1）个人所得税的主要作用是缩小各阶层收入差距，然而在中国却没有发挥其应有的作用，主要原因是现行个税不利于中产阶级的培育，对富人并未真正起到调节作用。因此个人所得税应是优化现有税制设计，保障现有调节功能。其税收累进性改革主要是在现有累进税率基础上平滑税率级距附近的差别，从而提高实际税收累进性。（2）城镇土地使用税以及契税税收累进性的增加将在一定程度上扩大两种投入要素产出效率之间的差异，但差异扩大的程度比较小，这两种税可以调节土地资源使用和调节财富分配，但在中国现行税制下未发挥应有的作用，其税收累进性改革方向应是优化制度设计，提高实际税收累进性。

第四节 中国税收累进性影响公平与效率传导机制存在的问题

在分析中国税收累进性影响公平与效率传导机制的基础上，进一步需要讨论的问题是传导机制是否疏通，如果不通畅原因何在。

一、各个税种累进性实际作用受限，主要原因为平均效率与征管效率较低

平均税率和征管效率是影响税收累进性的两个主要因素。平均税率是影响税收累进性调节作用发挥的主要因素，即平均税率降低将进一步减小税收累进性调节作用。税收再分配效应可以划分为横向、纵向两个方面的效应。其中，横向税收公平定义为纳税人如果收入相同，则缴纳的税收应该相同；纵向公平定义为不同收入水平的人面临不同的税率从而承担不同的税负。纵向公平效应主要取决于平均税率和税收累进性两者结合的效果，如果税收累进性增加，而平均税率降低，则税收累进性有效性则会大打折扣；如果税收累进性不做改变，平均税率增加，则税收再分配效应会随之增加。中国税收累进性实际调节作用不高，重要原因是平均税率较低，如2011年新个人所得税的试行，新税制的累进性相对于旧税制而言提高了，但是由于平均税率降低了，使得实际税收累进性作用减小[1]。中国实际税收累进性和名义税收累进性调节作用的差异形成，另一个重要影响因素是征税效率不高，吴武清（2012）研究认为修正后1995年至2002年间税收流失比率为33%[2]，存在严重逃税行为。可见现阶段中国平均效率和征管效率较低使得各个税种累进性调节作用受限。

---

[1] 郭庆旺. 有关税收公平收入分配的几个深层次问题 [J]. 财贸经济. 2012年第8期.
[2] 吴武清. 中国税收流失测度与评估 [M]. 北京：科学出版社. 2012年6月.

二、各个税种累进性调节国民财富流量、存量分配机制不通畅

分析各个税种累进性对国民财富的影响机制是否通畅，首先应考察中国国民财富分配的现状。现阶段中国国民财富分配不公问题突出，究其原因主要包括以下几点：一是居民收入在整个国民收入分配中占比过少；二是要素分配不公，即国民经济两种投入要素中劳动要素分配占比小于资本要素，并且呈现不断下降趋势；三是城乡收入差距不断扩大，国民收入分配越来越倾向于高收入阶层，而中等收入阶层发展放缓，因此加剧两极分化的趋势因素不断增加；四是行业之间收入差距较大；五是自然资源要素分配和使用存在严重的不合理现象。

这些问题又主要是因为传统的收入分配已经逐渐脱离了现实的社会和阶级结构，表现为：1. 国民财富的分配只注重对一定时期内收入流量的居民收入进行分配，而忽略了国民财富历年的累积成果。2. 现行分配政策不利于中产阶级的培育。（1）中国的收入阶层出现定型化的趋势，三个阶层之间的界限逐渐形成，整个社会下层收入群体向上层流入的比率有所下降，中产阶级有了一定的发展，但是总体占比仍然较小。现阶段中国中等收入阶层占全国总人口的7%左右，即大约1亿人为中产阶级[①]；依据世界发达国家的经验，中等收入者应该占比在50%以上才符合现代社会和谐发展的要求，比如美国的中产阶级占总人口比重为90%、日本和欧盟等国中等收入阶层人口占总人口比重也均在70%以上。可见我国中产阶级占比过低，应逐步提高中产阶级占比。（2）改革开放以来，仅依靠工资薪金收入或者自主创业的中产阶级并未享受到GDP增加所带来的好处。（3）中等收入阶层反而成了最大的受调整阶层。现行税制技术主要针对规范性收入进行征税，而收入来源最规范的人群是中等收入阶层，因此中产阶级成为主要的税收调节人群。总之，在中国，以上问题的存在不利于中等收入阶层的培育。3. 现行的收入分配体系并不是适应现阶段阶层结构、产业机构

---

① 中产阶级判断标准采用国家发改委经济研究所的划分标准，即家庭年收入额为5.37万至16万元，个人年收入总额为2.4至10万元。

以及所有制结构等的制度安排。历史发展规律是生产关系应适应生产力发展需要，考虑社会结构、阶层结构、所有制结构以及产业结构变化，收入分配理论也应该随之不断创新，考虑私有财产、就业、教育等广泛意义上的财富概念。国民财富分配理论应适应时代发展需求而产生，这也是社会结构优化以及协调阶层之间矛盾的需要。

（1）各个税种累进性调节国民财富流量分配机制不通畅

改革开放以来，中国经济飞速发展，仅依靠工资薪金收入或者自主创业的中产阶级并未享受到GDP增加所带来的好处，表现为整个社会工资薪金收入总额占GDP的比重不但没有增加反而有所下降，中等收入阶层也很难感受到经济增长所带来的幸福感。现阶段调节国民财富流量即收入的税种主要是所得税，由前文实证研究结果可知2001年至2010年个人所得税累进性提高使得要素产出弹性增加0.1248%，劳动要素产出弹性降低0.0365%，即两种投入要素产出效率之间的差异加大。说明在这十年间个人所得税累进性设置虽然意在调节高收入，但并未真正发挥其应有的作用，究其原因主要有：首先，中等收入阶层是最大的受调整阶层，现行所得税技术主要针对规范性收入进行征税，而收入来源最规范的人群是中等收入阶层，因此中产阶级是主要的税收调节人群，规范性收入（工资收入）为主要纳税收入，隐形收入不在纳税范围内；其次，高收入人群具备更多的避税动机和避税条件，较高的累进性税率级次形同虚设。

（二）各个税种累进性调节国民财富存量分配机制不通畅

现行税制调节国民财富的分配只注重对一定时期内收入流量的居民收入进行分配，而忽略了国民财富历年的累积成果。国民财富存量即资产、资源等存量的分配，其中资源分配不仅包括自然资源等的分配还包括对教育、医疗、住房、社会保障、就业以及人权等社会公共资源的分配，壮大中等收入阶层，涉及的主要税种应为所得税、财产税、资源税和社会保障税。中国现阶段所得税主要涉及对收入流量进行调节，存量财富仍未纳入征税范围；财产税类仍不健全，房产税、契税、城镇土地使用税等存在重复征税问题，并且累进程度有限；资源税征税范围有限，税收累进性调节范围受限，未能发挥其应有的调节作用；

社会保障税则尚未开征。总之,各个税种累进性调节国民财富存量分配机制不通。

因此,提高各个税种累进性调节收入分配的有效性,主要对策应为优化税制累进性,完善收入分配制度,将居民收入分配转向国民财富分配,培育和壮大中等收入阶层,通过提高税收累进性有效性实现这一政策目标,涉及的税种主要包括:所得税、财产税、资源税和社会保障税等。

三、财政分权状况与财政支出结构均不合理,削弱税收累进性调节作用

财政分权、财政支出结构和税收累进性之间是相互影响、相互配合的关系,互通之处在于对教育、医疗、住房、社会保障等社会公共资源的分配。财政分权通过影响财政支出结构进而影响社会公共资源的分配,而社会资源的合理分配一方面会增加税收累进性的调节作用,另一方面通过增加减小税负痛感而增加提高税收累进性的公众可接受性。

在分税制下通常是中央决策,地方执行,即中央制定政策,由地方具体落实。现行财政分权不合理造成地方财力不够,财力和事权不匹配,因此政策落实不到位。此外,随着财政收入规模的扩大,转移支付规模也随之不断扩大。2014年转移支付中一般转移支付占比为58.17%,专项转移支付占比为41.83%而专项转移支付则超过51%,可见一般性转移支付比重有所增加,但专项转移支付占比仍较大。财政分权不合理影响财政支出结构不合理,中国现阶段用于教育、医疗、住房、社会保障等社会公共资源的支出比重较低,改变生产投入要素组合形式,削弱了税收累进性调节作用,因此应优化财政分权,调整事权和支出责任,上移支出责任逐渐减少各项转移支付;优化财政支出结构,增加在教育、医疗、住房、社会保障等方面的支出。

四、税收收入结构影响税收累进性作用的发挥

税负的可转嫁性以及中国税制仅针对规范性收入进行调节的现状,决定了税收收入结构调节收入分配和财富资源分配的作用。税收收入结构一般采用直接税或间接税占总体税收收入的比例进行衡量。其中直接税的特点主要有：首先，直接税的纳税人是税负的最终承担者，税负不易转嫁。其次，直接税通常采用累进式的税率结构，依据私人所得与财产多寡决定其税负水平，同时采用累进的税率结构使税收收入相对具有弹性，具有自动稳定器的功能。再次，直接税的调节收入分配的作用相对于间接税而言更加明显，也比较符合税负公平以及量能负税的税收原则。间接税计税依据为销售额或者营业额税源广泛，大多采取比例税率，相对于所得税而言，税额计算方便便于征收，在中国现有税制中发挥重要作用。

中国属于发展中国家，相对于发达国家社会经济发展状况而言，最优税制环境存在一定偏离。首先，中国作为发展中国家，居民收入水平普遍较低，税收征缴能力较为薄弱；其次，中国收入分配政策调节的主要是规范性收入，未能将隐性收入、资本财富积累等纳入调节范围，主要涉及税种为所得税，中等收入阶层往往收入最规范，成为税收调节的主要人群。综上可知，未来改革方向是逐步提高直接税比重，但前提应是夯实基础，即现阶段的主要任务应做好基础工作，如加快建立并完善不动产登记制度，逐步扩大隐性收入可监管的范围等。

五、市场机制不完善、产业结构不合理削弱税收累进性调节作用

市场化程度是指在资源配置过程中市场起作用的程度，其实质在很大程度上是指经济的决策权逐渐由国有部门转向分散的市场经济主体中的程度，因此，经济决策权在国有部门中的程度可以定义为市场垄断程度。根据该定义，市场垄断程度指标的计算公式：国有及国有控股工业总产值/工业总产值，该指标可以同时反映市场化程度、垄断程度以及所有制结构等方面的信息。市场垄断程度越高越不利于税收累进性有效性的发挥。经计算，2001 年至 2010 年市场垄断程度指标平均值为 0.50[1]，显然这一指标仍较高，可见在这十年间中国市场机

---

[1] 计算数据来源于中经网、国研网整理得。

制并不完善，不能充分发挥市场机制调节作用，削弱税收累进性调节效率的作用。

产业结构是指国民经济各个产业部门之间以及各部门内部结构。通常采用第三产业产值占 GDP 的比重来度量产业结构高度化程度，该比值越高则说明产业结构高度化水平越高。配第－克拉克定律认为，随着人均收入水平的不断提高，就业人口逐渐由第一产业向第二、三产业转移，国民经济的发展阶段取决于产业结构；库兹尼茨进一步分析了 GDP、就业变动以及产业结构变化之间的关系；经济增长结构主义提出，资本和劳动要素应从较低生产率的部门逐渐转向生产率较高的部门，加速经济增长，经济不断增长的过程同时也是一个结构不断转化的过程。由以上理论可知，产业结构会对劳动要素与资本要素流动方向、经济增长产生影响。因此，产业结构高度化指标（等于第三产业产值/GDP）越大，产业结构高度化程度越高，资本劳动力等生产要素进入第三产业领域越多。第三产业领域也正是税收发挥调节经济增长所需要素分配、生产要素收入分配作用较大的领域，因此，产业结构高度化程度越高越利于税收调节，提高税收累进性的调节效率。经计算，2001 年至 2010 年产业结构高度化指标平均值为 0.39[1]，显然这一指标是比较低的，第三产业占比过低，说明在这十年间中国产业结构并不完善，影响税源结构以及税源增长，削弱税收累进性调节效率的作用。

---

[1] 计算数据来源于中经网、国研网整理得。

第六章

提高中国税收累进性的政策建议

由中国税收累进性现实验证部分的分析可知,综合运行效率的提高来自技术效率和技术进步之间的相互作用,提高税收累进性应从提高技术效率和技术进步两方面考虑。结合中国税收累进性影响公平与效率传导机制部分的分析,可认为,疏通传导机制即在提高综合运行效率;优化税制疏通传导机制可以改进税收累进性设置技术,扩展技术前沿面,提高技术进步值;配套改革疏通传导机制可以优化各要素及其在传导过程中的相互配合,提高技术效率。因此,提高中国税收累进性的政策建议应包括优化税制疏通传导机制和配套改革疏通传导机制两方面。

第一节 优化税制,疏通税收累进性影响公平与效率的传导机制

依据中国税收累进性影响公平与效率的宏观经济模型分析结果,来看各个税种累进性改革的方向。主要改革方式是结构性提高税制累进性,即各个税种税收累进性有增有减,其中增加的税种包括房产税、消费税;保持不变的税种有资源税、城镇土地使用税、契税、企业所得税、个人所得税;减小的税种是增值税。主要改革方向:关于税收收入结构,逐步提高直接税比重,现阶段主

要任务应是夯实基础；关于增值税降低增值税税率级次，以发挥增值税收入筹集功能进而提高税收实际累进性；在城镇土地使用税、房产税以及契税等，应进行相关的简并改革，扩大征税范围，提高税率累进性，进而提高房产税实际税收累进性；关于个人所得税，近阶段以提高征管效率来增加实际税收累进性；关于消费税，消费税应调整征税范围，增加消费税税率累进性进而增加整体税收实际累进性；在资源税方面，由于其征税范围局限性较大，所起到的调节作用亦相对有限，因此，资源税的改革方向主要是"扩大征税范围"。

一、未来改革方向为逐步提高直接税比重，现阶段主要任务应夯实基础

直接税的特点主要有：首先，直接税的纳税人是税负的最终承担者，税负不易转嫁。其次，直接税通常采用累进式的税率结构，依据私人所得与财产多寡决定其税负水平，同时采用累进的税率结构使税收收入相对具有弹性，具有自动稳定器的功能。再次，直接税的调节收入分配的作用相对于间接税而言更加明显，也比较符合税负公平以及量能负税的税收原则。间接税计税依据为销售额或者营业额税源广泛，大多采取比例税率，相对于所得税而言，税额计算方便便于征收，并且间接税不易转嫁，在中国现有税制中发挥重要作用。

间接税实际覆盖面广，具备良好的税收收入收集功能。虽然间接税纳税人很多不是法人，但是其税收大部分来自法人。在中国，存在信息不完善、税收机关征管能力较弱以及纳税人遵从程度不高等问题，因此，相对于个人纳税人而言，税务机关对法人纳税人的管理较便利，即使纳税人是非法人纳税人，纳税人也有其经营地，经常需要给客户开出发票，税务机关也相对容易掌控。此外，即使是存在地下经济，通过消费从地下经济获得收入的个人也会承担所消费的商品或劳务中包含的一般消费税。因此，在中国，间接税相对于直接税而言，实际纳税覆盖面更加广泛，具备良好的税收收入收集功能，关注间接税筹集税收收入，有利于以更小的效率损失调节收入分配。

增值税具备良好的税收收入筹集功能，可以通过财政支出制度安排、转移支付或者其他公共支出手段改善收入分配状况。Galetovic、Engel、Raddatz

(1999)研究认为,要实现收入再分配调节,仅仅通过对税制累进性设计的方式,作用非常有限,在许多发展中国家财政支出政策的针对性以及平均税率的水平是进行收入分配调节的重要影响因素。Lopez 和 Miller(2008)通过对智利进行研究发现,在相当长一段时期内,智利分配不公问题显著,其主要原因在于低税收收入无法保证充足的财政支出,体现在人力资本、科学知识创新与扩散等方面的公共投资需要无法满足。

由于中国收入分配政策调节的主要是规范性收入,中等收入阶层成为税收调节的主要人群。因此,由直接税优点及世界经验可见,中国未来改革方向应是逐步提高直接税比重,现阶段应注重"夯实基础",为逐步提高直接税比重做好前提工作。目前应充分发挥间接税征集税收收入作用,合理安排税收支出,提高实际税收累进性,同时逐步扩大隐性收入监管范围、建立并完善不动产登记制度等,为直接税比重的逐步提高做好基础工作。夯实基础可以减少民众的税负痛感,提高纳税遵从度。综上可知,未来改革方向是逐步提高直接税比重,但前提是夯实基础,即现阶段主要任务应做好基础工作,如加快建立并完善不动产登记制度,逐步扩大隐性收入可监管的范围等。

二、简化增值税税率级次,以发挥增值税收入筹集功能

增值税是目前世界上最常用的间接税,它不改变产品与服务之间的相对价格,具有中性特点,是大多数国家主要的税收收入来源,然而在实践过程中,增值税并不是完全税收中性的,存在重复征税现象,究其原因主要在于税收征管能力有限、级差税率以及行业覆盖不全面等因素造成的效率损失。

在中国,过半数的企业之间增值税税率存在一定的差异,主要是因为地域之间的差异,在一定程度上反映了中国经济和财政体制区域分块的现象,正是以上种种类似的原因影响了增值税累进性的有效性[①]。目前在世界范围内,增值税改革方面有两大趋势:其一,扩大增值税征收范围;其二,实行单一税率

---

① 陈晓光.增值税有效税率差异与效率损失——兼议对"营改增"的启示[J].中国社会科学.2013年第8期.

或减少税率档次,其中欧盟国家、OECD 都试图通过上述两种方式实现增值税改革。

综上所述,中国增值税改革方向:(1)逐步简化税率级次,调低增值税名义税收累进性,这样反而会增加增值税收入。由于税率差异将引致效率损失,因此,在增值税税制设计过程中应尽可能减小税率级次,逐步实现对所有商品和服务征收同一税率,当然,也允许由于特殊情况而存在差别税率,如为了纠正外部性对特定的商品和劳务征税,对食品等生活必需品实施低税率或者零税率等。增值税税制累进性改革方向应是逐渐减少税率档次以及各个档次税率之间的差异。(2)纳税人税负增加的问题应该通过扩大与完善增值税抵扣链条来解决,尽可能减少增值税税率档次。首先,将小规模纳税人制度和一般纳税人制度进行合并,逐渐提高起征点。起征点以下纳税人免征增值税,起征点以上纳税人则按照规范的进项税额抵扣销项税额计算征收增值税。其次,逐渐建立期末留抵税额的退税制度,加强防范税收风险的前提下,针对企业设立初期形成的期末留抵税额以及采购固定资产所产生的期末留抵税额等,按照纳税期限及时进行退税,以便减轻企业代垫资金问题,进而使得增值税代收代付性质落到实处。(3)在中国通过增值税筹集足够的税收收入,以满足财政支出制度安排的需要也是提高整体税收实际累进性的一个可行路径。增值税实际税收累进性主要体现在其具有良好的税收收入筹集功能,可以通过转移支付或者公共支出的手段调节收入分配,实际上具备累进性功能。合理设计增值税制度,充分发挥其收入筹集功能,并不关注其本身税率的累进性,而是关注其实际累进性作用即可。

三、简化合并房地产相关税种,扩大征税范围,提高税率累进性

由前文实证分析可知,房产税累进性增加对经济的总体规模不会产生显著影响,降低资本要素产出弹性的同时增加劳动要素产出弹性,有利于改善目前资本要素收入分配过多劳动要素收入分配过少的要素收入分配不公问题。此外,伴随"营改增"税制改革的深入,地方税收入大减,缺乏主体税种。不动产流

动性较差，税源隐蔽性较低，房产税在提高税收征管能力的基础上，是便于征收的。因此改革房产税，提高房产税税收累进性有利于提高整体税收累进性，有助于公平要素收入分配，强化税制的收入能力，保障地方税收入。中国房产税改革主体思想应是加快立法，进行房地产相关税种简化合并改革，扩大征税范围，提高税率累进性，从而提高房产税实际税收累进性。

（一）房产税改革应对房地产交易环节征收的相关税种进行简化和合并。房产税应逐渐与城镇土地使用税合并，并且逐步废止契税。目前，中国房地产在交易环节至少存在十种相关税种，包括：企业或个人转让房产所缴纳的营业税、土地增值税、城市维护建设税、教育附加、印花税、契税、个人所得税、企业所得税等。另外，带有商业性质或者经营性用房，同时需要缴纳相应房产税和城镇土地使用税。将房产交易环节这些税种减小简化，可以在一定程度上降低交易环节的税负，同时为房产税下一步"扩围"试点提供税负空间，逐渐提高交易完成后的所得税负，使总体税负不增加，这样也比较符合结构性减税政策需要。一方面鼓励居民依据生活工作需要改善自住型住房，另一方面可以打击投资性住房需求。

前文实证研究结果表明，契税以及城镇土地使用税税收累进性增加，将会在一定程度上减小经济总产出，并且扩大两种生产投入要素产出效率之间的差异。因此，鉴于经济增长以及收入再分配效应两方面考虑，契税以及城镇土地使用税税收累进性未来改革总方向是不应再提高其税收累进性。城镇土地使用税对拥有土地使用权的单位及个人，以其拥有土地使用权的实际面积为依据进行征税。契税属于财产税，针对所有权转移的不动产进行全额征税，每交易一次需缴纳一次契税，契税本质上可以理解为对房产征收的营业税，可见契税存在重复征税。城镇土地使用税、契税以及房产税之间存在紧密相关关系，未来税制改革方向应是房产税应逐步与城镇土地使用税合并，逐渐降低契税税率，当房地产税相对成熟时，考虑将契税逐步废止。通过增加房产税累进性来促进经济规模扩大以及公平要素收入分配。

（二）提高税率累进性。房产税税率的设计应该依据不同地区与不同用途的房地产分别设计适用不相同的税率结构，给定一个基准税率，具体税率设计应交由地方根据各自地区的实际情况自行调整。如中小城市房产税税率应低于大城市、高档型住宅适用的房产税税率应高于普通的住宅等，增加区分不同房产适用不同税率，提高房产税名义税收累进性。随着"营改增"的全面实施，地方缺乏主体税种，房产税税源稳定，因此，可以考虑培育房产税为地方税主体税种。在统一税制前提下，适当赋予地方政府对主体税种房产税的管理权限，提高地方政府因地制宜获取地方财政收入的积极性。加快建立完善全国联网的统一的不动产登记制度，相关部门对房产产权进行普查和重新核准登记。此外，房产税应先从大城市起步逐步向中小城市推广，也可以同时选择某些大城市、中小城市同时试点，总结经验教训，再在同类城市中逐渐推广。

四、个人所得税保持税收累进性不变，以提高征管效率来提高实际税收累进性

借鉴国际经验，由于地下经济大规模存在，税收收入流失，俄罗斯 2001 年改革个人所得税，将原有的三级超额累进税率改为同一比例税率，个税统一按照 13% 进行征税，这项改革实施后，俄罗斯个人所得税收入大幅增加，Rabushka 在 2004 年的研究中提到，俄罗斯 2001 年至 2003 年平均增长率达到 20% 左右。Ivanova、Keen 与 Klemm 在 2005 年的研究中指出，税率降低、税制简化都可以增加高收入阶层的纳税申报率，与此同时，低收入阶层纳税申报率不受影响，因此整体改善了收入分配。世界银行（2007）对斯伐洛克税改的研究表明，斯伐洛克个人所得税虽然实行单一比例税，但却大幅增加对低收入者以及孩子抚养数较多的家庭税务税收扣除和税收抵免，在这样的改革后，其税收制度的累进性大大提高，可见调整税收扣除和税收抵免可以提高税收累进性，那么国际上这些成功的个人所得税改革经验是否适合中国国情，需要进一步分析。

费用扣除以及税率结构是影响个税累进性的主要因素，部分学者认为，中国个人所得税的累进性随着工资薪金所得费用扣除标准的提高，逐渐表现为倒

U 型，而现行个税制度所规定的免征额恰巧处于该倒 U 型曲线的最高点①；免征额是一把"双刃剑"，免征额的提高可以增加税收累进性，但是由于平均税率的下降程度更高，整体税收再分配效应减弱；徐建炜、马光荣、李实（2013）通过分收入组群的研究显示，当税制不变而收入水平增加时，中产阶级纳税份额上升，成为最大受损群体，而免征额的提高将使得中产阶级收益最大，与此同时，低收入阶层没有受益、中高收入阶层税负相对下降，总体的基尼系数反而恶化②。可见在中国，如果继续提高个人所得税占比及其税收累进性会带来很多的负面影响，究其原因主要包括以下几方面：

首先，中国的收入阶层逐渐出现定型化的趋势，整个社会下层收入群体向上层流入的比率有所下降，中产阶级有了一定的发展，总体占比仍然较小，中产阶级占全国总人口的7%左右。然而中等收入阶层则往往是收入最规范，成为税收调节的主要人群。可见在中国如果继续提高个人所得税占比及其税收累进性将不利于中等收入阶层的培育。

其次，个人所得税率过高将抑制就业，使得雇主支付的劳动要素报酬和劳动者实际得到的劳动报酬之间税契增大，将扩大税收替代效应对劳动要素投入量的影响，进而影响经济增长。

再次，目前中国宏观税负已经处于较高的水平，因此，如果要提高个人所得税税率，必然要降低其他间接税税率或者降低政府非税收入，否则宏观税负将进一步提高，不利于社会稳定。个人所得税税率累进性过高，则会进一步加剧逃税。税率较高的情况下，纳税人逃税动机相应增加；扩大征税范围则会将大量中低收入者纳入税征税范围，减少中低收入者最终收入，导致高中低收入阶层皆对纳税有抵触情绪，提高整个社会对逃税的认可程度，减少逃税的心理成本。其中高收入者往往具备逃税所需的条件，逃税更加便利，不利于收入分

---

① 岳希明，徐静，刘谦，丁胜，董丽娟.2011 年个人所得税改革的收入再分配效应［J］.经济研究.2012 年第 9 期.
② 徐建炜，马光荣，李实.个人所得税改善中国收入分配了吗—基于对 1997 - 2011 年微观数据的动态评估［J］.中国社会科学.2013 年第 6 期.

配调节。地下经济存在和发展的原因之一正是税负过高，使得正规经济部门要素供给逐渐转向地下经济。因此，现阶段在中国提高个人所得税税收累进性会导致进入税负增加—逃税加剧—税负进一步增加—逃税更多的恶性循环。

综上所述，如果继续提高个人所得税税率累进性、提高免征额反而会弱化个人所得税税收累进性的有效性。前文实证研究结果也表明，个人所得税税收累进性的增加将不利于经济规模的扩大，并在一定程度上扩大资本和劳动要素收入差距，这和以上理论分析相符合。纵观世界各国税制，中国个税税率累进性并不低，然而却未能充分发挥其应有的收入再分配作用，究其原因应是个人所得税整体平均税率水平较低，并且在总税收收入中占比不高。

因此，中国个人所得税改革方向应是，第一阶段，一定时期（5年至10年）内保持个人所得税税收累进性不变，包括免征额以及税率累进两方面不变。平均税率可以适当提高，但前提是协调其他间接税税率或者降低政府非税收入，现阶段最可以实施的措施应是通过提高个税征管能力来提高实际个人所得税累进性，平均税率的提高也正是以提高税收征缴能力为前提的。为配合个人所得税由分类征收向综合征收模式的转变，应在改善个人所得税涉税信息的统计和监管基础上，推行自行申报制度。第二阶段，当中国人均收入水平达到发达国家较高人均收入水平、税收征缴技术相对发达时，再考虑提高个税占总税收的占比，提高平均税率，提高个人所得税税收名义累进性，进而提高个人所得税实际税收累进性。

五、资源税改革方向主要是"扩围"

资源税税收累进性对经济的总体规模不会产生显著影响，却会使资本要素产出弹性增加且劳动要素产出弹性减少。可见虽然资源税目的是通过调节资源使用进而调整收入分配，具有公平收入分配的作用，但却没有发挥其应有的功能，反而在一定程度上扩大了资本和劳动要素收入差距，扩大趋势并不显著。究其原因应是中国现行资源税制存在一些问题，如征税范围较小，很多资源并未纳入征税范围，进而不能充分发挥资源级差收入的作用，最终反而拉大了两种投入要素的收入差距。因此,资源税改革方向主要是扩大征税范围,在征税范围扩大的基础上,再适当调节税率级次,进而提高实际税收累进性。逐渐打破现有行业的价格垄断,完善市场运行机制。首先改革征收资源税的项目应该是当前防治任务相对较重、技术标准比较成熟的项目,如首先对煤炭业征收资源税,下一步再考虑对水资源、森林资源以及草地等资源税征税。由于自然资源分布与地域有很大关联性,在不同的地理位置资源开采难度不同,实行统一标准的税率无法体现差异性,合理的做法应是在条例规定的税率调整范围内,依据开采地区的实际情况将资源开采难易程度区分开,由易至难,对于开采成本高且难度大的地区实行较低的资源税税率,对于开采成本低且难度小的地区适用较高的资源税税率,进而达到资源税的调节作用。地方税主体税种应主要关注培育资源税以及房产税。

六、消费税应调整征税范围,增加税率累进性进而提高实际税收累进性

消费税属于中央税,税收累进性影响公平与效率。宏观经济模型构建与分析部分采用的是各省市的面板数据,因此不能采用消费税数据进行研究。但是,消费税征税目的和某些征税对象特殊,调节收入分配,因此也应提高消费税税收累进性。通过课税范围的选择把收入弹性相对较高的商品和劳务纳入,从而使得富人在消费的时候承担更多的税负;通过合理差别税率的设计,对不同收入水平纳税人偏好的商品或者劳务实施不同的税率,对收入进行适当调节。差别税率的设计既要考虑商品和劳务的收入弹性,又要考虑其价格弹性,若应税商品或劳务的价格弹性较高,此时施加较高的税负则可能引致需求大幅下降,进而无法实现税收收入筹集功能和调节收入分配功能,导致较高的税收效率损失。对于一些特殊的商品和劳务,如钻石,钻石的消费往往体现消费者身份的高贵,其使用价值与价值直接相关,收入弹性较高,但价格弹性却比较特殊(对于一般钻石消费者而言,价格越高其购买的欲望越大,此时其价格弹性反而为正),对于此类商品和劳务应当设置较高的消费税税率。

消费税改革方向应是提高消费税税收累进性,从调整消费税征税范围以及增加消费税税率累进性两方面入手。(1) 逐渐扩大消费税的征税范围。首先，对生活性服务行业中的高档服务项目开始征收消费税。生活性服务业提供的服务属于直接进入消费环节的服务性产品，与制造业之间交叉较少，生产性服务业提供的服务则属于中间投入，将作为生产投入要素参与产品的再生产过程，贯穿于制造业生产的全过程。消费税扩围至生活性服务业中的高档服务部分，并不会使产品生产过程有所扭曲。其次，对一些高耗能以及高污染的产品征收消费税。议将一次性不可降解的包装物、氟利昂相关产品、重金属电池产品等纳入征税范围。再次，对一些奢侈品征收消费税。如私人飞机以及高档用品等。(2) 增加消费税税率累进性。对高档娱乐场所以及高档消费行为、奢侈品均设置较高的税率。比如，对高档会所、高档洗浴中心、高档餐饮、高档俱乐部、娱乐性演出以及各类竞技比赛等设置高税率；进一步提高私人飞机、高档家具、高尔夫用品以及高档手表等的征税税率。同时降低普通消费品如普通化妆品的适用税率。

第二节 配套改革，疏通税收累进性影响公平与效率的传导机制

配套改革疏通传导机制可以优化各要素及其在传导过程中的相互配合，提高技术效率。中国税收累进性影响公平的综合运行效率提高阻力主要是技术进步不优，中部地区在技术进步不优的情况下，技术效率也下降。因此，配套改革中，疏通税收累进性影响公平传导机制的政策在落实过程中应更加关注中部地区改革的不同之处。中国税收累进性影响效率的综合运行效率提高阻力主要问题在于技术效率不高，东、中部地区尤为严重，因此，配套改革中，疏通税收累进性影响效率传导机制的政策在落实过程中应更加注重东、中部地区改革的不同之处。配套改革措施主要包括：(1) 提高平均税率；(2) 提高税收征管效率；(3) 优化财政分权，调整事权和支出责任，即从地方到中央上移支出责

任，逐渐减少各项转移支付；（4）调整财政支出结构，增加财政支出在住房、教育、医疗卫生、社会保障等方面的比重；（5）培育市场机制，优化产业结构。配套改革政策思路相同如下文所述，但具体政策落实过程中应注意因地制宜。

一、提高平均税率

平均税率可以定义为全部应纳税额与收入之间的比值，在累进税制下平均税率随边际税率的提高而提高，平均税率低于边际税率。但是，提高平均税率不应该依赖于提高边际税率，因为边际税率的提高会扭曲市场行为，对公平和效率均不利。平均税率的调节可从税收优惠、转移支付、福利支出、税收征管效率等方面着手考虑。首先，提高税收征管效率是提高平均税率的前提条件。其次，通常富人相对来说具有更加有利的避税条件且更加容易享受税收优惠。刘穷志（2014）[1]研究认为，富人可以利用其拥有的资本生产政府所期待的国内生产总值，和政府就免税额进行谈判减少纳税；政府为吸引富人投资资本生产出国内生产总值，对富人进行转移支付，富人便得到更多的转移支付；中国政府为了吸引资本，对资本税收优惠的同时提供相应的财政补贴，进而高收入人群收入越来越高，收入差距扩大。中国现行税收优惠和财政补贴政策繁多，这些优惠和补贴是否真正发挥了其应有的作用不明晰，但至少由刘穷志的研究可知，富人更容易享受税收优惠和补贴，加大了收入差距。再次，从前文分析可知，中国福利支出占比较少，如对教育、基础设施、社会保障、医疗卫生以及住房保障等方面支出仍较少。因此，提高平均税率首先应提高税收征管效率，具体措施下文将详细论述。

二、提高税收征管效率

税收征管效率的提高，不仅有助于增加税收收入，而且有利于提高实际税收累进性。税收征管在很大程度上决定了税负的实际状况，再完美的税收累进

---

[1] 刘穷志，吴晔. 收入不平等与财政再分配：富人俘获政府了吗[J]. 财贸经济. 2014年第3期.

性设计,如果没有完善有效的税收征管制度作为保障,最终会使得目标大打折扣。目前,中国政府机关税收征管能力有限,严重影响了实际税收累进性的调节作用,因此,应逐步致力于提高税收征管效率。(一)加强和完善纳税人的税务登记、纳税申报以及纳税评估,强化对税源的管理,提高纳税服务水平,逐渐推进税务管理的分级分类管理,建立完善税务风险的相关防范控制机制,预防有关税收监控漏洞情况的出现。(二)社会分工专业化程度逐渐提高,交易行为量日益增加,传统发票制度难以满足经济发展的需要。首先,应将增值税以及企业所得税实行共同管理,在政策以及管理上加强两税的关联性。其次,由管理发票逐渐转换为管理发票上表述的信息,逐步推广网络发票或者电子发票,提高交易信息的智能化管理程度。再次,逐步加强增值税与进出口增值税之间的共同管理,简化纳税申报体系以降低征纳双方的税收成本,提高纳税便利度。(三)完善个人收入监管和财产申报制度。可以考虑在全国范围内实行统一的纳税人税号,将其与纳税人身份证号码相关联,借鉴国际经验,纳税人号与身份证号也是一致的,有助于提高纳税信息与个人信息的结合。为防范灰色收入,应逐渐缩小现金交易范畴,对收入进行严格监控。以法律的形式将个人账户体系、存款实名制以及个人信用记录、信用评级等做出明确的规定,健全个人信用的约束机制。(四)由于部分支付单位及个人没有完全严格执行代扣代缴制度,使得部分税收征管的有效性难以保证,要做到应收尽收,就必须严格执行源泉扣缴制度,同时严厉惩罚相关不履行代扣代缴的单位及个人。扩大第三方信息申报范围,提高纳税人的纳税遵从度。建立并完善有效的电子申报系统,建立符合法律的信息收集机制。(五)建立全面的税务信息联网制度。建立银行储蓄账户联网,税务部门和银行联网,税务、工商、公安以及海关等部门之间联网、房产登记联网等制度,利用发达的信息技术,对关联信息进行信息化管理,可以汇总纳税人收入支出状况,实现信息共享。研发强大的信息处理与决策支持系统,通过该系统对相关信息进行有效处理和提高科学的决策支持。信息处理与决策可以通过早期的预警、准确的选案、有效的案例处理与案例管理提高税收的遵从水平。该系统可以为所有的税收相关项目提供电子版税务登记表，电子表格的使用将减少成本和时间，系统也可以根据这些电子税务登记表的信息更新税务数据库，税务数据库可以查询税收代理以及纳税申报情况，该数据库应致力于数据的完整性、数据的可访问性、数据的精确性等，该数据库的建立可以提高数据追踪、存储与回访的效率。（六）减少纳税遵从成本，通常大公司相对于小公司而言纳税遵从成本较低，若纳税人需要去多个纳税机关纳税则纳税成本上升，纳税遵从度将下降，因此税务机关应依据不同纳税人的特点给予相应的纳税申报便利。简化税法和纳税的申报程序，以减少纳税遵从成本，进而提高税收征管效率。（七）加强纳税监管与偷税漏税的处罚力度。扩大税务机关对官方信息的查阅权限，改进偷税漏税的发现机制，核查纳税人的纳税申报信息是否属实。对电子登记失败的纳税人进行相应的惩罚，对多次纳税不遵从的纳税人加大惩罚力度。

三、优化财政分权，调整事权和支出责任，上移支出责任逐渐减少各项转移支付

中国现行财政分权体制存在的问题及对策如下所述：

（一）在分税制下通常是中央决策，地方执行，即中央制定政策，由地方具体落实，但由于地方财力不够，因此政策落实不到位。要协调这样政策与落实差异的问题，首先应从宏观上梳理横向政府之间的财政关系[1]，并统筹各个部门出台相关政策，使之相互协调，尤其应合理评估各区的财力支付能力，建立完善协调机制。由此可避免由于横向政策制定失调，各个部门以自我为中心，过分强调部门内政策的重要性或文件力度，从而使政策因财力匹配不当而最终落空。财力和事权相配的问题首先应具备顶层设计，充分考虑到自上而下的财政能力，形成一个制度。

（二）地方（即省以下）的财政体制问题。财政分权主要关注的应是中央政府与地方政府之间的关系，各个层级政府之间的关系并不是财政分权需要关

---

[1] 刘尚希．分税制的是与非［J］．经济研究参考．2012年第7期．

注的内容。中国国家治理的框架是中央和地方政府两级治理框架①，下管一级而不应是针对五级政府。省以下政府应实行怎样的治理结构，应该交由省级政府去考虑，中央政府不应干预。中国各地区由于主体功能区划分的不同，发展呈现较大的差异性，如部分生态较为脆弱或是划属资源保护的地区，应限制开采或禁止开发，因而直接限制地方性财政收入，并影响地方分税的实施。因此，对省级政府以下各级，层层实行分税制实不可行，应避免一刀切的情况，做到总体统筹、各级体制因地制宜。如果在全国范围内省以下也实行层层的分税，实行"财权与事权相互匹配"，产生的严重后果将是使部分省以下政府出现财政困境。如果为获得财政收入而强制开发，财力虽会有所增加，但是生态将会被破坏。最终会对区域经济的发展、城镇化进行和公共服务的规模化提供带来风险。

针对省以下财政体制的解决办法是实行辖区财政责任制②。首先，省级政府既要管理本级政府，又要管理辖区内各级政府之间的关系，包括各级政府之间纵向的财政关系、同级政府之间横向的财政关系。其次，再进一步明确地市一级政府的辖区财政责任关系，进而明确县级辖区内的财政责任，以此类推。各级政府不仅要关注本级政府的财政，同时也应重视辖区管理范围内各级财政，只有这样，地方财政才可以成为一个有机的整体，地方政府内部之间也可以实现平衡。中央则只需要对着省级政府，而不必越级管理县乡级别的政府。

（三）关于转移支付的问题。随着财政收入规模的扩大，转移支付规模也随之不断扩大。2014年转移支付中一般转移支付占比为58.17%，专项转移支付占比为41.83%，而专项转移支付则超过51%，可见一般性转移支付比重有所增加，但专项转移支付占比仍较大。

综上所述，优化财政分权制度，在目前的情况下不应将改革的重点放在中央与地方财权与财力的调整上，而应放在事权和支出责任调整上，即逐渐将地方政府的支出责任转移到中央，减小地方支出责任、缓解地方财政支出压力，

---

① 刘尚希.分税制的是与非［J］.经济研究参考.2012年第7期.
② 刘尚希.分税制的是与非［J］.经济研究参考.2012年第7期.

并不断完善中央、地方事权以及中央地方共同事权结构。一方面可以逐渐减少中央、地方间的转移支付；另一方面一些适合中央做的事情中央直接做，这相对于交给地方更有效率，且更加易于协调。

四、优化财政支出结构，增加在教育、住房、医疗以及社会保障等方面的支出

随着社会结构、阶层结构、所有制结构以及产业结构变化，收入分配理论也应该随之不断创新，考虑私有财产、就业、教育等广泛意义上财富概念的国民财富分配理论应适应时代发展需求而产生，这也是社会结构优化以及协调阶层之间矛盾的需要。国民财富分配既包括流量收入分配，也应包括财富（资产、资源等）存量的分配，主张对教育、医疗、住房、社会保障、就业以及人权等社会公共资源的分配，以培育和壮大中等收入阶层。因此，在教育、医疗卫生、就业、社会保障等方面，政府应加大财政支出，逐渐完善社会福利，让越来越多的人享受到经济增长所带来的福利。将对教育、医疗、住房、社会保障、就业以及人权等社会公共资源的支出责任上移至中央政府统筹安排支出，可以考虑以转移支付的形式，立足于公共服务均等化。对于欠发达地区，确保足够的财力支出，以支持相关教育、医疗、住房、社会保障等方面支出。此外，逐渐降低地方官员干预经济的政治动机，改革以经济增长考核政绩的指标体系，增加民生、公共服务方面的考核指标。

教育支出[1]，目前中国经济正处于快速腾飞的重要阶段，应加大对教育部分的投入，保证教育事业更加良好有序地发展。依据发达国家及发展中国家的经验，政府在经济社会发展过程中不仅要负责中小学教育，也应负责高中教育与高等教育。教育支出的增长在一定程度上可以反映财政支出总规模增长，随着中等教育、高等教育的普及，教育将不断吸取公共资源。根据1988年巴西政

---

[1] 关于教育、医疗、住房、社保支出的比例则主要借鉴朱青. 关注民生：财政支出结构调整的方向与途径 [J]. 财贸经济. 2008年第7期中的相关论述。

府修订的宪法，其规定教育支出在联邦税收收入中所占比重不少于18%，各个州和地方政府在教育支出方面所占其税收收入不少于25%。由此可见，从目前中国教育支出现状来看，所占税收收入比重远低于一般水平，政府应逐渐完善政策、制度，保障教育支出部分比重合理有效地得到提高，到2020年教育支出水平应达到18%—20%。

医疗卫生支出，纵观世界大多数国家财政关于医疗卫生方面的支出，在发达国家以及东欧国家医疗卫生支出占财政总支出的比重一般在10%以上，在发展中国家一般占6%以上。依据中国目前医疗卫生事业发展对财政支出的需求看，到2020年中国达到中等发达国家水平时，医疗卫生支出占财政支出比重应增加到8%—10%的水平。

住房保障支出，借鉴如今部分发达国家的经验，低收入者的住房保障支出部分在国家财政收入的占比为1%—3%[①]，鉴于中国当前相对突出的住房问题，中国政府应至少拿出财政支出的4%用于廉租房制度的建设，随着经济发展、人民生活水平的普遍提高以及贫困家庭的不断减少，这项开支可减少至2%左右。

社会保障支出，中国社会保障支出占财政总支出比重多少合适，应考虑以下两方面：首先，老年人社会保障问题，中国老龄化速度加快，依据世界银行的预测，到2020年中国65岁以上的人口将占总人口的11.7%左右；中国政府对老年人社会保障模式是广覆盖低水平的发展模式；目前财政对社会保障支出并未单独预算。其次，中国就业问题比较严峻，而目前用于就业保障的资金有限。综合上述两方面的考虑，中国到2020年，社会保障支出在财政支出中所占比重应提高到30%左右。

五、培育市场机制，优化产业结构

市场机制是否完善和产业结构是否优化影响社会分工和专业化程度，在社

---

① 依据《世界经济年鉴1996》和［美］维托坦齐等所著《20世纪的公共支出》2005年版，第57页页表格所提供的数据计算求得。

会化大生产过程中投入要素既定条件下，市场机制越完善、产业结构越优化则社会分工和专业化程度越高，越有利于经济总产出规模的扩大，进而提高经济增长率。

国民经济的增长只体现结构转型的一个方面，需求结构的转型必须带动生产结构的转型，劳动力及资本要素应重新配置，从低生产率部分逐渐转向高生产率部分，从而促进经济快速增长。产业结构优化升级，即产业结构合理化和高级化水平提高将有助于进一步提高实际税收累进性。政府在产业结构政策制定过程中，不仅要注重产业结构合理化，同时也要考虑积极推进产业结构的高级化，通过合理化、高级化的产业结构调整为国民经济发展凝聚新动力。目前，中国正处于由第二产业（制造业）向第三产业（服务业）转化的关键时期，产业结构合理化和高级化问题迫切，因此，优化产业结构的主要政策建议有如下几点：

首先，应将产业结构合理化放在首位，自从中央政府提出发展战略性新兴产业以及大力发展服务业以后，各地地方政府纷纷出台相应政策响应中央政策，然而在中国地区发展水平差异较大，并不是所有地区均进入了较高的发展阶段。对于落后地区而言，若将产业结构高级化放在重要位置，则对经济发展和税收累进性的发挥更加不利。其次，产业结构优化的核心是产业结构合理化，而产业结构合理化本质是生产要素投入与产出结构逐渐地趋于契合。目前，中国产业领域的劳动力素质相对较低，政府需要注重专业培训的投入，逐步提高教育质量，从而改善高端产业人才短缺的现状；积极促进劳动密集型制造业的升级，有效促进产业结构与劳动力结构之间的匹配程度，政府需积极发展劳动密集型服务业，不仅可以解决转型低端劳动力就业问题，而且可以提高劳动要素与产出结构的契合度，促进产业结构更合理化、高级化发展。再次，高新技术产业的发展从两方面入手：一、通过财政政策的支持，激励技术研发部分的积极性。二、通过税收优惠调整相对价格下降产生的替代效应，以及鼓励要素流入高新技术产业所产生的技术进步。

市场化程度意义在于资源配置过程当中市场发挥作用的程度，其实质在很大程度上是指经济的决策权逐渐由国有部门逐渐转向分散的市场经济主体中的程度，经济决策权在国有部门中的程度为市场垄断程度，由前文分析可知，市场垄断程度越高越不利于社会分工专业化程度的提高，不利于实际税收累进性的发挥和经济增长，因此，应加大市场化改革力度，鼓励民营企业参与部分国有垄断行业，强化市场化竞争机制。

参考文献

[1] 伯纳德·萨拉尼著，陈新平译. 税收经济学 [M]. 中国人民大学出版社. 2005 年 9 月.

[2] 陈共. 财政学 [M]. 中国人民大学出版社. 2009 年 1 月.

[3] 崔惠玉. 税式支出预算研究 [M]. 财政经济出版社. 2011 年 6 月.

[4] 蔡昌. 税收原理 [M]. 清华大学出版社. 2010 年 3 月.

[5] 西蒙·詹敏斯（英），克里斯托弗·诺布斯，罗晓林，马国贤译. 税收经济学 [M]. 中国财政经济出版社. 1988 年.

[6] 陈晓光. 增值税有效税率差异与效率损失——兼议对"营改增"的启示 [J]. 中国社会科学. 2013 年第 8 期.

[7] 陈卫东. 论缩小收入差距的财政政策 [M]. 中国财政经济出版社. 2008 年 6 月.

[8] 崔军. 调节居民收入分配的财政制度安排 [M]. 经济科学出版社. 2011 年 5 月.

[9] 丛树海. 基于调整和改善国民收入分配格局的政府收支研究 [J]. 财贸经济. 2012 年第 6 期.

[10] 楚尔鸣，许先普. 消费习惯偏好、政府支出扩张与产出效应 [J]. 财贸经济. 2013 年第 8 期.

[11] 樊勇. 税收征收管理制度 [M]. 清华大学出版社. 2009 年.

[12] 樊纲, 吕炎. 经济发展阶段与国民储蓄率提高：刘易斯模型的扩展与应用 [J]. 经济研究. 2013 年第 3 期.

[13] 范子英, 张军. 财政分权、转移支付与国内市场整合 [J]. 经济研究. 2010 年第 3 期.

[14] 龚六堂. 公共财政理论 [M]. 北京大学出版社. 2009 年 1 月.

[15] 郭庆旺, 吕冰洋. 论要素收入分配对居民收入分配的影响 [J]. 中国社会科学. 2012 年第 12 期.

[16] 郭庆旺. 有关税收公平收入分配的几个深层次问题 [J]. 财贸经济. 2012 年第 8 期.

[17] 干春辉, 郑若谷, 余典范. 中国产业结构变迁对经济增长和波动的影响 [J]. 经济研究. 2011 年第 5 期.

[18] 高培勇. 尽快启动直接税改革——由收入分配问题引发的思考 [J]. 涉外税务. 2011 年第 1 期.

[19] 高培勇. 以财税体制改革为突破口和主线索推动改革的全面深化 [J]. 财贸经济. 2012 年第 12 期.

[20] 胡奕明, 买买提依明·祖农. 关于税、资本收益与劳动所得的收入分配实证研究 [J]. 经济研究. 2013 年第 8 期.

[21] 何其春. 税收、收入不平等和内生经济增长 [J]. 经济研究. 2012 年第 2 期.

[22] 胡世文. 缓解居民收入差距与税制累进性升级 [J]. 税务研究. 2012 年第 8 期.

[23] 郝春虹. 中美个人所得税税率累进程度比较分析 [J]. 财政研究. 2005 年第 1 期.

[24] 黄凤羽, 王一如. 我国个人所得税对城镇居民收入的调节效应分析 [J]. 税务研究. 2012 年第 8 期.

[25] （美）亨瑞·J·艾伦,（美）威廉姆·G·盖尔主编, 郭庆旺, 刘茜译. 美国税制改革的经济影响 [M]. 中国人民大学出版社. 2001 年 1 月.

[26] 胡书东. 经济发展中的中央与地方关系—中国财政制度变迁研究 [M]. 上海人民出版社. 2011.

[27] 蒋洪, 于洪. 居民消费结构与商品课税归宿问题分析 [J]. 财贸经济. 2004 年第 6 期.

[28] 蒋经法, 罗青林. 促进收入公平分配需从转变经济发展方式中"求解" [J]. 财贸经济. 2012 年第 9 期.

[29] 刘怡, 聂海峰. 间接税负担对收入分配的影响分析 [J]. 经济研究. 2004 年第 5 期.

[30] 刘成龙. 从收入分配视角看税收与民生 [J]. 税务研究. 2012 年第 8 期.

[31] 李林木. 在寻求效率与公平的平衡中深化我国税制改革 [J]. 税务研究. 2012 年第 11 期.

[32] 李爱鸽. 关于个人所得税公平效应的定量分析 [J]. 统计与信息论坛. 2008 年第 12 期.

[33] 李青. 我国个人所得税对收入分配的影响: 不同来源数据角度的考察 [J]. 财贸经济. 2012 年第 5 期.

[34] 刘小川, 汪冲. 个人所得税公平功能的实证分析 [J]. 税务研究. 2008 年第 1 期.

[35] 刘穷志. 居民收入不平等与财政归宿效应: 评估技术与应用 [M]. 武汉大学出版社. 2012 年 12 月.

[36] 李旭鸿. 税式支出制度的法律分析 [M]. 法律出版社. 2012 年 4 月.

[37] 楼继伟. 税式支出理论创新与制度探索 [M]. 中国财政经济出版社. 2003 年.

[38] 刘金涛, 曲晓飞. 中国财政分权与经济增长的反常关系研究 [J]. 财经问题研究, 2008.

[39] 刘尚希. 分税制的是与非 [J]. 经济研究参考. 2012 年第 7 期.

[40] 刘佐. 中国改革开放以来房地产税改革的简要回顾与展望 [J]. 财贸

经济.2011年第12期.

[41] 李青,方建潮.增值税全面"扩围"对省级政府税收收入的影响——基于投入产出表的模拟测算[J].财贸经济.2013年第6期.

[42] 雷根强,蔡翔.初次分配扭曲、财政支出城市偏向与城乡收入差距[J].数量经济技术研究.2012年第3期.

[43] 廖信林,王立勇,陈娜.收入差距对经济增长的影响轨迹呈倒U型曲线吗——来自转型国家的经验数据[J].财贸经济.2012年第9期.

[44] 罗涛.税收调节收入分配机制研究[M].武汉大学出版社.2009年4月.

[45] 米增渝,刘霞辉,刘穷志.经济增长与收入不平等:财政均衡激励政策研究.经济研究.2012年第12期.

[46] 马占新等.数据包络分析及其应用案例[M].科学出版社.2013年3月.

[47] 马占新.基于偏序集理论的数据包络分析方法研究[J].系统工程理论与实践.2013年第23期.

[48] 聂海峰,刘怡.城镇居民的间接税负担:基于投入产出表的估算[J].经济研究.2010年第7期.

[49] (英)纽伯里,(英)斯特恩编,许善达等译.发展中国家的税收理论[M].中国财政经济出版社.1992年9月.

[50] 平新乔,梁爽,郝朝艳,张海洋,毛亮.增值税与营业税的福利效应研究[J].经济研究.2009年第9期.

[51] 彭海艳.我国个税再分配效应及累进性的实证分析[J].财贸经济.2011年第3期.

[52] 彭海艳.我国个人所得税累进性的实证分析:1995-2006[J].财经论丛.2008年第5期.

[53] 彭海艳.我国个人所得税累进性分解的实证分析[J].上海经济研究.2010年第10期.

[54] 乔宝云. 增长与成长的取舍 [M]. 人民出版社. 2002.

[55] 让—雅克. 拉丰著, 刘冠群, 杨小静译. 激励与政治经济学 [M]. 中国人民大学出版社. 2013 年 9 月.

[56] 税收征管改革探索与实践编写组. 税收征管改革探索与实践 [M]. 中国税收出版社. 2012 年.

[57] 孙玉霞. 税收遵从: 理论与实证 [M]. 社会科学文献出版社. 2008 年.

[58] 孙玉栋. 收入分配差距与税收政策研究 [M]. 经济科学出版社. 2008 年 5 月.

[59] 汤贡亮. 2010/2011 中国税收发展报告——"十二五"时期中国税收改革展望 [M]. 中国税务出版社. 2011 年 9 月.

[60] 覃毅. 我国现行增值税的超额负担 [J]. 经济学动态. 2013 年第 3 期.

[61] 谭荣华. 税收数据分析方法与应用 [M]. 中国税收出版社. 2012 年 7 月.

[62] 王乔, 汪柱旺. 我国现行税制结构影响居民收入分配差距的实证分析 [J]. 当代财经. 2008 年第 2 期.

[63] 王亚芬, 肖晓飞, 高铁梅. 我国收入分配差距及个人所得税调节作用的实证分析 [J]. 财贸经济. 2007 年第 4 期.

[64] 万莹. 个人所得税对收入分配的影响: 由税收累进性与平均税率观察 [J]. 改革. 2011 年第 3 期.

[65] 王剑锋. 个人所得税超额累进税率结构有效性的一个验证———以对我国职工工薪所得数据的模拟为基础 [J]. 当代财经. 2004 年第 3 期.

[66] 万莹. 个人所得税累进性与地区收入差别调节 [J]. 改革. 2008 年第 11 期.

[67] 王敏. 税收经济分析的方法、模型和系统实现研究 [M]. 经济科学出版社. 2010 年 8 月.

[68][美]维托坦齐等.20世纪的公共支出[M].商务印书馆.2005年版.

[69]魏权龄.评价相对有效性的数据包络分析模型—DEA和网络DEA[M].中国人民大学出版社.2012年8月.

[70]吴武清,汪成杰,陈敏.中国税收流失测度与评估研究[M].科学出版社.2012年6月.

[71]邢树东.税收弹性:基于中国数据的实证分析[M].经济科学出版社.2011年11月.

[72]徐建炜,马光荣,李实.个人所得税改善中国收入分配了吗—基于对1997-2011年微观数据的动态评估[J].中国社会科学.2013年第6期.

[73](英)锡德里克·桑福德主编,邓力平主译.成功税制改革的经验与问题(第四卷)[M].中国人民大学出版社.2001年2月.

[74]岳希明,徐静,刘谦,丁胜,董丽娟.2011年个人所得税改革的收入再分配效应[J].经济研究.2012年第9期.

[75]朱江涛.我国现行税制特性分析—兼论"十二五"时期税制改革基本思路[J].税务研究.2012年第6期.

[76]折晓叶.县域政府治理模式的新变化[J].中国社会科学.2014年第1期.

[77]周全林.税收公平研究[M].江西人民出版社.2007年5月.

[78]张晏,龚六堂.分税制改革、财政分权与中国经济增长[J].经济学(季刊),2005年5月.

[79]周业安,章泉.市场化、财政分权和中国经济增长[J].中国人民大学学报.2008年第1期.

[80]朱青.关注民生:财政支出结构调整的方向与途径[J].财贸经济.2008年第7期.

[81]詹姆斯.A.莫里斯.福利、政府激励与税收[M].中国人民大学出版社.2013年1月.

[82] Boadway, Robin, Nicolas Marceau and Steeve Mongrain, Redistributive TaxationunderEthicalBehaviour . ScandinavianJournalofEconomics, 109 (3), 2007, pp. 505 – 529.

[83] Burman, L. E., C. Geissler and E. J. Toder, How Big Are Total Individual Income Tax Expenditures and Who Benefits from Them? American Economic Review, Vol. 98, 2008, pp. 79 – 83.

[84] Bargain, Olivier and Tim Callan, Analysing the Effects of Tax – Benefit Reforms on Income Distribution: a Decomposition Approach . Journal of Economic Inequality, 8 (1), 2010, pp. 1 – 21.

[85] Bargain, Olivier and ClaireKeaneTax – Benefit – RevealedRedistributive Preferences Over Time: Ireland 1987 – 2005. Labour, 24 (s1), 2010, pp. 141 – 167.

[86] Bargain, Olivier, M. Dolls, D. Neumann, A. Peichl, S. Siegloch, Tax – Benefit Systems in Europe and the US: Between Equity and Efficiency, IZADiscussion Paper, No. 5440, 2011.

[87] Bourguignon, Francois andAmedeo Spadaro, Tax – Benefit Revealed Social Preferences. Journal of EconomicInequalty, 10 (1), 2012, pp. 75 – 108.

[88] Beramendi, Pablo. "Inequa lityand The Territorial Fragmentation of Solidarity", International Organization , vol. 61, 2007, pp. 783 – 820.

[89] Bardhan P. " Decentralization of GovernanceandDevelopment", Journal of Economic Perspectives, Vol. 16, No4, 2002, pp. 185 – 205.

[90] Calderón , C. and A. Chong, Volume and Quality of Infrastructure and the Distribution of Income: An Empirical Investigation. Review of Income and Wealth, Vol. 50, 2004, pp. 87 – 106.

[91] Chun li Shen , Heng – fu Zou. "Fiscal Decentralization in China: History, Impact, Challenges and Next Steps", Annals of Economics and Finance, Vol. 13, 2012, pp. 1 – 51 .

[92] Chamberlain, A. and G. Prante, Who Pays Taxes and Who Receives Government Spending? An Analysis of Federal, State and Local Tax and SpendingDistributions, 1991 – 2004. TaxFoundation Working Paper, No. 1, 2007.

[93] Christian Traxler. Majority voting and the welfare implications of tax avoidance [J]. Journal of Public Economics 96 (2012) 1 – 9.

[94] James C. Young, Saral E. Nuter and Patrick J. Wilkie, ARe – examination of the Effects of Personal Deductions, Tax Credits and the TaxRateSchedule on Income Tax Progressivity and Income Inequality. The Journal of the American Taxation Association, Vol 21, No. 1, Spring 1999, pp. 32 – 44.

[95] Justin Yifu Lin, Zhiqiang Liu. Fiscal Decentralization and Economic Growth in China [J]. Economic Developmentand Cultural Change, 2000, (1).

[96] J. Ma. Intergovermental Fiscal Relations and Economic Growth in China [M]. England: Macmillan Press, 1997.

[97] Jean – Yves Duclos. Social evaluation functions, economic isolation and the Suits index of progressivity [J]. Journal of Public Economics 69 (1998) 103 – 121.

[98] Martinez – Vazquez, Jorge, Robert McNab. "FiscaDecentralization and Economic Growth", World Development, Vol. 31, 2003, pp. 597 – 1616.

[99] Leigh Andrew, Do Redistributive State Taxes ReduceInequality? National Tax Journal, Vol. 61, March 2008, pp. 81 – 104.

[100] Hao R, Wei Z. "Fundamental Causes of Inland – coastalIncomeInequalityin Post – reform China", TheAnnals of Regional Science, Vol. 45, 2010pp. 181 – 206.

[101] Kanbur Ravi, Zhang Xiaobo., "Fifty Years of Regional Inequality in China: A Journey Through Central Planning, Reform and Openness". Review of Development Economics, Vol. 9, 2005, pp. 87 – 106.

[102] Ling, D. C. and G. A. Mc Gill, Measuring the Size and Distributional

Effects of Homeowner Tax Preferences, Journal of Housing Research, Vol. 3, 1992, pp. 273 – 303.

[103] Michael Keen, Harry Papapanagos, Anthony Shamrocks, Tax Reform and Progressivity. The Economic Journal, vol. 110, No460, January, 2000, pp. 50 – 68.

[104] Martinez – Vazquez, Jorge, RobertMcNab. "FiscaDecentralization and Economic Growth", World Development, Vol. 31, 2003, pp. 597 – 1616.

[105] Martinez – Vazquez, Jorge, Robert McNab. "Fiscal Decentralization and Economic Growth", World Development, Vol. 31, 2003, pp. 597 – 1616.

[106] Michael D. Stroup. An index for measuring tax progressivity [J]. Economics Letters 86 (2005) 205 – 213.

[107] Ogun, T. P., Infrastructure and Poverty Reduction: Implications for Urban Development in Nigeria, UNU – WIDER Working Paper, No. 2010/43, 2010.

[108] Prasad, N., Policies for Redistribution: The Use of Taxes andSocial Transfers. International Labor Organization Discussion Papers, Geneva, 2008.

[109] Pippin, S. E., An Analysis of the Impact of Tax Systems on Income Distribution, Poverty, and Human Well – being: Evidence from Cross – country Comparisons, A Dissertation, Business Administration (Accounting), Texas Tech University, 2006.

[110] Rodríguez – Pose, Andrés, Roberto Ezcurra., "Does Decentralization Matter for Regional Disparities? A Cross – country Analysis", Journal of Economic Geography, vol. 10, 2010, pp. 619 – 644.

[111] Richard M. Bird and Eric M. Zolt. Dual Income Taxation: A Promising Path to Tax Reform for Developing Countries [J]. World Development Vol. 39, No. 10 (2011), pp. 1691 – 1703.

[112] Smith, J, How Fair is Health Spending? The Distribution of Tax Subsidies for Health in Australia, The Australia Institute Discussion Paper, no. 43, 2001.

[113] Shankar R., Shah A. "Bridging the Economic Divide within Countries: A Scorecard on the Performance of Regional Policies in Reducing Regional Income Disparities", World Development, Vol. 31, 2003, pp. 1421 – 1441.

[114] Tomas Piketty, Emmanuel Saez, How Progressive is the U. S. Federal Tax System? A Historical and International Perspective, Journal of Economics, Vol. 21, No. 1, Winter 2007, pp. 3 – 24.

[115] Toder. E., B., Harris and K. Lim, Distributional Effects of Tax Expenditures in the United States, Tax Expenditures : State of the Art, Canadian Tax Foundation, 2011.

[116] Thor O. Thoresen, Reduced Tax Progressivity in Norway in the Nineties: TheeffectfromTaxChanges. International Taxand PublicFinance, Vol. 11No. 4, Aug 2004, pp. 487 – 506.

[117] Tamar Manuelyan Atinc, Sharing Rising Incomes: Disparities in China, Washington, D. c.: World Bank, 1997.

[118] Valentino Dardanoni, Peter J. Lambert. Progressivity Comparisons [J]. Journal of Public Economics86 (2002) 99 – 122.

[119] Wang, H., D. Wilson and J. Yates, Measuring the Distributional Impact of Direct and Indirect Housing Assistance, Australian Institute of Health and Welfare, 2004.

[120] W. E Oates Searching for Leviathan : AN Empirical Study [J]. American Economic Review. 1985, 75 (4).